Le travail tentaculaire
Existe-t-il une vie hors du travail ?

Département des relations industrielles
de l'Université Laval

Le travail tentaculaire
Existe-t-il une vie hors du travail?

Sous la direction de

Gilles LAFLAMME et Paul-André LAPOINTE

avec la collaboration de

Esther DÉOM
Johanne DOMPIERRE
Lyse LANGLOIS
Manon TRUCHON

LES PRESSES DE L'UNIVERSITÉ LAVAL
QUÉBEC, 2005

Les Presses de l'Université Laval reçoivent chaque année de la Société de développement des entreprises culturelles du Québec une aide financière pour l'ensemble de leur programme de publications.

Nous remercions le Conseil des Arts du Canada de l'aide accordée à notre programme de publication.

Nous reconnaissons l'aide financière du gouvernement du Canada par l'entremise du Programme d'aide au développement de l'industrie de l'édition pour nos activités d'édition.

Couverture : Chantal Santerre

Conception graphique de la couverture : Lepire Design

Mise en pages : Diane Trottier

ISBN 2-7637-8193-4

Distribution de livres Univers
845, rue Marie-Victorin
Saint-Nicolas (Québec) G0S 3L0
Tél. : (418) 831-7474
Interurbain : 1-800-859-7474
Téléc. : (418) 831-4021

Collaboratrices et collaborateurs

Marguerite BLAIS
Conseil de la famille et de l'enfance
Québec

Claudette CARBONNEAU
Confédération des syndicats nationaux (CSN)
Montréal

Martine D'AMOURS
Groupe de recherche sur les transformations du travail,
des âges et des politiques sociales (Transpol)
Institut national de recherche scientifique (USC)
Montréal

Nicole DE SÈVE
Centrale des syndicats du Québec (CSQ)
Montréal

Karole FORAND
Bouchons MAC, inc.
Waterloo

Paul-André LAPOINTE
Département des relations industrielles
Université Laval
Québec

Hélène LEE-GOSSELIN
Département de management
Université Laval
Québec

Jean-Sébastien MARSAN
Association des journalistes indépendants du Québec
Montréal

Sylvie MOREL
    Département de relations industrielles
    Université Laval
    Québec

Elmustapha NAJEM
    Département de relations industrielles
    Université du Québec en Outaouais
    Gatineau

Renaud PAQUET
    Département de relations industrielles
    Université du Québec en Outaouais
    Gatineau

Gilles PRONOVOST
    Département des sciences du loisir et de la
    communication sociale
    Université du Québec à Trois-Rivières
    Trois-Rivières

Marie-France REVELIN
    Services professionnels Bell
    Montréal

Carol ROBERTSON
    Syndicat canadien de la fonction publique (FTQ)
    Montréal

Gilles TAILLON
    Conseil du patronat du Québec (CPQ)
    Montréal

Claude TESSIER
    Roche ltée, Groupe-conseil
    Sainte-Foy

Diane-Gabrielle TREMBLAY
    Télé-Université
    Université du Québec
    Montréal

Sommaire

Préface
Fernande LAMONDE XIII

Remise du prix Gérard-Tremblay 1

Remerciements 3

Première partie — *L'EMPRISE CROISSANTE DU TRAVAIL*
ET LES DÉFIS QU'ELLE SOULÈVE

1. *Paradoxes et évolution récente du travail*
   dans la « société postindustrielle »
   Paul-André LAPOINTE 7

2. *Les exigences du temps pour la famille, la collectivité et pour soi*
   Gilles PRONOVOST.. 31

3. *La conciliation des temps au travail et hors du travail*
   Nicole DE SÈVE 45

Deuxième partie — *ATELIERS*

   Atelier 1 – L'organisation du travail et la conciliation travail-famille

4. *Manquons-nous de temps ou avons-nous besoin*
   d'une réduction du temps de travail ?
   Diane-Gabrielle TREMBLAY 55

5. *L'expérience de Bouchons MAC*
   Karole FORAND 83

   Synthèse des interventions 89

   Atelier 2 – Le professionnel-salarié dans l'organisation
   a-t-il du temps hors du travail ?

6. *Savoir rester maître de son temps*
   Claude TESSIER 95

7. *La maîtrise de son temps : une course à obstacles*
   Carol ROBERTSON 101

   Synthèse des interventions 104

   Atelier 3 – Le travail autonome et la maîtrise du temps de travail

8. *Le travail autonome : voie de dépassement ou figure
   exemplaire du travail tentaculaire ?*
   Martine D'AMOURS 107

9. *Le travail autonome comme mode de vie
   ou la métaphysique de l' « intello précaire »*
   Jean-Sébastien MARSAN 117

   Synthèse des interventions 122

   *Atelier 4 – Le télétravail : mode d'emploi pour concilier travail
   et vie personnelle ?*

10. *Préparation et intégration : deux conditions préalables
    à l'instauration du télétravail*
    Marie-France REVELIN 125

    Synthèse des interventions 130

    *Atelier 5 – La conciliation : un enjeu de négociation
    comme les autres ?*

11. *La régulation du temps de travail et des activités hors du travail :
    entre le discours, la négociation et la réalité empirique*
    Renaud PAQUET et Elmustapha NAJEM 133

    Synthèse des interventions 145

Troisième partie — LA RÉGULATION DES TEMPS SOCIAUX

12. *Quelle est la place de l'entreprise privée et celle de l'État
    dans le développement des politiques de conciliation ?*
    Hélène LEE-GOSSELIN 151

13. *Temps de travail et temps hors du travail : les nouvelles règles
    à établir et leur impact sur les relations de travail et la société*
    Marguerite BLAIS 183

14. *La conciliation famille-travail dans les milieux de travail :*
    faut-il plus d'interventions publiques ?
    Claudette CARBONNEAU 189

15. *L'évolution du marché du travail et l'obligation*
    de concilier travail et famille
    Gilles TAILLON 201

16. *Articulation des temps sociaux : un enjeu politique majeur*
    Sylvie MOREL 203

Préface

Les intervenants du milieu du travail ont été largement invités, dans les années 1970 et 1980, à préparer la société des loisirs. On croyait alors que l'accroissement de la productivité des machines et des systèmes de production pourrait être mis à profit pour le temps de travail. Vingt ans plus tard, celui-ci s'est, au contraire, accru au point qu'il est devenu difficile, sinon impossible, d'établir les frontières entre le travail et le hors-travail. Le travail mobilise l'esprit outre les heures formelles. Les temps de transport deviennent des temps de travail. Dans les professions comme dans les métiers, les connaissances s'ajoutent et les technologies évoluent de façon telle que les travailleurs ont besoin de formation quasi continue pour assumer avec compétence leurs fonctions : le temps pour l'acquérir est, presque toujours, hors du travail. Il ne faut pas non plus oublier que dans un très grand nombre de familles, l'homme et la femme doivent partager – ce qui est parfois utopique – les responsabilités familiales.

S'il est vrai que les frontières entre le travail et le hors-travail sont à ce point perméables qu'elles conduisent à une emprise croissante sur les autres activités de la vie, quel espace temporel reste-t-il pour la collectivité et les loisirs ? N'y a-t-il alors pas lieu de se demander si le temps de travail et son organisation, les horaires et la flexibilité exigée des employeurs sont conciliables avec la gestion des obligations personnelles, familiales et autres ?

Au cours de la journée et demie qu'a duré le congrès de 2004, les participants se sont interrogés sur ces questions. Ils se sont demandés s'il existe encore une vie en dehors du travail et s'il convient de remettre en cause les règles qui régissent actuellement le temps qui y est consacré. Ils l'ont fait à la fois à titre d'intervenants du monde du travail, de par les rôles qu'ils occupent dans les univers patronal, syndical, gouvernemental et universitaire, mais également à titre de travailleurs qui doivent composer avec les exigences actuelles de ce monde. Je souhaite que la démarche de ce congrès, les conférences, les tables rondes, les expériences de conciliation et de négociation discutées au sein des ateliers ainsi que les interventions des participants aient permis d'enrichir le débat autour de ces enjeux et de suggérer des voies utiles d'action.

En terminant, je remercie sincèrement les congressistes d'avoir répondu à notre invitation à participer à ce 59ᵉ congrès pour réfléchir et discuter de cet important sujet qu'est la conciliation temps de travail et temps hors du travail. Mes remerciements vont également à mesdames Claudine Leclerc, Claude Thibeault, Monick Debroux et Louise Lalancette pour avoir assumé avec efficacité les nombreuses fonctions administratives rattachées à l'organisation d'une telle activité.

Fernande LAMONDE, directrice
Département des relations industrielles

Remise du prix Gérard-Tremblay

*« La justice dépasse le droit
et cel ui-ci, même au plan
de la pure technique, est un
art social exigeant »*

Le Bâtonnier du Québec,
Me Louis LeBel, avril 1984

Quel plaisir de vous présenter cet être simple, chaleureux, ce juriste plus que compétent et polyvalent, l'honorable Louis LeBel, juge à la Cour suprême du Canada.

Louis LeBel est né à Québec et y a étudié, notamment au Collège des Jésuites où ses confrères n'avaient, somme toute, qu'une ambition : être premiers de classe, après lui. C'était l'aurore d'une brillante carrière.

Toujours à Québec, Louis LeBel a complété de brillantes études à la Faculté de droit de l'Université Laval, en 1962. Il a alors reçu la médaille du gouverneur général, la médaille du lieutenant-gouverneur du Québec et la médaille d'argent Tessier. Une carrière exceptionnelle se dessinait d'ores et déjà.

Louis LeBel a été admis au Barreau du Québec en 1962. C'est à cette occasion qu'on a pu découvrir sa véritable inspiration personnelle et professionnelle. Le 7 septembre, lors de la cérémonie de l'entrée des tribunaux, le bâtonnier du Québec de l'époque, son père, Me Paul LeBel, un précurseur du droit du travail chez nous et un des instigateurs de l'École des sciences sociales de l'Université Laval, formulait aux nouveaux membres du Barreau du Québec, et surtout à son cher fils, « quelques modestes conseils dictés par l'expérience et le désir de servir », dont ce sage propos :

Songe que la carrière d'avocat ne doit pas être conçue dans une perspective d'intérêts matériels, mais, au contraire, de dévouement envers toutes les classes de la société.

Il ajoutait, en cette même occasion, cette remarque empreinte de réalisme :

Songe aussi que cette carrière se bâtit peu à peu, à chaque jour, par un labeur constant et sans défaillance, par une volonté opiniâtre de servir et que les sommets ne s'atteignent pas sans efforts continus et sans que les années n'aient suivi leur cours naturel. Ainsi tu poursuivras au Barreau une carrière utile, féconde et heureuse au service de ton pays et tu réaliseras pleinement une vie professionnelle digne d'être vécue.

C'est la voie que Louis LeBel a manifestement suivie. Il a ensuite obtenu une maîtrise en droit de l'Université de Toronto, un diplôme d'études supérieures en droit privé de l'Université Laval ainsi qu'un doctorat en droit (*honoris causa*) de la même université et la médaille du Barreau en 2000.

Louis LeBel est un intellectuel de premier ordre. D'abord, et c'est évident, il lit énormément et sur tout. Pour transformer un garage en bibliothèque, il faut aimer les livres plus que sa voiture ou celle de son épouse. Pour mieux intégrer sa belle-famille, il a fallu qu'il sache jouer au bridge. Alors, il a lu et il est devenu un bon joueur. Ensuite, il a beaucoup écrit. En plus de ses multiples articles publiés dans son domaine, il a signé avec ses collègues et amis Pierre Verge et Robert P. Gagnon le célèbre *Droit du travail en vigueur au Québec* (Les Presses de l'Université Laval). Et, surtout, il a écrit de façon magistrale des jugements qui ont marqué les relations industrielles (Métro-Richelieu, Advance Cutting and Coring). Il y en a eu et il y en aura plusieurs autres. Me Louis LeBel a, en somme, été de tout ce qui bouge dans son domaine, de toutes les instances du Barreau jusqu'au poste de Bâtonnier, en passant par l'enseignement à l'Université d'Ottawa et à son *alma mater*.

À la suite d'une pratique exceptionnelle à Québec de 1963 à 1984, Me Louis LeBel a été nommé à la Cour d'appel du Québec, le 28 juin 1984, sous les applaudissements unanimes du monde concurrentiel du droit. Il n'a jamais déçu personne.

L'honorable Louis LeBel a été nommé à la Cour suprême du Canada le 7 janvier 2000. À cette occasion, l'ancien juge en chef Antonio Lamer a souligné que sa présence y apporterait « une bonne dose de sagesse et de connaissance à ce moment important de son histoire ». Soulignons que le juge LeBel occupe le siège de l'honorable Louis-Philipppe Pigeon, père du recteur actuel.

Le juge LeBel a, à sa façon très personnelle et très professionnelle, marqué le monde des relations du travail, dans la vision et l'optique suggérées par son père, et il est toujours complice du Département des relations industrielles de l'Université Laval.

L'honorable Louis LeBel est un homme d'intelligence supérieure, d'humilité incroyable, de grande polyvalence, d'acharnement, d'ouverture d'esprit et, surtout, de respect pour les autres.

C'est avec joie que le Département des relations industrielles lui remet le prix Gérard-Tremblay 2004.

Jean SEXTON
Département des relations industrielles

Remerciements
Honorable Louis LeBel

Je regrette que ma présence parmi vous doive être si brève. En effet, il me faudra, d'ici quelques heures, rejoindre mes collègues à des réunions de notre Cour en Alberta et à des rencontres avec le Barreau et la Magistrature de cette province. Malgré la brièveté de notre entretien, je suis toutefois heureux qu'il ait eu lieu et très honoré qu'il me permette de recevoir le prix Gérard-Tremblay, que le Département des relations industrielles de la Faculté des sciences sociales de l'Université Laval a bien voulu me décerner à l'occasion de cette nouvelle conférence sur les relations de travail. Je veux également remercier monsieur le professeur Sexton de sa si chaleureuse présentation.

En un sens, j'interprète votre décision de m'accorder ce prix comme une reconnaissance de la fonction du droit dans la formation et le développement du régime de relations de travail du Québec et du rôle joué par les tribunaux, notamment par la Cour suprême du Canada dans ce domaine. Le droit et le cadre normatif qu'il crée pour l'ensemble complexe des activités et des intérêts que recouvre le concept de système de relations de travail ne sauraient rendre compte totalement de celui-ci. Les juristes doivent d'ailleurs se garder de croire que le droit résume la réalité du monde, bien qu'il soit sans doute difficile d'y échapper complètement. Les qualités et les défauts de ce cadre juridique peuvent cependant affecter profondément le développement et la vie d'un système social tel qu'un régime de relations de travail.

Je laisserai à d'autres le soin de juger l'œuvre lorsque la page sera tournée et le livre fermé. Je tiens seulement à mentionner aujourd'hui que ce que j'ai cherché à faire, notamment depuis que j'ai accepté, il y a bientôt vingt ans, de travailler dans la magistrature, a été de rendre les aspects juridiques du système des relations de travail fonctionnels et raisonnablement prévisibles. J'ai aussi cru qu'il valait mieux que cet encadrement juridique sache se faire souple et tolérant pour les expériences nécessaires au développement du régime de relations de travail du Québec. J'ai souhaité que l'on accepte que le droit exprime des valeurs diverses, tolère des voix variées et ne ferme pas des chemins parfois divergents. Puis-je ajouter que, comme mes collègues, j'ai fait ce travail dans le souci d'une justice dont la nature et l'efficacité prêtent parfois à controverse, mais qui demeure une préoccupation fondamentale pour chacun d'entre nous.

Je vous remercie ainsi de ce prix qui rappelle légitimement Gérard Tremblay, un homme qui a jeté les bases du régime de relations de travail du Québec. À travers des changements continuels, après toutes les modifications entraînées par le passage du temps, ses fondations demeurent largement celles qu'il a édifié. Comme juriste, j'espère avoir apporté quelques touches personnelles à cette étape. Je sais toutefois que ces contributions ne sont plus miennes, mais qu'elles font partie d'une œuvre collective. Je tiens d'ailleurs, Monsieur le Recteur, à rappeler que votre père, le juge Louis-Philippe Pigeon, dont j'occupe maintenant le siège à la Cour suprême, a lui-même été un artisan persévérant et imaginatif de cette entreprise. Le droit apporte ainsi sa contribution essentielle à une œuvre qui se réalise malgré les tensions inhérentes aux conflits d'intérêts et de perspectives qu'engendrent les rapports du travail, qu'ils soient collectifs ou individuels.

La conférence de cette année examinera des aspects actuels et difficiles de la vie du régime de relations de travail du Québec. Celui que vous avez choisi, « Le travail tentaculaire. Existe-t-il une vie hors du travail ? », est d'une importance particulière de nos jours. Il nous rappelle que si le travail définit et valorise souvent notre action et notre existence, il peut devenir un instrument d'aliénation et de destruction de la personne humaine. Ce thème rappelle même à un juge qu'il est une vie hors du droit.

Je vous souhaite tout le succès possible au cours de vos travaux. Je partirai avec le regret de n'avoir pu y assister, mais en me réjouissant que cette rencontre ait eu lieu et qu'elle m'ait permis de recevoir cette marque d'estime de votre part, marque d'autant plus appréciée qu'elle provient d'un milieu dont j'ai été proche et dont je reste préoccupé.

Merci et au revoir !

PREMIÈRE PARTIE

L'emprise croissante du travail et les défis qu'elle soulève

Paradoxes et évolution récente du travail dans la « société postindustrielle »[1]

1

Paul-André LAPOINTE

Aborder la question du travail aujourd'hui, c'est un peu perdre les « illusions » que l'on s'était forgées il y a plus de 35 ans et qui ont persisté jusqu'à tout récemment ! En comparant la situation d'aujourd'hui à celle des années soixante, on est à même d'observer un véritable renversement de perspectives. Aujourd'hui on parle du travail tentaculaire en se demandant s'il y a une vie hors du travail, alors que 35 ans plus tôt, on célébrait la venue prochaine de la société des loisirs. En effet, nous connaissons tous l'une des chansons cultes de l'époque, interprétée par Renée Claude, dont je rappelle ici le refrain :

> « C'est le début d'un temps nouveau
> La Terre est à l'année zéro.
> La moitié des gens ont moins de trente ans
> Les femmes font l'amour librement
> Les hommes ne travaillent presque plus
> Le bonheur est la seule vertu ».

Rien n'était trop beau à cette époque. « Liberté 55 » était alors un autre slogan et il traduisait la croyance que les gens seraient libérés du travail à 55 ans. Aujourd'hui, les autorités essaient plutôt de nous garder au travail le plus longtemps possible, jusqu'à 70 et même 75 ans, en autant que la santé nous le permette toutefois. Il y a 35 ans on croyait que la semaine de 30 heures serait bientôt la norme, alors qu'aujourd'hui on se préoccupe grandement du phénomène d'allongement des heures de travail et du fait qu'une proportion sans cesse grandissante travaille plus de 50 heures par semaine. Enfin, dernier revirement de situation, alors qu'aujourd'hui, dans ce congrès, on se demande s'il existe une vie hors du travail, à l'époque et tout récemment encore de brillants analystes annonçaient « la fin du travail ». Ils se demandaient en fait si nous allions consacrer du temps au travail ? On assiste donc à un véritable renversement de perspectives et à la fin des utopies des années soixante. C'est de cette évolution dont il sera question dans cette contribution. En fait, nous voudrions répondre à deux grandes

---

[1] Je remercie chaleureusement Jézabelle Sirois, étudiante à la maîtrise au Département des relations industrielles, Université Laval, qui m'a grandement aidé dans la préparation de ce texte.

questions. Comment le temps de travail a-t-il évolué au cours des 25 dernières années ? Comment expliquer cette évolution ?

Nous suivrons une démarche en cinq étapes. Après le rappel des tendances générales d'évolution du temps de travail, nous traiterons en deuxième lieu de la répartition du temps de travail entre les genres et les groupes d'âge. Troisièmement, nous nous attarderons à la répartition du temps de travail selon les professions. Pour expliquer l'évolution récente du temps de travail, nous ferons appel dans une quatrième section à une comparaison entre la société industrielle et la société postindustrielle. Nous terminerons en dernier lieu par quelques réflexions sur la dynamique contemporaine du temps de travail.

1. Tendances générales

Se pencher sur l'évolution du temps de travail, c'est se demander si nous travaillons plus aujourd'hui que dans le passé. On peut apporter une réponse rapide à cette question : en fait depuis un siècle, on travaille beaucoup moins. Mais depuis 25 ans, est-ce qu'on travaille moins, c'est moins clair : les jeunes travaillent beaucoup moins et pour tous les autres, en moyenne, on travaille à peu près autant. Par contre, on verra que pour certaines catégories démographiques et professionnelles, on travaille plus. Dans les prochains paragraphes, nous allons étudier ces phénomènes un peu plus en profondeur.

Au cours du siècle dernier, le temps de travail au Canada, dans le secteur manufacturier, a connu une réduction substantielle, la semaine de travail qui est passée de près de 60 heures à un peu moins de 40 heures. Cette évolution s'est faite en quatre phases. Dans la première phase, prenant place dans les vingt premières années du siècle, on assiste à une réduction marquée de la semaine de travail qui passe alors de 60 à 50 heures. La phase suivante s'étend sur les décennies 20 et 30 et elle se caractérise par une stagnation, en ce sens que les heures de travail demeurent inchangées. Les années 40 et 50 définissent les pourtours d'une troisième phase, pendant laquelle la durée hebdomadaire du travail est ramenée de 50 à 40 heures. Enfin, depuis 1971, s'est installée une dernière phase, durant laquelle les heures de travail se stabilisent autour de 40 heures par semaine (figure 1 et tableau 1).

En se basant sur les heures annuelles de travail, dans tous les secteurs d'activité et en tenant compte des vacances, des congés et des absences au travail, on peut constater une légère réduction du temps de travail au cours des 25 dernières années. Au Canada, le temps annuel de travail est passé de 1 835 à 1 770 heures. Au Québec, on travaille aujourd'hui un peu moins qu'au Canada et le temps annuel de travail a connu une réduction plus importante au cours des 25 dernières années, passant de 1 845 à 1 720, soit une réduction de 135 heures au cours de la période ou l'équivalent d'un peu plus de trois semaines de 40 heures (figure 2 et tableau 2).

FIGURE 1

**Heures hebdomadaires de travail
Secteur manufacturier, Canada (1901-2001)**

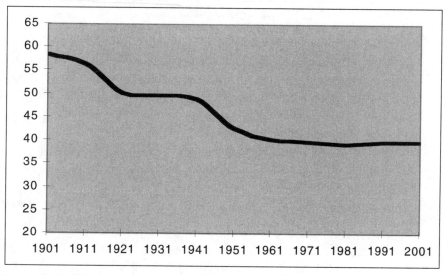

Sources : Reid, 1985 et CANSIM, EPA, tableau 282-0016.

TABLEAU 1

**Heures hebdomadaires de travail
(moyenne des heures habituellement travaillées)
Secteur manufacturier, Canada (1901-2001)**

1901	58,6	1961	40,4
1911	56,5	1971	39,8
1921	50,3	1981	39,2
1931	49,6	1991	39,8
1941	49,0	2001	39,8
1951	42,6		

Sources : Reid, 1985 et CANSIM, EPA, Tableau 282-0016.

FIGURE 2

**Moyenne annuelle des heures de travail par personne occupée
Canada et Québec, 1976-2002**

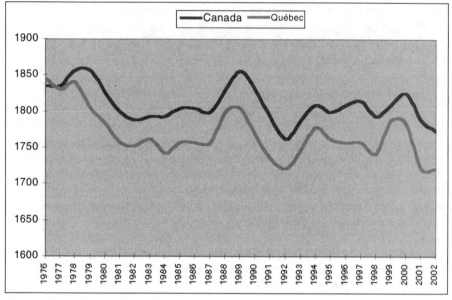

Source : CANSIM, EPA, tableau 282-0018.

TABLEAU 2

**Moyenne annuelle des heures de travail par personne occupée
Canada et Québec, 1976-2002**

	1976	1981	1986	1991	1996	2001	2002
Canada	1835,6	1799,2	1804,4	1794	1809,6	1788,8	1773,2
Québec	1846,0	1757,6	1757,6	1736,8	1757,6	1721,2	1721,2

Source : CANSIM, EPA, tableau 282-0018.

(Moyenne hebdomadaire des heures effectivement travaillées par les personnes occupées. Cet indicateur tient compte des vacances, jours fériés, congés maladies et autres absences au travail. La moyenne annuelle est obtenue en multipliant par 52 la moyenne hebdomadaire.)

L'évolution du temps de travail au Québec et au Canada, dans les trois dernières décennies, est à l'opposé de celle que les États-Unis ont alors connue. En effet, au Sud de la frontière, le temps annuel de travail s'est accru de 199 heures entre 1973 et 2000, soit l'équivalent de 5 semaines de 40 heures (Schor, 2003 : tableau 1, p. 7). Dès lors, nulle surprise de constater que les Américains travaillent beaucoup plus que les Québécois et les Canadiens (tableau 3). En fait, les Québécois travaillent en moyenne

TABLEAU 3

**Répartition en pourcentage des heures de travail des personnes occupées dans les
semaines de référence des enquêtes-ménages mensuelles
États-Unis et Canada, moyenne annuelle pour 2001**

Heures de travail	États-Unis	Canada	Ontario	Québec
0 heure	4	8	7	9
vacances	2,2	4,4	4,1	5,2
maladie	0,8	1,8	1,4	2,2
obligations, etc.	1,1	1,7	1,6	1,5
1-29 heures	16	20	20	19
30-39 heures	14	24	23	30
40 heures	38	23	23	22
> 40 heures	28	25	27	20
Total	100	100	100	100
Horaire moyen hebdomadaire	37,6	34,4	34,8	33,1
annuel	1953	1788,8	1809	1721,1
Indice (É.-U. = 100)	100	91	93	88

Source : Fortin, 2003, tableau 2, p. 45.

232 heures de moins par année que leurs voisins du Sud. Au Québec, nous avons
davantage de vacances et des semaines de travail plus courtes et à cet égard, nous
nous distinguons également des autres provinces canadiennes (Fortin, 2003 : tableau
2, p. 45). La situation au Québec et au Canada est à mi-chemin entre le modèle anglo-
saxon (incluant les États-Unis et le Royaume-Uni), caractérisé par de longues heures
de travail, qui se sont en outre accrues durant les dernières années, et le modèle euro-
péen (incluant notamment la France et l'Allemagne), avec des heures de travail plus
courtes et ayant enregistré une réduction importante au cours des dernières années.
Le Japon se distingue quant à lui par des heures de travail plutôt longues, venant au
second rang derrière les États-Unis, et qui ont connu une réduction importante au
cours des dernières années (tableau 4).

TABLEAU 4

**Total annuel des heures effectivement travaillées
par les travailleurs de production dans le secteur manufacturier
1980-2000**

	1980	1990	2000
Japon	2162	2214	1970
États-Unis	1893	1948	1986
France	1759	1683	1589
Allemagne	1719	1598	1525[a]
Royaume-Uni	1883	1953	1902

a Pour l'année 1999.
Source : Carley, 2003, tableau 6, p. 8.

Pour mieux comprendre l'évolution et répondre à notre question de départ à savoir si nous travaillons plus qu'avant, on ne peut pas se contenter des tendances générales. Force est donc d'analyser cette évolution selon le genre et les catégories d'âge. Concentrons-nous sur la situation au Québec. Il se dégage alors des situations fort contrastées. Tout d'abord, c'est le temps de travail des jeunes qui s'est considérablement réduit, au cours de la période : une réduction de 20 % chez les jeunes hommes et de 17 % chez les jeunes femmes. Cela explique l'essentiel de la « légère réduction » observée sur le plan de la tendance générale présentée deux paragraphes plus tôt. Car, dans les autres groupes démographiques, le temps de travail est demeuré à peu près inchangé. Chez les femmes, de 25 à 44 ans et de 45 ans et plus, la réduction a varié entre 1 et 3 %. On observe une évolution à peu près similaire chez les hommes, avec une réduction variant entre 3 (25 à 44 ans) et 4 % (45 ans et plus) (figure 3 et tableaux 5 et 6).

FIGURE 3

Moyenne annuelle des heures de travail par personne occupée
Selon le genre et l'âge
Québec, 1976-2002

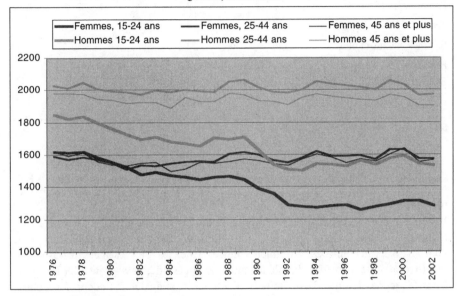

Source : CANSIM, EPA, tableau 282-0018.

(Moyenne hebdomadaire des heures effectivement travaillées par les personnes occupées. Cet indicateur tient compte des vacances, jours fériés, congés maladies et autres absences au travail. La moyenne annuelle est obtenue en multipliant par 52 la moyenne hebdomadaire.)

TABLEAU 5

Moyenne annuelle des heures de travail par personne occupée
Selon le genre et l'âge
Québec, 1976-2002

	1976	1981	1986	1991	1996	2001	2002
Femmes, 15-24 ans	1622,4	1523,6	1445,6	1362,4	1289,6	1315,6	1284,4
Femmes, 25-44 ans	1591,2	1508	1560	1565,2	1591,2	1575,6	1575,6
Femmes, 45 ans et plus	1622,4	1534	1554,8	1544,4	1549,6	1554,8	1570,4
Hommes, 15-24 ans	1851,2	1726,4	1653,6	1539,2	1528,8	1544,4	1534
Hommes, 25-44 ans	2028	1986,4	1991,6	1986,4	2028	1965,6	1970,8
Hommes, 45 ans et plus	1981,2	1918,8	1929,2	1929,2	1950	1903,2	1903,2

Source : CANSIM, EPA, tableau 282-0018.

TABLEAU 6

Diminution des heures de travail, entre 1976 et 2002

	Nombre	En %
Femmes, 15-24 ans	338	-20,8
Femmes, 25-44 ans	15,4	-1,0
Femmes, 45 ans et plus	52	-3,2
Hommes, 15-24 ans	317,2	-17,1
Hommes, 25-44 ans	57,2	-2,8
Hommes, 45 ans et plus	78	-3,9

Source : CANSIM, EPA, tableau 282-0018.

Non seulement, on travaille presque autant qu'il y a 25 ans, mais on est plus nombreux qu'avant à travailler. C'est ce que l'on peut constater en regardant l'évolution du taux d'activité[2] des divers groupes démographiques. Ce qui attire d'abord l'attention, c'est la croissance importante du taux d'activité chez les femmes et notamment chez les femmes âgées de 25 à 44 ans, dont le taux d'activité est passé de 48,4 à 81,3 %, au cours des 25 dernières années. Chez les femmes âgées de 45-64 ans, le taux d'activité a presque doublé au cours de la période, passant de 32,9 à 59,4 %. Chez les jeunes femmes aussi, le taux d'activité s'est également accru. Par contre, chez les hommes, le taux d'activité est resté à peu près stable, si ce n'est qu'il a connu une très légère diminution. En général, les taux de participation des hommes et des femmes se rapprochent drôlement. Entre les femmes de 25-44 ans et les hommes du même groupe d'âge, l'écart est seulement de 10 % (h = 92,2 et f = 81,3) (figure 4 et tableau 7).

Cela engendre inévitablement un impact sur les responsabilités familiales. Auparavant, il y avait une division du travail selon les genres : les hommes au travail, le pourvoyeur de la famille, n'assumaient aucune responsabilité familiale, alors que les femmes, hors du marché du travail, assumaient la totalité des responsabilités familiales. Aujourd'hui, les deux parents sont au travail et cela pose un problème de conciliation travail-famille, ce qui est un problème relativement récent dans l'histoire du travail et des sociétés. En plus du travail, il faut assumer des responsabilités familiales et malheureusement, ces dernières sont dans une très large mesure à la charge des femmes. Ce qui complique drôlement le problème de « manque de temps » pour les femmes.

*

---

[2] Le taux d'activité est le pourcentage de la population active (personnes en emploi + celles qui sont en recherche d'emploi) par rapport à la population âgée de 15 ans et plus.

FIGURE 4

**Taux d'activité, selon le genre et l'âge
Québec, 1976-2002**

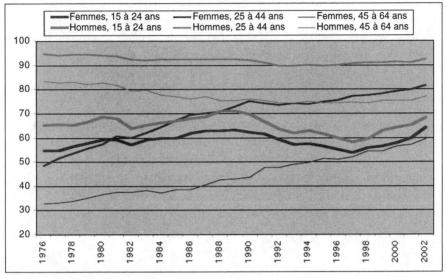

Source : CANSIM, EPA, tableau 282-0002.

TABLEAU 7

**Taux d'activité, selon le genre et l'âge
Québec, 1976-2002**

	1976	1981	1986	1991	1996	2001	2002
Femmes, 15 à 24 ans	54,6	59,2	62	61,4	55	60	64,2
Femmes, 25 à 44 ans	48,4	60,6	69,2	74,1	75,5	79,9	81,3
Femmes, 45 à 64 ans	32,9	37,5	38,7	47,6	51,1	57,1	59,4
Hommes, 15 à 24 ans	65,1	67,9	67,8	66,5	60	65,2	68,2
Hommes, 25 à 44 ans	94,5	93,7	92,2	90,9	89,8	91	92,2
Hommes, 45 à 64 ans	83,6	81,9	76,2	75,2	74,3	75,5	77,1

Source : CANSIM, EPA, tableau 282-0002.

Enfin, dernière grande tendance, c'est l'évolution de l'âge de la retraite au Canada. On peut observer une légère diminution au cours des 25 dernières années : chez
les hommes, l'âge moyen de la retraite est passée de 65 à 62 ans, pendant que chez les
femmes, il a évolué de 64 à 61 ans (figure 5 et tableau 8). Mais, on est encore loin de
la retraite à 55 ans. On a plutôt l'impression que l'on assistera à un retournement de la
tendance au cours des prochaines années, avec la pénurie annoncée de main-d'œuvre,
notamment dans certaines professions !

FIGURE 5

Âge moyen de la retraite, chez les hommes et les femmes, Canada, 1976-2002

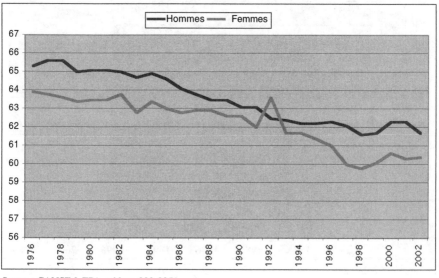

Source : CANSIM, EPA, tableau 282-0051.

TABLEAU 8

Âge moyen de la retraite, chez les hommes et les femmes, Canada, 1976-2002

	1976	1981	1986	1991	1996	2001	2002
Hommes	65,3	65,1	64,1	63,1	62,3	62,3	61,7
Femmes	63,9	63,5	62,8	62	61	60,3	60,4

Source : CANSIM, EPA, tableau 282-0051.

2. Répartition du temps de travail

Certes, les gens travaillent en moyenne presque autant qu'avant. Mais, assument-ils tous le même « fardeau » de travail ? Pour répondre à cette question, il est utile de comparer la répartition des heures de travail, afin de déterminer si certains travaillent plus que d'autres. Des analyses plus poussées font apparaître des écarts prononcés par rapport à la moyenne, ou par rapport à la situation considérée comme « normale » ou « standard », soit un horaire de travail se situant entre 30 et 40 heures par semaine. Quoique cet horaire soit encore prédominant, il est en perte d'importance, face à la montée des situations extrêmes. En d'autres termes, les grandes tendances générales dissimulent des phénomènes fort préoccupants, en termes notamment de polarisation du temps de travail, selon les groupes démographiques et selon les professions. Certains travaillent trop, tandis que d'autres ne travaillent pas assez, serait-on tenté de conclure.

Pour répartir le temps de travail, selon les groupes démographiques et les professions, on regroupe les heures hebdomadaires de travail en sept catégories : 1-14, 15-29, 30-34, 35-39, 40, 41-49 et 50 et plus. Ces catégories sont ensuite réunies en trois grandes groupes : temps partiel (moins de 30 heures)[3], semaine normale (30-40 heures) et heures excessives[4] (41 et plus).

On suppose généralement dans la littérature spécialisée qu'il y a un phénomène de polarisation du temps de travail[5], en ce sens que l'on assisterait à la montée du temps partiel (ceux qui ne travaillent pas assez, entre guillemets) et des heures excessives de travail (ceux qui travaillent trop), alors que la semaine normale de travail serait en déclin.

Nous allons vérifier cette hypothèse dans les paragraphes qui vont suivre, en nous attardant d'abord à la semaine normale de travail[6]. Cette dernière représente

---

[3]   Le concept de temps partiel que nous utilisons ne correspond pas au sens strict à celui de Statistique Canada et que l'on retrouve généralement dans la littérature spécialisée. Ici, nous employons le concept de « temps partiel » pour qualifier la situation des personnes qui ont effectivement travaillé moins de trente heures par semaine dans l'un ou l'autre des emplois occupés, au cours de la semaine de référence. Pour sa part, Statistique Canada réserve l'usage de ce concept à la situation des personnes qui travaillent habituellement moins de trente heures par semaine dans leur emploi principal. Il y a donc des écarts plus ou moins grands entre les deux usages du concept.

[4]   Nous reprenons ce « concept » de Messenger (2004).

[5]   Ce phénomène a été mis en évidence notamment par les travaux de Diane-Gabrielle Tremblay (1998).

[6]   Dans la suite du texte, l'analyse des phénomènes et les statistiques utilisées se réfèrent au seul territoire du Québec.

l'horaire de travail prédominant et cette situation a peu changé, au cours des 25 dernières années. Chez les hommes, âgés de 25 à 44 ans, la semaine normale de travail
représente une proportion stable de travailleurs qui se situe aux environs de 60 %, au
cours des vingt-cinq dernières années. Chez les femmes, du même groupe d'âge,
cette proportion est en léger déclin, passant de 65 à 60 % pendant la même période.

Au sein de la semaine normale, c'est la semaine de 40 heures qui est l'horaire
le plus répandu chez les hommes, alors que chez les femmes, c'est la semaine de
35-39 heures qui prédomine. Par ailleurs, il n'y a pas de mouvement significatif de
réduction des heures de travail, au sein de la semaine normale, au cours des 25 dernières années (figure 6). C'est une situation assez différente de celle qu'ont connue la
France et l'Allemagne où il y a eu un mouvement important de réduction des heures
de travail au sein de la semaine normale de travail. Rappelons la loi des 35
heures en France en 1998 (le passage de 35 à 39 heures, les fameuses lois Aubry). En
Allemagne, les syndicats, notamment dans la métallurgie, ont amorcé au milieu des
années 80 un important mouvement de réduction du temps de travail, dans le cadre de
leurs négociations avec les employeurs.

FIGURE 6

Répartition du temps de travail
Hommes et femmes, 25 à 44 ans, semaine normale de travail
Québec, 1976-2002

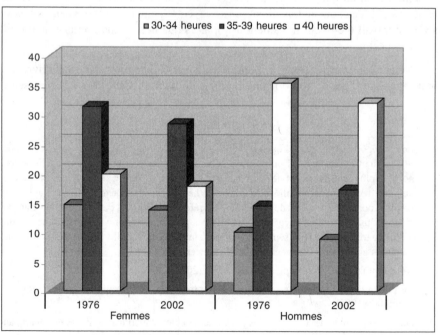

Source : CANSIM, EPA, tableau 282-0018.

Le phénomène de polarisation des heures de travail se distingue très nettement selon le genre : chez les hommes, dominent les heures excessives de travail, alors que chez les femmes, c'est le temps partiel qui est prédominant. Au cours des 25 dernières années, il y a eu un accroissement du temps partiel tant chez les hommes que chez les femmes. Par contre, le phénomène des heures excessives aurait légèrement diminué chez les hommes, alors qu'il aurait pris de l'ampleur chez les femmes. Néanmoins, c'est 30 % des hommes et près de 15 % des femmes qui font plus de 40 heures de travail par semaine. Les proportions sont inversées lorsqu'il s'agit du temps partiel : près de 15 % chez les hommes et 30 % chez les femmes (figure 7).

FIGURE 7

Polarisation du temps de travail, Québec, 1976-2002

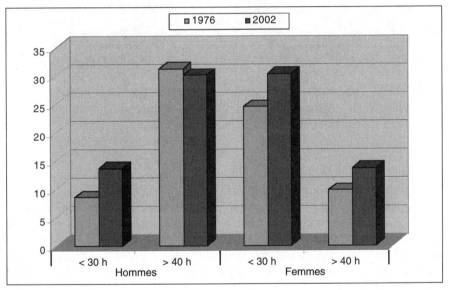

Source : CANSIM, EPA, tableau 282-0018.

Chez les jeunes, la proportion de ceux qui travaillent à temps partiel a plus que doublé au cours des 25 dernières années, passant de 20,4 à 46,3 % entre 1976 et 2002. En fait, on peut supposer qu'en prolongeant leurs études, les jeunes ont diminué leurs heures hebdomadaires de travail. Ils doivent concilier études et travail. Par contre, la proportion de ceux qui font des heures excessives de travail a grandement diminué au cours de la période (figure 8).

FIGURE 8

Polarisation du temps de travail, chez les jeunes, Québec, 1976-2002

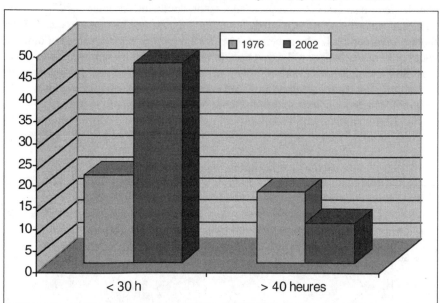

Source : CANSIM, EPA, tableau 282-0018.

Le phénomène des heures excessives de travail touche en 2002 un homme sur trois (âgé de 25 ans et plus) et une femme sur six, en prenant en considération le groupe de 25 ans et plus. Alors qu'il est stable chez les hommes, il s'est considérablement accru chez les femmes au cours des 25 dernières années. Chez les femmes de 25-44 ans, la proportion travaillant plus de 40 heures par semaine s'est accrue de 50 % entre 1976 et 2002, passant de moins de 10 % à plus de 15 % (figure 9).

Parmi ceux qui font des heures excessives de travail, il y en a qui font 50 heures par semaine. En 2002, on compte près de 400 000 personnes qui travaillent à ce régime au Québec. Par rapport à 1976, le phénomène s'est amplifié. En 2002, le nombre de personnes qui travaillent 50 heures de travail et plus par semaine s'est accru du tiers. Chez les femmes, cet accroissement est vraiment considérable : en 2002, il y a près de trois fois plus de femmes qui travaillent 50 heures et plus par semaine, comparé à 1976.

FIGURE 9

Heures excessives de travail, hommes et femmes, 25-44 ans, Québec, 1976-2002

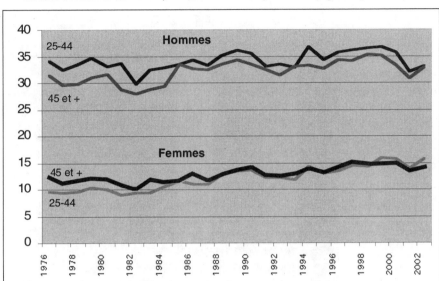

Source : CANSIM, EPA, tableau 282-0018.

3. Temps de travail et professions

Le phénomène des heures excessives est également très différencié selon les professions. En comparant les différentes professions, en regard des heures excessives (soit plus de 40 heures par semaine) accomplies par leurs membres, on peut faire les observations suivantes. En premier lieu, il apparaît que ce sont les travailleurs indépendants du secteur primaire (agriculteurs, travailleurs forestiers) qui font le plus d'heures excessives de travail. Plus de la moitié d'entre eux se retrouve dans cette situation. C'est également le cas de près de la moitié des cadres et cette proportion s'est accrue depuis 1987. Regardons la situation des hommes qui œuvrent à titre de professionnels dans les soins de santé et en sciences infirmières (*i.e.* surtout les médecins), la proportion de ceux qui font des heures excessives est passée de 27,3 % en 1987 à 39,5 % en 2002. Même si le phénomène des heures excessives de travail est inférieur à la moyenne dans certaines professions, il s'est accru au cours des 15 dernières années. En effet, il est resté stable dans l'emploi total, tandis qu'il s'est accru dans les « sciences naturelles et appliquées », les « sciences sociales, l'enseignement et l'administration publique » et chez les femmes qui travaillent dans les soins de santé et les sciences infirmières (figure 10). Ces tendances sont lourdes de conséquences pour l'avenir, illustrant bien l'emprise croissante du temps de travail sur les autres temps sociaux.

FIGURE 10

Heures excessives de travail, selon les professions, Québec, 1987-2002

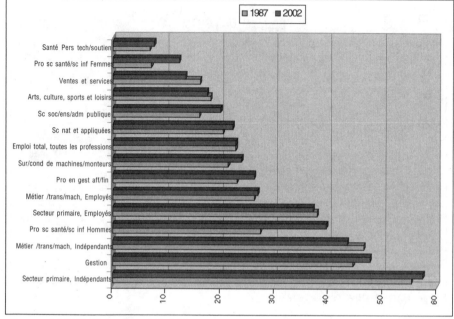

Source : CANSIM, EPA, tableau 282-0082.

Dans l'ensemble de l'emploi, les professions du savoir où l'on fait le plus grand nombre d'heures excessives de travail occupent une part importante. Il s'agit 1) des cadres en gestion, 2) des professionnels en gestion des affaires et de la finance, 3) des professionnels dans les sciences naturelles et appliquées, 4) des professionnels dans le secteur de la santé, 5) des professionnels en sciences sociales, en enseignement et en administration publique et 6) des professionnels dans le domaine des arts, de la culture, du sport et des loisirs. Ensemble, ces travailleurs du savoir représentent 35 % de l'emploi total au Québec en 2002[7] (figure 11).

---

[7]   Il s'agit d'une acception extensive du concept de « travailleurs du savoir ». Pour une discussion de ce concept et de sa mesure, voir les travaux de Laroche (2001) et de Lavoie *et al.* (2003) ainsi que ceux du CETECH (2004) qui introduisent la notion de « travailleurs hautement qualifiés » ou de « ressources humaines en sciences et techniques ». Voir également l'avis du Conseil de la science et de la technologie (CST, 2004).

FIGURE 11

Répartition de l'emploi selon les professions, 2002

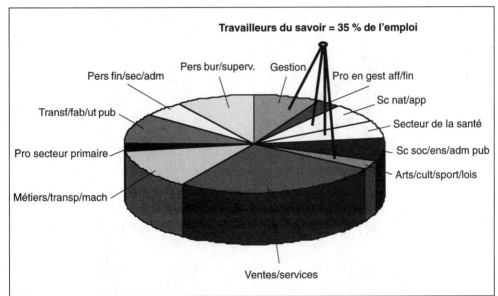

Source : CANSIM, EPA, tableau 282-0002.

Ce sont ces professions qui ont connu la plus grande croissance depuis 15 ans. Sur la figure 12, on peut observer le taux d'accroissement annuel moyen de l'emploi au Québec entre 1987 et 2002, soit au cours des quinze dernières années. Les professions du savoir sont identifiées en « foncé », alors que les autres le sont en « pâle ». On peut facilement remarquer que les professions du savoir ont connu des taux de croissance de l'emploi nettement supérieurs à la moyenne. Mentionnons quelques-unes de ces professions qui ont connu la plus grande progression de l'emploi au cours des quinze dernières années. Il s'agit des sciences naturelles et appliquées, des sciences sociales et de l'administration publique, du secteur de la santé, de l'enseignement et de la gestion des affaires et des finances (figure 12).

On est maintenant prêt pour un bilan de l'évolution récente du temps de travail. En premier lieu, il y a un retournement de la tendance séculaire à la diminution du temps de travail. En deuxième lieu, ce retournement est principalement explicable par la croissance de l'emploi dans les professions du savoir qui se caractérisent par

FIGURE 12

Taux de croissance annuel moyen de l'emploi, selon les professions, Québec, 1987-2002

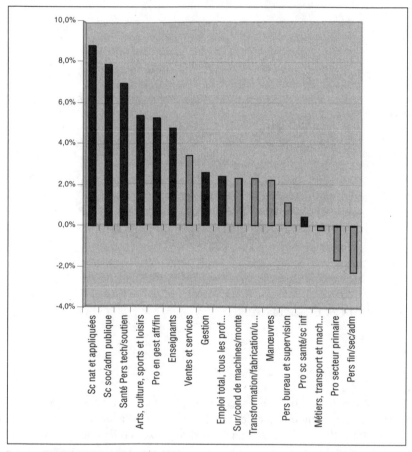

Source : CANSIM, EPA, tableau 282-0002.

l'importance des heures excessives de travail[8]. Cela est particulièrement préoccupant
et signifie que l'emprise du temps de travail sur les autres temps sociaux va continuer
à s'étendre.

---

[8] Il n'est pas possible, dans le cadre de cette conférence, d'analyser tous les facteurs associés à la durée du temps de travail. Dans la littérature spécialisée, on invoque généralement trois ordres de facteurs : 1) la régulation du travail par les normes étatiques et les
conventions collectives ; 2) la nature des protections sociales et 3) la composition de la
force de travail en tenant compte de l'importance du temps partiel, de la participation des
femmes et de la proportion de travailleurs qualifiés (Schief, 2004).

IV. Société industrielle et société postindustrielle

Comment expliquer l'évolution récente du temps de travail ? Pour répondre à cette question, l'une des voies possibles, c'est de se tourner vers la réalité nouvelle du travail contemporain et d'essayer d'en mieux comprendre la nature fondamentale. C'est ce que nous ferons dans les prochains paragraphes, en comparant le travail dans la société industrielle avec celui que l'on retrouve dans la société postindustrielle en émergence.

En qualifiant de « postindustrielle » la nouvelle société en émergence, nous référons au sociologue Alain Touraine qui, dans un essai vieux de 35 ans, caractérisait ainsi le phénomène majeur et nouveau de la société postindustrielle, en prenant pour point de départ la croissance économique :

> La croissance est le résultat d'un ensemble de facteurs sociaux plutôt que de la seule accumulation du capital. Le fait le plus nouveau est qu'elle dépend beaucoup plus directement qu'avant de la connaissance, donc de la capacité qu'a la société de créer de la créativité. Qu'il s'agisse du rôle de la recherche scientifique et technique, de la formation professionnelle, de la capacité de programmer le changement et de contrôler les relations entre ses éléments, de gérer des organisations, donc des système de relations sociales, ou de diffuser des attitudes favorables à la mise en mouvement et à la transformation continuelle de tous les facteurs de production, tous les domaines de la vie sociale, l'éducation, la consommation, l'information sont de plus en plus étroitement intégrés à ce qu'on pouvait appeler autrefois les forces de production (Touraine, 1969 : 10-11).

En fait, l'utilisation plus récente de l'expression de la société du savoir désigne la même réalité, soit « la dépendance de plus en plus grande des sociétés développées sur un capital humain sans cesse accru, au sens où ces personnes qui détiennent ce capital sont de plus en plus scolarisées et spécialisées, tout en étant plus expérimentées » (CETECH, 2004 : 3).

En comparant société industrielle et société du savoir, on se retrouve devant deux figures contrastées du travail. Dans la société industrielle, la figure typique du travail, ce sont les ouvriers d'usine et les employés de bureau. Ces derniers sont le plus souvent confinés à l'exécution de tâches bien définies, dans le cadre d'un travail manuel et répétitif. Ils sont dans une situation que les juristes qualifient de « contrainte de moyens » (Morin et Brière, 1998). Ils doivent se mettre à la disposition de leur employeur qui leur indique quoi faire et comment le faire. Ils doivent faire leur possible et donner un rendement normal dans l'exécution de leur travail. Quant aux professionnels du savoir, ils accomplissent un travail intellectuel et orienté vers la résolution de problèmes complexes. Ils sont plutôt dans une situation de « contrainte de résultats ». Il doivent donner un « livrable » quelconque : déposer un rapport, résoudre tel ou tel problème, organiser telle ou telle activité, etc. Ils ont le plus souvent une grande autonomie dans le choix des moyens à utiliser et dans la planification de leur temps de travail. Mais le problème majeur, c'est que les résultats ou plus généralement les performances à atteindre sont très mal définies, en plus d'être en ascension constante. Concernant le caractère extrêmement imprécis des performances exigées au travail, un chercheur français résume bien la problématique, en s'appuyant sur le caractère immatériel du travail :

> [...] à priori, au moment d'engager l'action, on se lance dans quelque chose dont on ne cerne pas parfaitement les contours auxquels on doit aboutir. Les salariés sont donc de plus en plus dans des situations où ils doivent interpréter ce qu'on leur demande réellement, jusqu'où on attend d'eux qu'ils s'investissent et se dépensent, là où ils seraient supposés d'arrêter. Où prend fin, par exemple, la liste de ce qui serait à faire pour répondre à l'objectif d'exploiter un portefeuille de clients fixé à un conseiller patrimonial dans une banque ? Où s'achève ce qui est à accomplir pour un enseignant décidé à démêler le cas compliqué d'un élève cumulant des difficultés qui conduisent sur le terrain familial, social, etc.? (Ughetto, 2003 : 4).

Le travail dans les sociétés, industrielle et postindustrielle, se distingue également en regard de la conception du temps[9]. Traditionnellement dans les usines et les bureaux, le temps fait est considéré comme du temps payé. Il n'y a pas de temps de travail qui se fait sans avoir l'assurance qu'il sera payé ou remboursé en journées équivalentes de congé (à taux et demi, lorsqu'on dépasse la semaine normale de travail). Tous comptent leur temps et c'est le royaume du chronomètre et des « cartes de punch ». Dans la société postindustrielle, les professionnels du savoir au contraire « ne comptent pas et ne ménagent pas leur temps » pour mener à terme leur mandat, résoudre un problème ou préparer un dossier dans le cadre d'échéances toujours plus serrées. Pour ce faire, ils n'hésitent pas à amener leur « travail » à la maison ; faisant ainsi disparaître les frontières de temps et d'espace qui séparaient le travail du hors travail dans la société industrielle. En effet, étant donné les matières et les outils qu'il mobilise, le travail industriel ne pouvait « sortir » de l'usine. Une fois « sorti » du travail, le salarié était « libre » de son temps. Ce qui n'est plus le cas pour le professionnel du savoir : les nouvelles TIC rendent possible, en tout lieu et en tout temps, un travail qui œuvre sur l'immatériel et qui fait appel au « cerveau » plutôt qu'à la « main ». Le travail envahit donc le hors travail, alors qu'on observait plutôt l'inverse dans le cas du travail industriel, où les « pauses » de la journée de travail étaient le plus souvent occupées à discuter de la famille et des activités hors travail. Aujourd'hui, les activités familiales et sociales hors travail sont le plus souvent l'occasion de discuter du travail, alors que le temps de travail occupe une place tellement importante qu'il réduit le temps disponible pour toutes les autres activités.

Le travail industriel et le travail du savoir se distinguent enfin en regard du temps supplémentaire[10]. Les travailleurs du savoir sont deux fois plus nombreux que les

---

[9] Il existe une littérature de plus en plus abondante qui aborde spécifiquement ce thème. Voir, notamment, Méda (1999), Ray (2004), Bailyn *et al.* (2002), Gurstein (2001) et Docherty (2002).

[10] Il s'agit des heures supplémentaires travaillées, rémunérées ou non, en plus des heures normales de travail. Depuis 1997, Statistique Canada ne recueille les informations que pour les employés, à l'exclusion des travailleurs indépendants.

travailleurs de la société industriel à faire du temps supplémentaire et, en moyenne, ils font un nombre d'heures supplémentaires deux fois plus élevé. Mais, c'est en regard de la rémunération du temps supplémentaire, que les différences sont les plus significatives. Chez les travailleurs du savoir, plus de 80 % du temps supplémentaire n'est pas rémunéré. Les travailleurs du savoir font du temps supplémentaire « gratuitement », afin de terminer un projet ou de s'assurer que le « livrable » soit bien rendu à temps. Chez les travailleurs industriels, c'est la situation inverse qui domine : les trois quarts du temps supplémentaire effectué sont rémunérés (tableau 9). Le temps supplémentaire, en ce qui concerne les travailleurs industriels, est commandé par l'employeur et rémunéré à temps et demi (ou compensé en temps), introduisant un certain effet dissuasif sur les employeurs qui y font appel, tandis que dans le cas des travailleurs du savoir, il est fait à l'initiative du travailleur et n'est pas rémunéré.

TABLEAU 9

Travailleurs et temps supplémentaire Québec, 2002

	Travailleurs de la société industrielle	**Travailleurs du savoir**
% faisant du temps supp.	15,2	33,3
Moyenne d'heures supp./employé	1,1	3,3
% des h. supp. non $/total h. supp.	26,0	81,3

Source : CANSIM, EPA, tableau 282-0051.

5. Dynamique contemporaine du temps de travail

Dans le cadre du travail du savoir dans la société postindustrielle, il se met en place une dynamique insidieuse qui renforce les caractéristiques envahissantes du temps de travail sur les autres temps de la vie. Les caractéristiques principales du travail du savoir, soit son caractère intellectuel et intangible ainsi que l'imprécision des résultats et des performances attendus, font en sorte qu'il y a une demande très élevée de travail. Ajoutez à cela que les ressources sont excessivement réduites dans toutes les organisations et que les informations à traiter sont de plus en plus nombreuses. La demande élevée de travail se traduit par des heures excessives de travail, que l'on peut faire de plus en plus à la maison. Ces heures excessives de travail prennent la forme de temps supplémentaire non rémunéré et réalisé à la maison ou au bureau, peu importe. Étant donné que le temps supplémentaire est à l'initiative du travailleur et qu'il n'est pas rémunéré, il n'y a aucune incitation pour l'employeur à réduire ce temps supplémentaire et notamment à préciser davantage les performances attendues, qui du reste sont assez difficiles à définir. Et cela se poursuit dans une dynamique auto entretenue. Cette dynamique insidieuse est enfin porteuse de risques élevés d'épuisement professionnel (Vinet *et al.*, 2003).

La dynamique insidieuse du travail du savoir se diffuse en outre dans le travail industriel. Ce dernier adopte de plus en plus les caractéristiques du travail du savoir ainsi que sa dynamique insidieuse. Dans les usines, le travail devient de plus en plus intellectuel et intangible : les ouvriers travaillent de plus en plus sur des automates et des processus informatisés ; ils se consacrent de plus en plus à la résolution de problèmes complexes et ils ne peuvent surtout plus « laisser leur cerveau au vestiaire » ; ils ont de plus en plus d'autonomie dans le cadre de la réduction de la hiérarchie et de la mise en place du travail en équipe. Il se dégage une tendance générale à la requalification du travail ouvrier (Appelbaum *et al.*, 2000 ; Bresnahan *et al.*, 2000 ; et Caroli, 2001) Dans ce cadre, ils assument un nombre croissant de responsabilités qui étaient autrefois l'apanage de la hiérarchie. Dans une enquête récente dans les usines du secteur manufacturier, nous avons constaté que les groupes de résolution de problèmes et les équipes de travail étaient présents dans environ 40 % des milieux de travail (Lapointe *et al.*, 2003).

En somme, la dynamique du travail tentaculaire déborde largement son périmètre d'origine pour se répandre progressivement dans toutes les sphères du travail. Elle étend enfin son emprise croissante sur tous les autres temps sociaux, si bien qu'il est tout à fait justifié de se demander s'il existe et existera encore une vie hors du travail. Après un siècle de labeur pénible et se croyant en route vers la libération du travail, grâce à sa requalification, à l'accroissement de l'autonomie et à une plus grande liberté dans l'aménagement des horaires, les hommes et les femmes ne découvrent-ils pas paradoxalement à l'aube d'un nouveau siècle que l'aliénation au travail a tout simplement revêtu de nouveaux habits, encore plus étouffants que les anciens !

BIBLIOGRAPHIE

APPELBAUM, Eileen, Thomas BAILEY, Peter BERG et Arne L. KALLEBERG (2000), *Manufacturing Advantage : Why High-Performance Work Systems Pay Off*, Ithaca (N.Y.), ILR Press.

BAYLIN, Lotte, Robert DRAGO et Thomas A. KOCHAN (2001), *Integrating Work and Family A Holistic Approach*. Executive Summary. Boston, MIT Sloan School of Management.

BRESNAHAN, Timothy F., Erik BRYNJOLFSSON et M. Hitt LORIN (2000), « Technology, Organization, and the Demand for Skilled Labor », *The New Relationship Human Capital in the American Corporation*, Margaret M. Blair et Thomas A. Kochan (dir.), Washington, Brookings Institution, p. 145-193.

CARLEY, Mark (2003), « Industrial relations in the EU, Japan and USA, 2001 », *European Industrial Relations Observatory On-line*, 7 janvier, 22 p.

CAROLI, Eve (2001), « New technologies, organizational change and the skill bias : what do we know ? », *Technology and the Future of European Employment*, Pascal Petit et Luc Soete (dir.), Northampton, Edward Edgar Publishing, p. 259-292.

CETECH (Centre d'étude sur l'emploi et la technologie) (2004), *Les travailleurs hautement qualifiés au Québec. Portrait dynamique du marché du travail*, Québec, Gouvernement du Québec.

CST (Conseil de la science et de la technologie) (2004), *L'avenir de la main-d'œuvre hautement qualifiée. Une question d'ajustements*, Québec, Gouvernement du Québec.

DOCHERTY, Peter, J. FORSLIN et A.B. SHANI (2002), *Creating sustainable work systems*, London, Routledge.

FORTIN, Pierre (2003), « Différences dans les heures annuelles travaillées par habitant entre les États-Unis et le Canada », *Observateur international de la productivité*, n° 6, printemps, p. 43-51.

GURSTEIN, Penny (2001), *Wired to the World, Chained to the Home : Telework in Daily Life*, British Columbia, UBC Press.

LAPOINTE, Paul-André, Guy CUCUMEL, Paul R. BÉLANGER, Benoît LÉVESQUE et Pierre LANGLOIS (2003), « Nouveaux modèles de travail dans le secteur manufacturier au Québec », *Recherches sociographiques*, vol. XLIV, n° 3, p. 313-347.

LAROCHE, Gabriel (2001), *Économie du savoir : mythe ou réalité*, Montréal, CETECH.

LAVOIE, Marie, Richard ROY et Pierre THERRIEN (2003), « A growing trend toward knowledge work in Canada », *Research Policy*, n° 32, p. 827-844.

MÉDA, Dominique (1999), *Qu'est-ce que la richesse ?*, Paris, Alto Aubier.

MESSENGER, Jon C. (2004), « Finding the Balance : Working Time and Workers' Needs and Preferences in Industrialized Countries ». Communication présentée au 9e Symposium international sur le temps de travail, Paris, 26-28 février 2004.

RAY, Jean-Emmanuel (2004), « Temps professionnel et temps personnels », *Droit Social*, n° 1, janvier, p. 58-69.

REID, Frank (1985), « Reductions in Work Time », *Work and Pay : The Canadian Labour Market*, Craig W. Riddell (dir.), Toronto, University of Toronto Press, p. 141-169.

SCHIEF, Sebastian (2004), « Do high-skill workers every where work long hours ? An analysis of men's and women's weekly working times by qualification in four countries ». Communication présentée au 9e Symposium international sur le temps de travail, Paris, 26-28 février 2004.

SCHOR, Juliet (2003), « The (Even More) Overworked American », John de Graff (dir.), *Take Back Your Time*, San Francisco, Berret-Koehler Publishers, p. 6-11.

TREMBLAY, Diane-Grabrielle (1998), « De la réduction à la polarisation des temps de travail ; des enjeux de société », *Loisirs et société*, vol. 21, n° 2, p. 399-416.

UGHETTO, Pascal (2003), « La place du travail : la subjectivité au cœur du rapport au travail ». Document préparatoire à l'audition par le Conseil économique et social, section du travail, dans le cadre de la saisine gouvernementale sur « La place du travail », Paris, 30 avril 2003.

Les exigences du temps pour la famille, la collectivité et pour soi[1]

2

Gilles PRONOVOST

Introduction

À n'en pas douter, des pressions temporelles de toutes sortes semblent faire des ravages parmi la population active. On est stressé, on se déclare bourreau de travail. Ainsi, selon Statistique Canada, les deux tiers des Québécois se sentent *pressés par le temps*, dont plus de 40 % tous les jours ! L'intensité de la pression ne semble pas avoir diminué depuis au moins deux décennies (tableau 1). Le travail serait la principale cause de stress, aux dires des intéressés. Des études menées en France, aux États-Unis et au Japon, par exemple, vont toutes dans le même sens.

TABLEAU 1

Vous sentez-vous pressé par le temps ?
Québec

	1992 %	1998 %
Tous les jours	41,1	41,6
Quelquefois par semaine	16,3	24,6
Une fois par semaine	10,1	12,0
Une fois par mois	4,7	5,9
Moins d'une fois par mois	6,9	6,8
Jamais	20,8	8,4

Sources : Statistique Canada, Enquêtes sociales générales, cycle 7 et cycle 12, 1992, 1998.

---

[1] Ce texte constitue la première version d'un chapitre publié dans *Temps sociaux et pratiques culturelles* (Presses de l'Université du Québec, 2004).

Il y a ici un paradoxe. En effet, en référence aux études canadiennes d'emploi du temps[2], on peut voir qu'en général, le temps consacré au travail est demeuré très stable depuis près de trois décennies. Ce qui signifie que depuis le milieu des années quatre-vingt, la société québécoise dans son ensemble ne consacre pas plus de temps au travail. Le nombre total d'heures de travail qu'effectue la population active n'a pratiquement pas bougé (voir le tableau 2).

TABLEAU 2

Budget temps hebdomadaire
Québec, 1986, 1992 et 1998

	1986 %	1992 %	1998 %	DIFF % (1998-1986)
TRAVAIL (y compris les déplacements)	23,7	23,5	23,5	-0,2
dont déplacements au travail	2,3	1,9	2,0	-0,3
ÉDUCATION	5,9	4,0	3,7	-2,2
TRAVAUX MÉNAGERS	12,8	13,3	14,7	1,9
dont préparation des repas	11,4	9,3	8,6	-2,8
ACHATS ET SERVICES	4,8	5,1	5,4	0,6
SOINS PERSONNELS	77,2	78,2	75,6	-1,6
dont sommeil	58,7	59,3	59,1	0,4
SOINS AUX ENFANTS	5,5	3,0	3,2	-2,3
ASSOCIATIONS	1,8	3,4	2,6	0,8
LOISIR	36,3	37,5	39,3	3,0
dont télé	16,7	14,7	14,5	-2,2
activités culturelles	5,1	4,5	4,4	-0,7
dont lecture	2,9	3,5	3,1	0,2
sorties, spectacles	1,5	1,8	2,1	0,6
sport	2,7	3,1	3,4	0,7
soirées, visites	5,2	6,2	10,8	5,6

Sources : CANADA, Statistique Canada (1986, 1992, 1999).

---

[2] Il n'est pas à propos ici de présenter en détail ce courant de recherche. Nous nous permettons de renvoyer à quelques auteurs récents (dont Robinson et Godbey, 1999) ainsi qu'à notre ouvrage de 1996. Rappelons que les échantillons au Québec portent sur plus de 2 000 répondants.

Si l'on excepte quelques variations, l'essentiel des déplacements de temps s'est plutôt reporté vers le loisir. Les études d'emploi du temps permettent de bien étayer que le principal gagnant des mouvements du temps est le loisir. Pas le travail, pas le sommeil, à peine les tâches domestiques. De plus, au sein du temps libre, on doit signaler quelques tendances sans doute très lourdes. La première porte sur la réduction du temps consacré aux médias. Ainsi, le nombre d'heures vouées à l'écoute de la télévision tend à décliner régulièrement ; plus encore, la part relative du temps télévisuel dans le temps libre total est elle-même en déclin. Jusqu'au milieu des années quatre-vingt, la moitié de toute augmentation du temps libre allait vers une consommation accrue des médias. En fait, la croissance du temps consacré aux médias était proportionnelle à celle du temps libre. Or, en Amérique tout au moins, un renversement historique s'est produit à partir de la dernière décennie : loin d'augmenter avec la croissance du temps libre, celui consacré à la télévision décline. Ce fait est bien étayé par de nombreuses enquêtes.

Une deuxième tendance porte sur la croissance des pratiques de sociabilité. Quel paradoxe à l'âge de l'Internet ! Le temps consacré aux sorties et aux spectacles s'accroît, celui consacré aux soirées et aux visites double. Et même les activités quotidiennes se font de moins en moins seules depuis environ une décennie ; au regard des études d'emploi du temps, celui passé seul a décliné de près de quatre heures par semaine entre 1992 et 1998 et celui passé avec des amis s'est accru de deux heures.

On peut encore signaler la modeste mais régulière croissance du temps consacré à l'activité physique et au plein air.

Au vu de ces données, comment donc manquer de temps ? Et qu'advient-il du temps consacré à la famille et aux enfants, dont on se déclare également en manque ?

Le temps des pères et le temps des mères

Les données présentées au tableau 2 répartissent les divers temps sociaux pour l'ensemble de la population. Elles offrent une image relativement fiable de l'évolution générale des structures du temps au sein d'une population donnée. Qu'en est-il de la population qui travaille et qui a des enfants ?

Dans le cas des *mères sur le marché du travail*, on observe qu'elles ont maintenant tendance à accroître leur participation au marché du travail et que généralement, elles travaillent l'équivalent de 83 % du temps des pères, comparativement à 75 % il y a deux décennies. Elles ont à peine diminué leurs tâches domestiques et consacrent un peu moins de temps à leurs enfants. Elles disposent de près de cinq heures de plus de temps libre par semaine qu'il y a quinze ans, rattrapant à ce chapitre, lentement mais sûrement, le retard important qui les caractérisait par rapport aux pères (tableau 3).

TABLEAU 3

Budget temps hebdomadaire chez les mères
Québec, 1986, 1992 et 1998
Parmi la population active âgée de 18 à 64 ans*

	1986 %	1992 %	1998 %	DIFF % (1998-1986)
TRAVAIL (y compris les déplacements)	39,8	36,4	37,1	-2,7
dont déplacements au travail	0,1	0,1	0,3	0,2
ÉDUCATION	2,0	2,0	0,6	-1,4
TRAVAUX MÉNAGERS	17,5	17,0	16,8	-0,7
dont préparation des repas	6,7	4,8	5,8	-0,9
ACHATS ET SERVICES	4,8	5,2	6,2	1,4
SOINS PERSONNELS	73,9	74,9	71,2	-2,7
dont sommeil	55,9	56,7	56,3	0,4
SOINS AUX ENFANTS	5,8	7,1	6,4	0,6
ASSOCIATIONS	1,1	1,5	1,8	0,7
LOISIR	23,2	23,8	27,8	4,6
dont télé	9,5	8,8	8,6	-0,9
activités culturelles	3,5	2,9	2,7	-0,8
dont lecture	2,0	2,3	1,8	-0,2
sport	1,4	2,2	3,6	2,2
soirées, visites	5,0	7,2	8,6	3,6

* 15 à 64 ans en 1986.
Sources : CANADA, Statistique Canada (1986, 1992, 1999).

Des observations intéressantes peuvent être signalées à propos du temps des *pères sur le marché du travail*. Le déclin de leur temps de travail est de près de huit heures par semaine. Ils ont doublé le temps consacré aux tâches domestiques, diminué leurs soins personnels et *accru* le temps qu'ils consacrent à leurs enfants (alors que les mères ont eu tendance à le diminuer légèrement). Leur temps libre total en a souffert, puisqu'il a eu tendance à stagner (tableau 4).

TABLEAU 4

Budget temps hebdomadaire chez les pères
Québec, 1986, 1992 et 1998
Parmi la population active âgée de 18 à 64 ans*

	1986 %	1992 %	1998 %	DIFF % (1998-1986)
TRAVAIL (y compris les déplacements)	52,5	44,3	44,8	-7,7
dont déplacements au travail	1,9	0,5	0,9	-1,0
ÉDUCATION	0,9	0,5	0,2	-0,7
TRAVAUX MÉNAGERS	6,9	9,9	12,0	5,1
dont préparation des repas	1,3	1,5	2,4	1,1
ACHATS ET SERVICES	2,8	4,6	3,5	0,7
SOINS PERSONNELS	71,9	73,3	70,7	-1,2
dont sommeil	54,7	55,2	55,7	1,0
SOINS AUX ENFANTS	3,1	4,9	5,3	2,2
ASSOCIATIONS	1,3	2,0	1,6	0,3
LOISIR	28,5	28,5	29,8	1,3
dont télé	13,9	12,9	11,8	-2,1
activités culturelles	4,0	2,8	2,5	-1,5
dont lecture	2,5	2,0	2,0	-0,5
sport	2,4	3,4	3,7	1,3
soirées, visites	4,6	5,0	7,2	2,6

*   15 à 64 ans en 1986.
Sources : CANADA, Statistique Canada (1986, 1992, 1999).

Ces données ne font que confirmer des tendances déjà régulièrement notées. Plus les femmes sont actives sur le marché du travail, plus elles doivent composer avec leurs autres temps contraints, dont les tâches domestiques et les soins aux enfants. Et plus les hommes participent davantage à ces tâches. La pression temporelle qu'induit la participation des femmes au marché du travail a pour conséquence un certain partage du temps familial et parental avec les hommes. De là à y voir poindre une égalité sans faille, il faudra attendre encore quelques générations ! En réalité, la stratégie des mères compose avec une triple contrainte : elles consacrent encore près de sept heures de plus que les pères aux tâches domestiques et une heure de plus aux soins aux enfants ; la conséquence en est qu'elles doivent encore diminuer le temps qu'elles consacrent au travail rémunéré, soit par un moindre nombre d'heures de travail régulier, soit en optant pour la solution du travail à temps partiel, soit en se retirant carrément du marché du travail si elles ont deux ou trois enfants, comme il sera souligné plus loin.

Temps parental, temps familial

Le temps parental consacré aux enfants peut être divisé en deux grandes catégories : le temps pendant lequel les parents sont en présence de leurs enfants, quelle que soit l'activité ; le temps spécifiquement consacré aux soins aux enfants (entretien, jeux, etc.).

À cet égard, et en référence au tableau 5, on rappellera encore la forte partition hommes-femmes dans les soins aux enfants. Dans l'ensemble, cependant, on peut noter que les écarts tendent vraiment à diminuer. Les femmes actives passent moins de temps en compagnie de leurs enfants, eu égard à leur plus grande participation sur le marché du travail, alors que dans le cas des pères, la situation demeure très stable. Pour ce qui est du temps spécifiquement consacré aux soins aux enfants, la principale remarque doit être faite à propos des pères actifs, lesquels continuent d'accroître le temps consacré à leurs enfants, dont une heure de plus par semaine au Canada et deux heures de plus au Québec ; celui des mères actives ayant plus récemment tendance à diminuer. Il s'ensuit à cet égard que le fossé entre les hommes et les femmes a chuté de manière significative. En d'autres termes, la réduction du nombre moyen d'enfants n'a pas induit de diminution du temps qui leur est consacré par les pères. Les différences hommes-femmes tendent même à s'amenuiser.

Quand on analyse les données en fonction de l'âge, ce temps est doublé avec la présence d'enfants en bas âge : cinq heures de plus par semaine chez les pères et environ dix heures de plus chez les mères.

Les études d'emploi du temps permettent de mesurer non seulement la structure du temps quotidien, mais également la durée des activités en fonction des partenaires. Quelle que soit l'activité, on peut savoir si celle-ci se pratique en solitaire, avec des amis ou des membres de la famille. On obtient même une mesure du temps familial total en calculant le temps consacré à des activités quotidiennes avec au moins l'un ou l'autre membre de la famille (sans double compte des activités pratiquées avec deux membres ou plus de la même famille).

Comme on peut le prévoir, le temps quotidien passé en présence des enfants est plus élevé chez les familles qui en ont de jeunes et ce temps a tendance à diminuer avec leur avancée en âge. Le temps passé en compagnie du conjoint a également tendance à diminuer, mais selon un rythme moins soutenu et il s'accroît chez les familles qui ont des enfants plus vieux, ce qui a tendance à accroître le temps familial total.

TABLEAU 5

**Temps parental consacré aux enfants et temps familial
selon le sexe, le statut et l'âge des enfants
Québec, 1986, 1992 et 1998, population active âgée de 18 à 64 ans***
(heures par semaine)

	Hommes actifs	Femmes actives	Femmes à la maison
1. Soins aux enfants			
Parents 1986	3,1	5,8	12,3
Parents 1992	4,9	7,1	13,7
Parents 1998	5,3	6,4	13,4
Enfants >5	10,0	15,5	24,7
Enfants <5	4,3	4,8	10,0
2. Temps avec les enfants			
Parents 1986	23,6	27,7	46,8
Parents 1992	22,7	26,8	46,0
Parents 1998	22,6	24,1	40,0
Enfants >5	35,7	40,9	62,7
Enfants <5	20,1	22,4	36,1
3. Temps familial**			
Parents 1992	41,3	40,8	65,6
Parents 1998	42,3	40,2	60,4
Enfants >5	46,1	50,3	71,4
Enfants <5	40,9	39,1	55,8

*   1986 : population âgée de 15 à 64 ans.

**   Toute activité quotidienne réalisée en compagnie de l'un ou l'autre membre de la famille sans double compte.

Les données de 1986 ne sont pas comparables.

Sources : CANADA, Statistique Canada (1986, 1992, 1999).

Or, les données indiquent que contrairement à leurs homologues canadiens, les *pères québécois* ont accru leur « temps familial total », il est même plus élevé de cinq heures par semaine alors que celui des mères décline légèrement au Québec et fortement dans l'ensemble du Canada. Notons au passage que les données canadiennes et américaines comparables indiquent que ces deux populations consacrent un peu plus de temps que les parents québécois aux soins à leurs enfants, mais que les parents québécois passent un peu plus de temps total avec leurs enfants. Des analyses plus fines permettent de dire que les *jeunes pères postmodernes*, appelons-les comme cela (Quéniart, 2002), se montrent de plus en plus sensibles à leur présence auprès des enfants.

À partir d'analyses de variance, nous avons cherché à savoir dans quelle mesure certains facteurs, comme l'âge, le statut d'emploi, le nombre d'enfants et le niveau d'éducation pouvaient exercer une influence sur la structure des temps sociaux des parents. En résumé, la première césure se fait, il va de soi, entre le fait d'avoir ou non des enfants. *Quand l'enfant paraît*, c'est la présence d'un jeune de moins de cinq ans ou de deux enfants qui constituent les facteurs les plus décisifs. Ainsi, le fait d'avoir un bébé entraîne une diminution moyenne d'environ une dizaine d'heures de travail rémunéré chez les femmes et d'à peine une heure chez les hommes; s'il y a deux enfants, les hommes auront tendance, cette fois, à réduire significativement leur temps de travail; s'il y en a trois, les femmes auront tendance à se retirer du marché du travail et les hommes à travailler davantage.

Le temps libre est également affecté par la présence des enfants. Avec un enfant, tant les mères que les pères réduisent en moyenne leur temps libre de deux heures par semaine et s'ils ont deux enfants en bas âge, de cinq heures. C'est l'écoute de la télévision et les sorties qui sont le plus modifiées.

Les autres variables, telles que l'éducation et le revenu, exercent une influence minime sur le temps parental. Qu'on soit riche ou pauvre, fortement ou faiblement scolarisé, cela ne constitue pas vraiment une variable sociologique décisive; les plus scolarisés toutefois consacrent quelques heures de plus par semaine à leurs enfants et ils les côtoient plus souvent. Les écarts entre les familles intactes et les familles recomposées avec enfants sont négligeables. Ici, plutôt que le type de famille, *c'est vraiment la présence d'enfants, tout particulièrement de jeunes enfants, qui constitue la variable première explicative de la structure et du contenu du temps quotidien des familles*, la deuxième variable lourde étant le genre (homme ou femme).

En d'autres termes, le temps consacré aux jeunes enfants affecte autant la structure du temps quotidien des parents que son contenu : le sommeil chez les femmes ; la durée du temps de travail et de loisir chez les deux parents. Dans ces conditions, on comprend mieux certains enjeux de la conciliation famille-travail.

Dans un texte bien documenté, Benoit Rapoport et Céline Le Bourdais (2001) ont bien démontré qu'environ la moitié du temps familial se déroule en présence des enfants avec le conjoint. Cependant, un père passe les deux tiers du temps qu'il consacre à ses enfants en présence de sa conjointe alors, qu'à l'inverse, la mère n'est en présence de ses enfants et de son conjoint que dans environ 40 % du temps familial.

On peut encore se demander si la nature des activités influence le temps familial. Toutes les études d'emploi du temps révèlent que les tâches domestiques, la préparation des repas et les soins aux enfants sont majoritairement le fait des femmes. En conséquence, et de manière générale, le « temps familial » des femmes est quatre fois plus élevé en présence d'enfants, sans le conjoint, qu'il ne l'est pour les hommes dans le cas des tâches ménagères et deux fois plus élevé dans le cas de soins aux enfants. Chose remarquable, l'écart le plus faible s'observe dans le cas des activités de loisir ; on peut donc y voir une participation égale des hommes et des femmes avec leurs enfants dans ce cas, ce qui est rarement ainsi dans tous les autres types d'activités quotidiennes.

Des stratégies différentes semblent dès lors utilisées lorsqu'on compare les familles qui ont des enfants de cinq ans ou moins à celles qui en ont de cinq à douze ans : les premières diminuent leur temps personnel ainsi que celui consacré aux tâches domestiques, à la vie associative et aux activités éducatives pour se vouer davantage à leurs enfants ; les secondes travaillent plus, écourtent leur temps de sommeil, renouent avec la vie associative et consacrent plus d'heures aux activités sportives.

Les familles qui ont des enfants de quinze ans et plus travaillent presque autant que celles qui en ont des plus jeunes, dorment moins, n'accroissent pas le temps consacré aux médias, diminuent même celui réservé aux travaux ménagers. Elles semblent profiter de leur nouvelle situation parentale, qui se manifeste essentiellement par une diminution marquée des soins aux enfants, pour accroître légèrement le temps consacré aux activités culturelles, aux repas au restaurant et aux soins personnels ; de plus, elles « reprennent » le temps qu'elles avaient dû diminuer pour les achats, les services et la vie associative ; « libérées » de certaines contraintes familiales, elles en profitent pour mener une vie culturelle et sociale plus intense.

Si les variables sociodémographiques usuelles telles la scolarité et le revenu s'avèrent finalement peu discriminantes en ce qui concerne la durée du temps parental, elles le deviennent très fortement quand on analyse le contenu des activités qui réunissent parents et enfants. Chez les familles plus scolarisées, on observe, comme on peut s'en douter, de plus forts taux de lecture chez les jeunes, plus de temps consacré aux travaux scolaires, une plus grande participation à des activités structurées, moins de temps consacré à regarder la télévision, moins de troubles de comportement, etc.[3].

En résumé, même s'ils ont moins d'enfants, les parents nord-américains leur consacrent pratiquement autant de temps, les mères un peu moins, les pères un peu plus. Ce dernier trait est particulièrement prononcé chez les jeunes pères québécois, que l'on pourrait considérer comme des « pères postmodernes ». Dans l'ensemble,

---

[3]   Bianchi et Robinson, 1997 ; nos propres travaux, Pronovost, 2002.

cependant, on demeure moins longtemps en compagnie de ses enfants, quelle que soit l'activité, à l'exception, faut-il encore le rappeler, des jeunes pères québécois. La diminution du temps parental des mères s'explique largement par leur présence accrue sur le marché du travail. La présence de jeunes enfants constitue un des principaux facteurs explicatifs de l'emploi du temps quotidien des parents, notamment la durée de leur travail et de leur temps libre, par-delà l'âge, le sexe et la scolarité. Quand leurs enfants sont grands, les parents tendent à occuper leurs journées de la même façon que ceux qui n'en ont pas.

Les différences de genre perdurent, mais cette étude et d'autres travaux déjà publiés indiquent que le fossé continue à rétrécir.

Contrairement à l'image de sociétés industrielles composées de citoyens en manque de temps, dans la vie quotidienne des Nord-américains, on observe un accroissement de la durée du temps libre, les gains les plus nets étant chez les mères actives. Cela a été rendu possible notamment par une diminution du temps de travail chez les pères et des tâches domestiques chez les mères.

Le temps passé en compagnie des enfants ne s'accroît pas de manière linéaire avec le nombre total d'enfants ou d'enfants en bas âge ; il doit composer avec d'autres facteurs tel que le statut d'emploi et le statut civil. Les parents jouissent de moins de temps libre et se consacrent plus aux tâches domestiques, particulièrement s'ils ont de jeunes enfants ou plus de deux enfants.

Technologies de l'information et détemporalisation des activités quotidiennes

Les études d'emploi du temps ne révèlent qu'une facette de la réalité. Si elles nous offrent un tableau crédible et bien étayé des lentes transformations des temps sociaux, elles ne permettent pas de mesurer d'autres phénomènes tout aussi importants. Nous faisons référence tout particulièrement au rôle des technologies de l'information et de la communication dans la reconfiguration des temps quotidiens.

Pour ce qui est du travail, notamment, l'usage d'Internet et des supports informatiques divers accompagnent maintenant pratiquement toutes les facettes des tâches et des responsabilités. L'une des conséquences est une sorte de fluidité accrue du temps de travail, sa « détemporalisation », sa « délocalisation ». Les frontières du temps de travail sont devenues poreuses. De nos jours, environ 20 % des travailleurs apportent du travail à la maison et les pourcentages sont encore plus élevés parmi les professionnels. Au Québec, l'utilisation de l'Internet à la maison pour le travail approche 25 %[4]. Pour certains segments de la population active, les frontières entre temps de travail, temps familial et temps personnel tendent à s'estomper.

---

[4]   Sondages Netendances diffusés sur le site du CEFRIO, http://www.cefrio.qc.ca.

On peut en dire tout autant pour ce qui est de la participation culturelle. Les travaux actuels permettent de conclure, en effet, que la participation culturelle est encore plus importante grâce aux technologies de l'information et de la communication. L'exemple des États-Unis démontre que l'auditoire de la musique classique, du jazz, de pièces de théâtre est généralement deux fois plus important à la télévision qu'en salles de spectacle ! Il en va de même pour le cinéma : le nombre de films que l'on regarde continue d'augmenter à cause, notamment, des chaînes spécialisées de télévision, de la diffusion de films à la télévision conventionnelle et de la location de vidéocassettes. L'enquête américaine de 2002 démontre également que les médias contribuent à une certaine « démocratisation » de la participation culturelle, puisque les écarts usuels sur le plan sociodémographique sont beaucoup moins prononcés. Ainsi, les jeunes de moins de vingt-cinq ans sont en contact avec certaines formes de culture classique (musique, jazz et même opéra) de manière deux fois plus importante par les médias que par les spectacles vivants ; chez les plus âgés, les taux passent du simple au double et parfois au quintuple. De même, les écarts usuels en termes de revenus ou d'éducation sont beaucoup moins prononcés et la proportion usuelle hommes-femmes s'estompe pratiquement[5].

On peut ainsi en conclure que les technologies de l'information et de la communication multiplient les lieux et les temporalités de travail : au boulot, chez soi, en déplacement, par l'utilisation du téléphone mobile, etc. Combien de personnes travaillent à peu près n'importe où ?

Il en est de même pour les activités de loisir et les pratiques éducatives.

De tels phénomènes sont tout particulièrement en croissance parmi les professionnels. Ce sont les plus diplômés qui travaillent le plus et qui jouissent le moins des loisirs. Comme ils font des enfants comme les autres, ils expriment le plus fortement le sentiment de manque de temps évoqué au tout début. En fait, les principaux bénéficiaires de la « civilisation des loisirs » sont bien les inactifs et les retraités. Ceux qui, au contraire, subissent le plus les contrecoups des transformations dans l'organisation sont les diplômés. Il faut également mentionner la population qui est affectée par les horaires variables, le travail de nuit et les longues heures d'ouverture des services commerciaux. En de telles circonstances, comment ne pas se sentir privé de temps, pour soi et pour la famille ?

Si on croise le sentiment de manque de temps avec le niveau de revenu des individus, on peut dire, en caricaturant à peine, que la césure du stress se situe chez ceux qui gagnent au-delà de 50 000 $ par année, population en partie identifiable aux cadres et professionnels qui ont vu leur temps de travail s'accroître et leur temps de loisir stagner, mais qui consacrent plus de temps à leurs enfants.

---

[5]   *2002 Survey of Public Participation in the Arts* (2003).

Il y a un autre paradoxe : cette population sur le marché du travail, et stressée, est pourtant fort active en matière de participation culturelle. Dans d'autres textes nous avons illustré comment le sentiment de manque de temps était aussi lié au fait de pratiquer un plus grand nombre d'activités culturelles, de faire plus de sorties, de lire davantage, etc. *Manquer de temps*, c'est aussi vouloir en faire toujours plus. Les études d'emploi du temps nous préviennent que c'est seulement à la retraite que ce manque de temps sera comblé.

Conclusion

À n'en pas douter, la reconfiguration actuelle des temps sociaux affecte profondément les parents qui ont des enfants en bas âge, les scolarisés et les professionnels. Et c'est seulement à la retraite qu'ils jouiront de ce précieux temps, à la condition de ne pas devenir très rapidement grands-parents et d'avoir à s'occuper de leurs propres parents malades.

Nous avons le sentiment de manquer de temps non pas parce que, objectivement, le temps de loisir serait en décroissance, mais en raison des transformations dans l'organisation du travail, de sa dérégularisation, de sa détemporalisation. Sur un autre plan, on peut dire que l'attention portée de nos jours aux enfants – nous en avons moins, mais nous souhaitons leur consacrer plus de temps, tel est bien le cas chez les jeunes pères actifs – est source de tension dans l'équilibre des temps personnels et sociaux. De même, les rapports hommes-femmes dans la sphère domestique connaissent indéniablement une certaine reconfiguration, sous la pression, notamment, du taux croissant d'activité des femmes. De plus, nos systèmes de valeurs se sont modifiés. Celles d'individualité et d'identité ont pris plus d'importance. L'affirmation du sujet est la nouvelle norme, obligeant de nouveaux rapports entre le soi, le couple, la famille et le travail. François de Singly (2000) s'est attaché à montrer comment la famille est aussi le lieu d'une tension entre la volonté d'être « soi », d'affirmer son « individualité » tout en cohabitant avec d'autres : *libres ensemble*, écrit-il. Chacun des membres de la famille tient à préserver, en toute légitimité, sa vie personnelle, ses aspirations sociales et professionnelles, une certaine distance psychologique, voire physique, tout en cherchant en même temps à fonder des rapports harmonieux, basés sur le sentiment amoureux, sur les liens affectifs et sur la force des relations de filiation et de parenté.

BIBLIOGRAPHIE

2002 Survey of Public Participation in the Arts (2003), Washington, D.C., National Endowment for the Arts, Research Division Report #39, 92 p. (http://arts.wndow.gov).

ALGAVA, Élisabeth (2002), « Quel temps pour les activités parentales ? », *Études et résultats*, Paris, Ministère de l'Emploi et de la Solidarité, n° 162.

BIANCHI, Suzanne M. et John ROBINSON (1997), « What Did You Do Today ? Children's Use of Time, Family Composition, and the Acquisition of Social Capital », *Journal of Marriage and the Family*, 59, p. 332-344.

CANADA, Statistique Canada (1986), *Enquête sociale générale, 1986 – cycle 2. Emploi du temps, mobilité sociale et langue*, Ottawa, Statistique Canada, pag. div.

CANADA, Statistique Canada (1992), *Enquête sociale générale, 1992 – cycle 7. L'emploi du temps*, Ottawa, Statistique Canada, pag. div.

CANADA, Statistique Canada (1999), *Aperçu sur l'emploi du temps des Canadiens en 1998*, Ottawa, Statistique Canada, 21 p. (catalogue 12F0080X1F) (http://www.statcan.ca/).

CHENU, Alain (2002), « Les horaires et l'organisation du temps de travail », *Économie et statistique*, n°⁸ 352-353, p. 151-167.

CHENU, Alain et Nicolas HERPIN (2002), « Une pause dans la marche vers la civilisation des loisirs ? », *Économie et statistique*, n°⁸ 352-353, p. 15-37.

DALY, Kerry J. (2001), *Minding the Time in Family Experience*, Amsterdam, Elsevier, 378 p.

DALY, Kerry J. (1996), *Families & Time. Keeping Pace in a Hurried Culture*, Londres, Sage, 252 p.

GERSHUNY, Jonathan (2000), *Changing Times. Work and Leisure in Postindustrial Society*, Oxford, Oxford University Press, 304 p., index.

HOFFERT, Sandra L. et John F. SANDBERG (2001), « How American Children Spend Their Time », *Journal of Marriage and the Family*, 63, p. 295-308.

PRONOVOST, Gilles (1996), *Sociologie du temps*, Bruxelles, De Boeck Université, 181 p.

PRONOVOST, Gilles (2002), « Emploi du temps et pratiques culturelles », chap. 11 du rapport de Santé Québec, dans J. Aubin, C. Lavallée, J. Camirand, N. Audet *et al.* (2002), *Enquête sociale et de santé auprès des enfants et des adolescents québécois, 1999*, Québec, Institut de la statistique du Québec, p. 253-291.

QUÉNIART, Anne (2002), « Place et sens de la paternité dans le projet de vie des jeunes pères », *Comprendre la famille*. Actes du 6ᵉ symposium québécois de recherche sur la famille (sous la direction de Carl Lacharité et Gilles Pronovost, avec la collaboration de Élizabeth Coutu), Québec, Presses de l'Université du Québec, p. 55-75.

RAPOPORT, Benoît et Céline LE BOURDAIS (2001), « Temps parental et formes familiales », *Loisir et société/Society and Leisure*, vol. 24, n° 2, p. 585-617.

ROBINSON, John et Geoffrey GODBEY (1999), *Time for Life : The Surprising Ways Americans Use Their Time*, University Park, Pennsylvania State University Press, 2ᵉ éd., 402 p.

SINGLY, François de (1996), *Le soi, le couple et la famille*, Paris, Nathan, 255 p.

SINGLY, François de (dir.) (2000), *Libres ensemble. L'individualisme dans la vie commune*, Paris, Nathan, 253 p.

La conciliation des temps au travail et hors du travail

3

Nicole DE SÈVE

Ma présentation aborde trois éléments : le premier, le temps tentaculaire des employeurs ; le deuxième, le temps tentaculaire invisible ; le troisième, les autres temps sociaux. Finalement, je plaide pour une réduction substantielle du temps de travail pour le « désenchanter », pour effriter la division sexuelle du travail et pour construire des sociétés à dimension humaine.

1. Le temps des employeurs

Les entreprises privées et publiques ont besoin du travail humain pour produire. Pourtant, il leur arrive trop souvent de le discréditer, de le déqualifier, lui ôtant ainsi son sens social structurant de rapports sociaux. En conséquence, pour plusieurs travailleuses et travailleurs, leur travail, expression d'une expertise particulière qui donne un sens à leur vie, voie de réalisation professionnelle valorisante, est donc de plus en plus perçu comme « un mal nécessaire » pour obtenir un salaire décent, soumis aux aléas des volontés de l'organisation ou de l'entreprise pour laquelle le temps donné est l'objet d'élasticité sans fin. Pas surprenant que plusieurs veuillent le quitter au plus vite.

Les exigences de l'entreprise industrielle

La journée, la semaine et l'année sont rythmées par les horaires de travail. La durée de la journée de travail au Québec n'est pas précisée dans la Loi sur les normes du travail. Ce qu'on y trouve, c'est le nombre d'heures équivalant à une semaine normale de travail (40 heures) au-delà duquel les heures supplémentaires effectuées par une personne doivent être rémunérées, le seuil minimum du temps de repos hebdomadaire obligatoire (32 heures) et les conditions du droit de refus de travailler. Ainsi, une personne ne peut refuser de travailler qu'après 50 heures hebdomadaires ou, encore, après plus de 12 heures par période de 24 heures si ses heures quotidiennes de travail sont variables ou effectuées de manière non continue. De plus, le droit de refus est balisé dans la loi.

Alors que dans plusieurs pays européens, notamment la France, le message des législateurs a été de modifier les lois de manière à diminuer la durée de la semaine de travail, au Québec, nous n'aurons pas réussi, lors de la révision de la Loi sur les normes du travail, à réfréner l'appétit pour plus de temps de travail salarié.

Devant une telle législation aussi permissive sur l'aménagement du temps de travail en entreprise, il n'y a rien de surprenant à ce que les entreprises optent pour :

- plus de flexibilité et de diversification des horaires de travail (une gestion du temps plus souple pour faire face aux besoins de l'entreprise : temps partiel[1] largement dominé par les femmes, à contrat à durée déterminée, saisonnier, mises à pied temporaires) ;
- plus de productivité (réduction des coûts de main-d'œuvre, des charges sociales et des responsabilités à l'égard du bien-être des salariés).

Dans un contexte où la loi permet de travailler au-delà de 40 heures, faut-il se surprendre que chez les hommes âgés de 25 ans et plus, un sur trois effectue plus de 40 heures de travail par semaine et environ un sur cinq dépasse les 50 heures ? Tentaculaire le travail, bien évidemment, particulièrement chez certaines catégories de travailleuses et travailleurs.

Les exigences des entreprises du savoir

- Axé sur la connaissance et l'information à jour, ce travail « mobilise l'esprit bien en dehors des heures formelles du travail ».
- Disponibilité totale ou presque facilitée par les technologies de l'information qui permettent d'effectuer le travail à la maison, dans les transports en commun, dans sa voiture. Toujours en ligne, cette travailleuse ou travailleur n'arrête jamais.
- Évalué selon ses résultats, la travailleuse ou travailleur « du savoir » est hanté par la performance. « Ne pas être déclassé, rester sur la touche, conserver son expertise, son pouvoir d'influence » deviennent une obsession.

Cette pression sur le rendement ressemble à s'y méprendre à ce qui avait cours autrefois dans certaines usines où le nombre de pièces produites conditionnait le salaire, l'avancement dans l'entreprise ou la sécurité d'emploi. Loin de s'atténuer, elle risque de s'étendre, notamment dans la fonction publique, alors que le plan de modernisation 2004-2007 annoncé par la présidente du Conseil du trésor prévoit l'implantation d'une nouvelle politique de gestion de la performance qui « favorisera l'introduction de mesures d'incitation à la performance – sous la forme, par exemple, de primes au rendement ou de rémunération bonifiée[2] ».

---

[1] La hausse du temps partiel est une tendance de fond depuis les 20 dernières années.

[2] Secrétariat du Conseil du trésor, Québec (Gouvernement du), *Moderniser l'État. Pour des services de qualité aux citoyens, Plan de modernisation 2004-2007*, mai 2004, p. 39.

Et au rythme où vont les choses, c'est la santé mentale des travailleuses et travailleurs qui est en cause. À titre d'exemple, une étude récente menée par Angelo Soares, de l'École des sciences de la gestion de l'UQAM, révèle « qu'un membre de la CSQ[3] sur trois actuellement au travail est en situation à risque d'épuisement professionnel. Plus grave encore, 9 % d'entre eux sont en dépression modérée et 3,7 % en dépression sévère[4] ». Les causes de cette détresse psychologique sont reliées majoritairement à la surcharge de travail et à l'injustice organisationnelle.

Les exigences des entreprises de services aux personnes

- Le secteur des services a subi, au fil des années, une incroyable pression pour une plus grande latitude dans les heures d'ouverture. Conséquence prévisible : les créations d'emplois à temps partiel se sont multipliées. Une multiplicité de plages horaires a été imposée aux travailleuses pour couvrir les périodes de pointe : « cherche caissière à temps partiel », « vendeuse demandée pour les fins de semaine », « gérante de nuit recherchée », peut-on lire sur les devantures des magasins. Véritable chantage à l'emploi, cette disponibilité selon les besoins du commerce pèse de tout son lot sur la gestion du temps personnel.

- Et toutes les stratégies de rationalisation poussée des effectifs et de privatisation des services publics, notamment dans la sphère des services de santé et des services sociaux ou, encore, la commercialisation des services de garde à l'enfance accentueront la tendance à utiliser la main-d'œuvre essentiellement féminine « selon les besoins du service ».

Aux contraintes de temps liées à l'emploi s'ajoute le transport, dont la durée s'allonge à cause, notamment, de l'étalement urbain. Et dans cet univers du travail, il y a des extrêmes qui se développent : celles et ceux qui travaillent de moins en moins faute d'emploi et qui s'appauvrissent, celles et ceux qui travaillent de plus en plus et pas nécessairement par choix et sans toujours s'enrichir.

2. Le travail tentaculaire invisible

L'invisibilité économique du travail domestique effectué majoritairement par les femmes, sa gratuité, est un des principaux pièges qui se présentent lorsque nous

---

[3]   La CSQ regroupe plus de 170 000 personnes œuvrant dans les secteurs de l'éducation, de la santé et des services sociaux, de la culture, des communications et de l'action communautaire et des services de garde à la petite enfance. C'est donc dire que les syndiquées et syndiqués de la CSQ sont des travailleuses et des travailleurs du savoir.

[4]   Luc Allaire, « Qu'est-ce qu'on attend pour être heureux au travail », *Nouvelles CSQ*, mai-juin 2004, p. 16.

abordons la question de la gestion du temps de travail/hors du travail. La non-reconnaissance de la valeur du travail domestique conduit à le placer en dehors du champ économique, dans le « hors-travail » et, conséquemment, à renforcer la division sexuelle du temps de travail.

Les présentations précédentes sont assez éloquentes pour que je ne m'attarde pas plus sur ce temps non partagé malgré les efforts des jeunes « pères postmodernes ». Qu'il me soit seulement permis de rappeler que « l'assignation prioritaire des femmes à la sphère domestique les oblige à travailler à temps partiel, et le fait d'être à temps partiel les renvoie en toute logique dans la sphère domestique ». En conséquence, « la répartition entre femmes et hommes du travail professionnel et du travail domestique relève d'une logique de réduction non homogène du temps de travail selon les sexes et par là même des revenus[5] ». Il y a là quelque chose de tragique à constater que la maternité et le travail qu'elle génère appauvrissent les exclus.

Un autre élément, que j'aimerais relever dans le cas du travail invisible, résulte du transfert dans la sphère privée de travaux autrefois effectués par différentes catégories de personnel. « Le système a déchargé sur nous des frais de main-d'œuvre, il a externalisé ses frais. » Quelques exemples : mettre soi-même l'essence dans sa voiture remplace le temps de l'ancien pompiste ; effectuer ses transactions bancaires par guichet, par téléphone ou par Internet économise le temps de travail d'une ancienne caissière ; emballer soi-même ses produits substitue le temps de l'emballeur, personnage en voie de disparition, le chic étant d'assembler nous-mêmes nos meubles. Que d'économies de temps pour l'entreprise et quel fardeau supplémentaire pour nous, consommatrices ou consommateurs !

3. Les autres temps sociaux

N'est-ce pas intéressant de constater que ce qui se produit hors du temps de travail se situe dans la Loi sur les normes du travail et dans les conventions collectives à la rubrique « congés » : congés parentaux, congé familial sans solde, congés non rémunérés pour responsabilités parentales et familiales, congés fériés, congés d'étude ? N'est-ce pas là le signe que ce qui structure nos sociétés, c'est l'adéquation du temps aux besoins de l'entreprise, l'absurde nous conduisant à des expressions comme « repos hebdomadaire », « vacances annuelles », « congé de retraite » ?

Pourtant, la valorisation du temps hors du travail est devenue une aspiration fondamentale, l'élément qui permet d'obtenir une qualité de vie supérieure, la réalisation

---

[5]   N. Cattanéo, « Qui partage et que partage-t-on ? », *Femmes et partage du travail*, sous la direction de Helena Hirata et Daniel Senotier, Paris, Syros Alternatives sociologiques, 1996, p. 159-160.

de soi et de meilleures relations avec les autres. En fait, de plus en plus de personnes cherchent le moyen de libérer du temps du « système », du temps nouveau, du temps permettant d'utiliser les facultés humaines que l'entreprise, la productivité, la concurrence et la compétitivité laissent en jachère.

Le temps qu'il nous reste parfois pour

* la famille

Ce temps de tendresse nécessaire entre personnes qui partagent un lien parental. Le temps passé avec les enfants, les parents, le temps du jeu, le temps des devoirs scolaires, le temps du repas familial, le temps de prendre le temps de tisser des liens familiaux.

* les études

Ce temps pour parfaire ses connaissances, pour s'orienter vers un domaine ou un autre, mais aussi celui qui n'est pas nécessairement tourné vers la pratique immédiate d'un métier, d'une profession. Celui d'ouvrir ses horizons, d'apprivoiser d'autres connaissances.

* la vie privée

Ce temps qui permet de se ressourcer et de reproduire sa force de travail : d'un côté, les loisirs, la culture, les activités sportives de même que les amitiés et la vie amoureuse ; de l'autre, les soins physiologiques (entretien personnel), le sommeil.

* l'engagement citoyen

Ce temps si précieux pour l'engagement dans des activités collectives, telles l'environnement, l'action politique large, la défense des droits sociaux, le bénévolat, la dynamisation de la vie des quartiers ou du conseil d'établissement.

Comment concilier ces univers que la logique du marché s'empresse d'occulter constamment?

En préparant cette présentation, il me revenait constamment en tête une chanson de Claude Léveillée, *Taxi*, qui dit à peu près ceci : « Courage mon gars, la nuit viendra pour te reposer de cette vie-là. En attendant, prends ton café... Pas le temps, v'là un client. »

Depuis le début, j'ai cherché à faire ressortir les contradictions entre les exigences du temps au travail et celles hors du travail. Ce qui contrecarre l'articulation du travail salarié au travail domestique, à la vie familiale ou à l'engagement envers la communauté, ce sont les longues heures de travail, la flexibilité croissante du temps de travail et les heures de travail supplémentaires exigées, le plus souvent à la dernière minute. Pourtant, nous savons qu'une durée de travail supérieure à la durée normale de 40 heures par semaine représente un danger réel pour la santé physique et mentale des salariées et salariés, les données sur la situation des membres de la CSQ en témoignant éloquemment.

Existe-t-il des voies de conciliation possibles ? Peut-on entreprendre des actions qui permettent de rendre ces univers compatibles ?

Pour ma part, il n'y a pas de multiples solutions de rechange, si ce n'est de nous engager comme société dans une stratégie nous permettant d'en finir avec l'impérialisme du travail-emploi sur la vie individuelle. Suivre cette voie n'entraînera pas des conséquences catastrophiques. Au fil des années, nous avons réussi, par des luttes historiques, à diminuer le temps de travail salarié sans mettre en danger l'économie québécoise.

Aujourd'hui, nous devons toutefois nous convaincre que cette réduction doit se poursuivre. Nous devons tendre vers une réduction substantielle du temps de travail salarié de manière à mieux partager les autres temps de la vie ? Ce que réclament depuis des décennies les organisations syndicales et le mouvement des femmes.

Pourquoi ne pas inscrire dans la loi des dispositions relatives à la fixation d'une journée normale de travail pour mieux circonscrire le droit de refuser d'effectuer des heures supplémentaires en fixant un nombre décent d'heures de travail et accorder un véritable repos hebdomadaire ? Ces mesures sont essentielles à la conciliation du travail avec la vie familiale, l'exercice de la citoyenneté et la santé physique et mentale des travailleuses et travailleurs.

Pourquoi ne pas accompagner cette intervention visant à fixer une durée du temps de travail qui favorise l'émergence du temps pour soi d'une autre tout aussi essentielle sur la détermination du salaire horaire ? Actuellement, les personnes qui ne touchent que le salaire minimum doivent travailler de longues heures pour obtenir un revenu décent. À moins de considérer que 298 $ par semaine soit un revenu décent.

Dans le même sens, pourquoi ne pas en finir une bonne fois avec ce préjugé qui veut que les responsabilités parentales et familiales relèvent toujours de la gratuité de la part des femmes ? Il est inadmissible que les congés permis par la loi pour faire face à ces responsabilités ne soient pas rémunérés ou qu'ils soient pris à même la banque de leurs congés de maladie. Ces « congés » sont essentiels. Ils permettent, au minimum, d'adapter certains pans de la vie privée aux pressions du travail. Ils rendent possible ce que j'appelais plus tôt « l'adéquation du temps familial aux besoins de l'entreprise ».

Au-delà de ces ajustements, il nous faut aussi emprunter la voie tracée par Dominique Meda, à savoir « désenchanter le travail », c'est-à-dire réduire l'emprise du travail sur nos vies. « La réduction de la place du travail dans nos vies, qui devrait se traduire par une diminution du temps de travail individuel est la condition *sine qua non* pour que se développent, à côté de la production, d'autres manières de sociabilité, d'autres moyens d'expression, d'autres manières pour les individus d'acquérir une identité ou de participer à la gestion collective, bref un véritable espace public[6]. »

Utopique ? Non. Je conserve en moi la conviction profonde que c'est une des manières d'effriter la division sexuelle du travail et la seule voie possible pour construire des sociétés à dimension humaine.

---

[6] Dominique Meda, *Le travail en voie de disparition*, Paris, Aubier, 1995, p. 302.

DEUXIÈME PARTIE

Ateliers

Atelier 1 – L'organisation du travail et la conciliation travail-famille

4

Manquons-nous de temps[1] ou avons-nous besoin d'une réduction du temps de travail ?

Diane-Gabrielle TREMBLAY[2]

Au cours des dernières années, la préoccupation pour le manque de temps et pour la course contre la montre semble s'être accentuée. Juliet Shor a été l'une des premières à lancer le débat en publiant « The Overworked American », ouvrage dans lequel elle montrait que les Américains travaillaient davantage qu'auparavant et, de plus en plus, de longues heures. Nous avons aussi pu constater par une analyse historique que le Canada était, avec les États-Unis et la Suède, au nombre des pays où le temps de travail, après avoir diminué régulièrement au cours du 20ᵉ siècle, semblait augmenter de nouveau (Tremblay et Villeneuve, 1998). Par ailleurs, nombre de personnes travaillent de longues heures, soit plus de 40 ou 50, dans un contexte où l'on observe une polarisation des heures de travail : certaines femmes et les jeunes ont en général des horaires courts, pas toujours parce qu'ils le souhaitent, alors que d'autres, hommes et femmes professionnels et cadres ainsi qu'ouvriers travaillent souvent involontairement de longues heures.

C'est là un phénomène particulièrement préoccupant dans un contexte où les parents, pères et mères, se plaignent des difficultés de conciliation emploi-famille (Tremblay, 2004a, 2003a) et où le vieillissement de la main-d'œuvre (Bellemare, Poulin-Simon et Tremblay, 1998 ; et Grenier, 1999) fait aussi présager de plus en plus

---

[1] Reprise du titre d'un article de Dominique Méda paru dans un numéro de la revue *Interventions économiques*, sur le thème Temps sociaux : voir www.teluq.uquebec.ca/interventionseconomiques. Gilles Pronovost avait aussi utilisé un titre semblable dans un article publié en 1997.

[2] Titulaire de la Chaire de recherche du Canada sur les enjeux socio-organisationnels de l'économie du savoir (www.teluq.uquebec.ca/chaireecosavoir), professeure et directrice de la recherche, Télé-université, et cotitulaire de la Chaire Bell en technologies et organisation du travail (www.teluq.uquebec.ca/chairebell).

de problèmes à assumer les longues heures de travail, les horaires variables, décalés et autres que l'on peut considérer comme « asociaux ».

Des études ont permis d'observer une difficulté de plus en plus importante pour nombre de travailleurs, parents de jeunes enfants ou responsables de parents vieillissants et malades, à rencontrer pleinement leurs responsabilités parentales et professionnelles. En effet, cela a été mis en évidence par des enquêtes menées par Statistique Canada en 1995 (Frederick, 1995) et par le Conference Board du Canada en 1994 ainsi que par d'autres recherches faites plus récemment au Québec (Tremblay, 2002, 2003a, 2003b; Tremblay et Amherdt, 2003, 2003a) qui, toutes, confirment qu'entre la moitié et les deux tiers des gens ont le sentiment de manquer de temps et sont souvent stressés. Cet état varie selon le sexe, le secteur et la durée du travail, le nombre et l'âge des enfants, la latitude dans l'emploi, le soutien du supérieur, l'appui du conjoint et un certain nombre d'autres variables (Tremblay, 2004 ; Tremblay, Amherdt et De Sève, 2003).

Dans toutes les enquêtes, les parents, surtout les mères de jeunes enfants, indiquent qu'ils manquent de temps, mais c'est aussi le cas des hommes et des femmes cadres et professionnels pour qui les exigences de l'emploi, les échéanciers serrés et l'intensification du travail se traduisent souvent par du stress (Conference Board, 1994 ; Tremblay, 2004).

Nous avons constaté que les mesures de conciliation les plus recherchées par les parents de jeunes enfants concernent la flexibilité des horaires et la semaine de 4 jours (Tremblay et Villeneuve, 1998 ; Tremblay, 2004). Mais jusqu'ici, les gouvernements sont restés relativement insensibles aux demandes des parents et de certains groupes à cet égard. Pourtant, un sondage mené au printemps 2004 par CROP pour le compte de l'Ordre des conseillers en ressources humaines et relations industrielles indiquait que 82 % des répondants jugeaient que le gouvernement devrait intervenir pour inciter les entreprises à mettre en place davantage de mesures de conciliation emploi-famille.

D'ailleurs, en février 2003, le Parti québécois avait présenté un projet de semaine de 4 jours (semaine réduite et non comprimée). Par la suite, avec l'élection du Parti libéral, on n'a plus entendu parler de cette proposition dans les sphères gouvernementales, mais le débat sur le manque de temps et sur la conciliation emploi-famille s'est poursuivi au sein de la société civile.

Nous souhaitons apporter ici quelques éléments qui permettent de mieux connaître les besoins des parents, au quotidien, dans la conciliation emploi-famille. Nous mettrons d'abord en évidence les évolutions qui expliquent que l'on parle autant des difficultés en la matière à l'heure actuelle. Puis nous nous demanderons si on est vraiment stressé et si on manque de temps, ce qui militerait en faveur d'une réduction du temps de travail ou de son aménagement. Finalement, nous tenterons, à partir des résultats de nos recherches, de déterminer si la formule de la semaine de 4 jours est une bonne réponse aux problèmes de conciliation emploi-famille des parents, et ce, tout en soulignant que d'autres groupes, dont les travailleurs vieillissants, pourraient également y être intéressés.

1. L'évolution des horaires et des formes d'emploi... des difficultés d'articulation accrues

Le contexte qui a conduit à des difficultés d'articulation entre l'emploi et la famille nous semble renvoyer à deux grands ordres de phénomènes. D'une part, il y a eu des changements dans les structures familiales, sur lesquels nous ne développerons pas longuement ici : davantage de familles recomposées, la prolongation de la présence des enfants au domicile et, parfois, la présence de parents âgés ou malades en raison du virage ambulatoire, ce qui reporte sur la famille une bonne partie du travail de soins (Tremblay et Villeneuve, 1998). D'autre part, il y a eu des changements importants sur le marché du travail, lesquels sont traduits essentiellement par une transformation des horaires et des formes d'emploi, d'où une plus grande fluidité et une moindre séparation entre les sphères familiale et professionnelle en raison d'une plus large diversité des temps de travail et, souvent, d'une plus vaste imbrication des temps de travail et des temps sociaux (temps parental, temps de la famille, etc.).

Les nombreux changements qui se sont produits sur le marché du travail et dans les relations d'emploi ont rendu l'articulation entre la vie personnelle et la vie professionnelle plus difficile pour plusieurs. Nous présentons quelques tableaux de données sur ces changements afin de montrer comment les horaires de travail se sont allongés et modifiés et comment les formes d'emploi se sont diversifiées, complexifiant ainsi la vie de bien des travailleurs, principalement des parents, mais aussi de ceux qui vieillissent et qui souhaitent, selon nos données, des aménagements et des réductions de temps de travail auxquels ils n'ont pas accès. Nous y reviendrons plus loin.

Le tableau 1 présente les différents types d'horaires de travail et permet de constater que les jeunes, les femmes et les travailleurs de 45 ans et plus sont davantage concernés par le travail à temps partiel. L'horaire variable et le travail du samedi et du dimanche ont aussi augmenté, ce qui peut, certes, contribuer à rendre plus complexe l'articulation entre la vie professionnelle et la vie personnelle, surtout si cette diversification des horaires touche plusieurs membres du même ménage ou du couple.

TABLEAU 1

Horaires de travail au Canada, 1999

Catégorie	Pourcentage des employés qui travaillent habituellement					
	Plein temps	Temps partiel	Semaine de travail réduite	Régime de la semaine comprimée	Horaire variable	Samedi ou le dimanche
Ensemble	83,3	16,7	4,9	2,9	39,7	24,9
Sexe						
Hommes	91,3	8,7	3,4	3,6	43,4	21,4
Femmes	75,9	24,1	6,2	2,3	36,3	28,2
Âge						
Moins de 25 ans	62,3	37,7	10,9	2,9	43,9	54,0
25 à 44 ans	87,5	12,5	4,0	3,0	40,2	21,6
45 ans ou plus	83,0	17,0	4,3	2,8	37,6	21,3

Source : Enquête sur le milieu de travail et les employés, Compendium, données de 1999, Ottawa, Statistique Canada, N° 71-585-XIF au catalogue, tableau 12, p. 34.

Ce sont généralement les employeurs qui sont à l'origine de la progression des horaires non standards ; c'est du moins ce qui ressort des raisons fournies par les salariés qui travaillent avec de tels horaires (tableau 2).

TABLEAU 2

Raisons pour travailler selon des horaires non standards au Canada, 1991-1995

Raisons	% d'employés à temps plein		% d'employés à temps partiel	
	1991	1995	1991	1995
Exigence de l'emploi	86,9	90,2	47,5	53,4
Raisons personnelles	7,5	5,9	47,1	42,4
Autres	5,6	3,9	5,4	4,2
Part de l'emploi salarié	81,8	82,0	18,2	18,0

Source : Lipsett et Reesor (1997). Calcul basé sur les données de l'*Enquête sur les horaires et les conditions de travail*, Statistique Canada.

Note : les employés à temps plein travaillent 30 heures ou plus par semaine et les employés à temps partiel, moins de 30 heures.

Parmi les salariés à temps plein, ceux qui travaillent involontairement sur des horaires non standards sont proportionnellement plus nombreux que ceux qui, parmi les salariés à temps partiel, se trouvent dans la même situation ; dans les deux cas, les horaires non standards imposés ont progressé et bien que les données plus récentes n'aient pas été publiées, on voit bien la tendance.

Dans une enquête sur l'articulation emploi-famille, nous avons d'ailleurs observé que moins de 20 % des entreprises du secteur privé au Québec offrent des horaires flexibles choisis par les salariés, alors que c'est là la demande la plus fréquente des parents qui souhaitent mieux harmoniser leurs responsabilités professionnelles et familiales (Tremblay et Amherdt, 2003).

Il convient de souligner ce paradoxe. Si les horaires non standards occasionnent souvent des difficultés d'articulation entre l'emploi et la famille, les horaires souples ou variables, la semaine réduite à 4 jours et le travail à temps partiel sont considérés par bon nombre de personnes comme des solutions aux problèmes de conciliation (Tremblay, 2004, 2003b). Ces horaires réduits peuvent toutefois être une source de discrimination à l'endroit des femmes et nuire à la progression de leur carrière ; c'est apparemment ce qui se produit, et ce, même lorsqu'on affirme le contraire dans les milieux de travail. En effet, la discrimination prend des formes plus subtiles qu'auparavant.

Par ailleurs, les horaires variables étant plus souvent établis en fonction des demandes des employeurs, les travailleurs vieillissants et les plus jeunes ne réussissent pas nécessairement à en trouver un qui convient à leurs besoins.

1.1 Pour une flexibilité des temps de travail et des temps sociaux au cours de la vie

Le tableau 3 indique les motifs pour lesquels les personnes de divers groupes travaillent à temps partiel ; les données n'existent malheureusement pas pour les formes particulières d'emploi. Cependant, on constate que les femmes travaillent plus souvent à temps partiel pour des raisons familiales, s'occuper des enfants surtout, alors que les hommes le font davantage lorsqu'ils poursuivent des études. En 2003, 13,4 % des femmes travaillaient à temps partiel parce qu'elles prenaient soin de leurs enfants et 5,6 % en raison d'autres obligations familiales ou personnelles. Parallèlement, seulement 2 % des hommes travaillaient à temps partiel pour l'ensemble de ces raisons. Précisons que pour cette même année, les femmes de 25 à 44 ans étaient 31,4 % à travailler à temps partiel en raison d'obligations personnelles ou familiales tandis que dans ce même groupe d'âge, les hommes étaient 16,6 % à le faire pour des motifs d'études et 16,1 % par préférence personnelle. Chez les plus âgés, c'était davantage par préférence personnelle[3].

---

[3]   Source : *Femmes au Canada*, Ottawa, Statistique Canada, N° 89-503-XPF au catalogue, 2003.

TABLEAU 3

Raisons du travail à temps partiel au Canada, selon l'âge, 2003

	Groupes d'âge							
	Femmes				Hommes			
	15 à 24 ans	25 à 44 ans	45 ans et plus	Total	15 à 24 ans	25 à 44 ans	45 ans et plus	Total
	%							
Maladie	0,4	2,7	5,4	2,9	0,4	5,5	6,9	3,3
Prendre soin des enfants	1,8	31,4	4,0	13,4	F	2,0	0,7	0,6
Autres obligations personnelles ou familiales	0,8	7,6	8,1	5,6	0,6	2,6	2,2	1,4
Études	71,1	6,0	0,6	24,5	73,7	16,6	0,6	40,9
Préférence personnelle	5,4	18, 1	55,2	26,0	5,0	16,1	57,7	22,1
Autres raisons – choix personnel	0,4	1,4	1,2	1,0	F	2,7	2,4	1,4
Autres raisons[1]	20,1	32,7	25,6	26,5	20,0	54,5	29,6	30,1
Total	100,0	100,0	100,0	100,0	100,0	100,0	100,0	100,0
Total – Personnes travaillant à temps partiel (en milliers)	634,6	756,8	651,7	2043,1	464,6	199,5	257,7	921,8
% de personnes travaillant à temps partiel[2]	53,4	21,1	25,4	27,8	38,1	4,9	8,3	11,0

1 Tient compte des conditions économiques et de l'impossibilité de trouver du travail à temps plein.
2 En pourcentage de l'ensemble des personnes occupées.
Source : Statistique Canada, Enquête sur la population active.
Source : *Femmes au Canada, Chapitre sur le travail – mise à jour*, Ottawa, Statistique Canada, N° 89F0133XIF au catalogue, 2003, tableau 9, p. 18.

Des données présentées par le ministère de la Famille du Québec indiquent qu'environ 30 % des hommes et des femmes n'ont pas un horaire normal de jour (71,3 % des femmes et 69,4 % des hommes ont un horaire normal de jour). Près de 79 % des femmes avec conjoint et enfants de moins de 16 ans ont un horaire normal de jour, comparativement à 62 % de celles qui n'ont pas de conjoint, mais qui ont des enfants. On imagine donc les difficultés supplémentaires que cela représente (Institut de la statistique du Québec, 2001).

Comme les horaires de fin de semaine se multiplient et qu'ils sont parfois plus difficiles à vivre pour les travailleurs vieillissants, nous nous sommes intéressée à ceux qui couvrent le samedi et le dimanche. Nous avons observé en 1995 que 13,8 % des employés rémunérés et des travailleurs autonomes, selon la situation familiale

« avec conjoint et enfants de moins de 16 ans », travaillaient habituellement le samedi au Québec et 16,4 % au Canada et que 9,5 % travaillaient habituellement le dimanche au Québec et 10,3 % au Canada. Le taux était de 9 % pour ceux qui travaillaient habituellement le samedi et le dimanche au Québec. Ces pourcentages ne sont pas négligeables et ils représentent la nouvelle tendance du développement du marché du travail féminin ; les femmes étant fortement concentrées dans les services tels que la restauration, l'hotellerie, la santé et le commerce qui fonctionnent les samedis et les dimanches, elles travaillent de plus en plus pendant la fin de semaine, en dehors du « 9 à 5 » du lundi au vendredi (Institut de la statistique du Québec, 2001).

La diversification des formes d'emplois est une tendance de fond qui caractérise l'ensemble du marché du travail nord-américain depuis les années 1970 (Tremblay, 1997) et c'est une réalité plus problématique pour les parents en emploi.

Au Québec, de 1976 à 1995, les emplois qui correspondent au travail atypique sont passés de 16,7 % à 29,3 %, ce qui représente un emploi sur trois ; les emplois salariés classiques ont progressé de 6,6 %. Matte *et al.* (1998) affirmaient qu'en 2017, les emplois atypiques seraient plus nombreux que les emplois typiques en se basant sur l'évolution actuelle du taux de croissance moyen et du nombre d'emplois créés depuis 1976 : à temps plein, 38,9 %, à temps partiel involontaires, 25,8 % et autonomes, 34,4 %. La croissance des emplois atypiques ne semble pas près de se résorber, puisqu'elle est étroitement liée à celle des services, un secteur toujours en développement.

Les tableaux 4 et 5 présentent l'état des lieux sur la précarité d'emploi et sur les formes d'emploi atypique qui ont, bien sûr, une incidence sur les difficultés de conciliation des activités personnelles et professionnelles.

TABLEAU 4

Répartition des travailleurs[1] de 15-64 ans, selon le caractère typique et atypique de l'emploi, le sexe et l'âge, Québec, 2000

Sexe et âge	Tous les travailleurs		Typique	Atypique					
			Salariés permanents à temps plein	Total	Salariés permanents à temps partiel	Salariés temporaires		Autonomes	
						à temps plein	à temps partiel	à temps plein	à temps partiel
	'000	%	%						
Hommes	1860,6	100,0	67,3	32,7	4,8	7,5	3,3	15,5	1,6
Femmes	1540,8	100,0	59,6	40,4	16,0	7,5	6,1	7,9	2,9
15-24 ans	507,9	100,0	41,9	58,1	23,2	14,3	17,1	1,7	1,8
25-54 ans	2592,9	100,0	69,0	31,0	7,2	6,4	2,3	13,1	2,0
55-64 ans	300,4	100,0	55,5	44,5	10,7	5,1	3,1	20,8	4,9
15-64 ans	**3401,2**	**100,0**	**63,8**	**36,2**	**9,9**	**7,5**	**4,6**	**12,1**	**2,2**

1 Excluant les travailleurs familiaux non rémunérés.
Source : Statistique Canada, Enquête sur la population active.
Compilation : Institut de la statistique du Québec.
Source : Institut de la statistique du Québec (2001), *Portrait social du Québec 2001*, Tableau 9.5, p. 231.
Note : la somme des composantes n'est pas toujours égale au total en raison des arrondissements.

1.2 La polarisation : certains travaillent plus, d'autres moins

En ce qui concerne les horaires, on observe une polarisation importante, laquelle se traduit essentiellement par un allongement des heures de travail pour les hommes et un raccourcissement pour les femmes – bien que les femmes professionnelles et cadres soient aussi généralement concernées par un allongement. On peut voir au tableau 5 que les travailleurs vieillissants (55-64 ans) ont plus souvent des horaires courts et longs que les 25 à 54 ans qui, susceptibles d'être parents, sont 19 % à travailler des semaines courtes, soit moins de 35 heures, et 15 % à travailler plus de 40 heures.

TABLEAU 5

Semaine de travail habituelle des 15-64 ans, consacrée à leur emploi principal, selon le sexe, l'âge et le statut d'emploi, Québec, 2000

Sexe, âge et statut d'emploi	Nombre de travailleurs	Semaine courte < 35 heures	Semaine normale 35-40 heures	Semaine longue > 40 heures	Durée moyenne hebdomadaire
	'000	%			h
Total	3409,6	24,6	61,2	14,2	36,2
Hommes	1863,3	14,6	64,9	20,5	39,0
Femmes	1546,3	36,7	56,8	6,5	33,0
15-24 ans	510,2	51,0	42,3	6,7	28,8
25-54 ans	2597,9	19,1	65,7	15,2	37,6
55-64 ans	301,5	27,1	54,9	18,0	36,9
Salarié	2915,3	24,6	66,2	9,2	35,2
Permanent	2506,1	20,8	69,7	9,5	36,1
Temporaire	409,2	47,7	45,1	7,2	29,6
Autonome[1]	486,0	23,8	32,1	44,1	42,6
Avec personnel	194,5	9,7	31,4	58,9	48,3
Sans personnel	291,5	33,2	32,6	34,2	38,8
Cumul des emplois[2]	115,8	50,8	40,2	9,0	30,6

1 Excluant les travailleurs familiaux non rémunérés.

2 La durée moyenne incluant tous les emplois est de 44,6 heures, comparativement à 30,6 heures pour l'emploi principal.

Source : Statistique Canada, Enquête sur la population active.

Source : *Portrait social du Québec 2001*, Institut de la statistique du Québec, Tableau 9.7, p. 235.

1.3 L'intensification du travail : autre source de difficulté

La concurrence économique accrue dans de nombreux secteurs et les rationalisations observées dans d'autres se traduisent dans les milieux de travail par une forte pression sur les individus pour une plus grande productivité. Les stratégies de mobilisation du personnel, le travail en équipe et de collaboration sont aussi, parfois, des sources de pression et de stress. Plusieurs études témoignent d'une augmentation de la pression au travail, avec pour conséquence des niveaux d'insécurité, de stress et de fatigue plus élevés. Conjuguée à des horaires souvent difficiles et non choisis, l'accroissement de la pression au travail se traduit fréquemment par des difficultés plus importantes dans l'articulation de la vie personnelle et de la vie professionnelle, dont rendent compte plusieurs études, entre autres, de la Fondation européenne de Dublin. Nous nous penchons sur cette question dans la section suivante.

2. Sommes-nous stressés et manquons-nous de temps ?

L'un des constats qui sous-tend les diverses propositions de réduction du temps de travail renvoie au fait que les gens en emploi sont stressés parce qu'ils manquent de temps et qu'ils n'arrivent pas à concilier leurs activités professionnelles et personnelles. Voyons ce que nous apprennent certaines données sur le sujet.

2.1 Des conditions de travail stressantes

On observe généralement que le stress associé au travail a augmenté de manière significative depuis la fin des années 1970. En Suède, par exemple, on calcule que l'augmentation a été de l'ordre de 5 % entre 1979 et 1992[4]. Des indices de son accroissement sont également exposés dans la deuxième enquête européenne sur les conditions de travail menée par la Fondation européenne pour l'amélioration des conditions de vie et de travail. Voici une citation qui résume bien ce dont il est question :

> The changing working conditions, with heated competition and non-standard or « atypical » work forms, are leading to a harder working life. Today, the labour market demands flexibility, social competence, adaptability and a willingness to work overtime. These changes affect both women and men, but women are particularly vulnerable (Kauppinen et Kandolin, 1998 : 3).

On peut supposer, par ailleurs, que l'augmentation du chômage et de la précarité d'emploi, selon les groupes et les secteurs d'activité, se traduit aussi par une hausse des niveaux de stress au travail. La hausse du chômage n'exerce-t-elle pas une pression supplémentaire sur ceux qui occupent un emploi, une pression qui se traduit notamment par une anxiété due à la crainte de perdre cet emploi ? Bien que le taux de chômage ait diminué au Québec dans les dernières années, plusieurs personnes ont de la difficulté à s'intégrer durablement au marché du travail.

Outre les travaux de la Fondation européenne, des recherches québécoises et canadiennes ont aussi attribué l'élévation du stress à la fois aux pressions au travail et aux exigences de conciliation (Duxbury et Higgins, 1996 ; Vandelac, 1995). Vandelac (1995 : 80) a étudié le cas de deux grandes organisations au Québec et ses résultats indiquent que le stress est lié à la fois à l'augmentation de l'intensité et à la durée du travail.

Des données de l'enquête sur le travail et la vie personnelle du Conference Board du Canada, menée en 1999 (Bachmann, 2000), indiquent que :

---

[4]   Pour le cas de la Suède, voir Järvholm (1996), cité dans Kauppinen et Kandolin (1998).

les femmes sont plus de deux fois plus susceptibles que les hommes de ressentir un niveau de stress élevé en essayant d'intégrer leurs responsabilités professionnelles et personnelles. Près du quart des femmes interrogées (24 %) signalent « beaucoup » de stress dû aux problèmes professionnels et personnels, comparativement à un dixième des hommes (10 %).

Toutefois, il faut noter que les hommes sont aussi nombreux que les femmes à indiquer des niveaux de stress modérés : 30 % des hommes sont modérément stressés par les problèmes professionnels et personnels, comparativement à 28 % des femmes interrogées (MacBride-King et Bachmann, 1999).

Le tableau 6 présente des données qui concernent les contraintes qui sont liées au temps et au stress qu'il induit. On note que les hommes mariés sans enfants vivent davantage de stress que les femmes mariées sans enfants, mais il est particulièrement intéressant de noter que la présence d'enfants n'influe aucunement sur le stress vécu par les hommes, alors qu'il est presque doublé dans le cas des femmes !

TABLEAU 6

**Pourcentage des personnes ayant un travail à temps plein
pour lesquelles le temps est un important facteur de stress, 1998**

Femmes mariées sans enfant	20 %	Femmes mariées avec enfants	38 %
Hommes mariés sans enfant	26 %	Hommes mariés avec enfants	26 %

Source : Statistique Canada, Enquête sociale générale dans *Femmes au Canada*, Ottawa, Statistique Canada, N° 89-503-XPF au catalogue, 2000 (Graphique 5.13, p. 119).

Enfin, selon des données de Statistique Canada :

Environ quatre travailleurs à temps plein sur dix ont déclaré que le travail leur causait du stress, contre seulement un travailleur à temps partiel sur dix. En outre, davantage de travailleurs à temps partiel que de travailleurs à temps plein étaient satisfaits de l'équilibre entre leur vie professionnelle et leur vie familiale : 83 % comparativement à 72 % (Marshall, 2000).

Cela ne signifie pas nécessairement que le travail à temps partiel soit la solution pour tous, d'autant plus que ce n'est pas toujours possible financièrement, mais il existe clairement une tension relative à la durée du travail.

2.2 Plus de stress négatif pour les femmes en emploi

La deuxième enquête européenne sur les conditions de travail indique que les emplois féminins entraînent davantage de stress négatif que les emplois masculins. Le stress négatif apparaît quand les exigences sont trop grandes par rapport au faible degré d'autonomie et de liberté de décision laissé à l'employé. Or, c'est le cas des femmes, qui en majorité font partie de catégories socioprofessionnelles tels le personnel de bureau et les services de vente où l'on a généralement moins d'autonomie et de liberté de décision. Le stress négatif est moins élevé dans les emplois dits « actifs » où l'on bénéficie d'une autonomie plus grande face à des exigences de travail accrues (Kauppinen et Kandolin, 1998).

Le stress négatif entraîne de l'anxiété, de l'irritabilité et une fatigue généralisée et il ressort de l'enquête européenne que les femmes sont plus nombreuses (40 %) que les hommes (36 %) à occuper des emplois à stress négatif et qu'elles sont moins nombreuses (22 %) que les hommes (29 %) à occuper des emplois « actifs ». Comme la répartition professionnelle est relativement semblable en Amérique du Nord et en Europe, on peut penser que la situation y est à peu près la même, bien que l'on ne dispose pas de données identiques sur ces questions.

2.3 Les femmes vivent davantage de difficultés de conciliation

Les femmes sur le marché du travail sont plus touchées que les hommes par ce qu'il est convenu d'appeler les conflits rattachés à la conciliation travail-vie personnelle[5]. Cette réalité transparaît dans les résultats d'une enquête nationale menée auprès de 24 000 employés de 81 organisations privées, publiques et sans but lucratif partout au Canada.

En l'an 2000, 58 % des employés interrogés indiquaient être « largement dépassés » par leur rôle professionnel et familial (impression d'être bousculés, vidés et écrasés par la pression des rôles multiples), comparativement à 47 % en 1990 quand l'enquête avait d'abord eu lieu. Cette surcharge dépend à la fois du type de travail et du sexe. C'est dans les catégories professionnelle et de gestion qu'elle était la plus forte chez les femmes et chez les hommes et non chez celles et ceux qui occupaient un poste non orienté sur la carrière, tels les employés du domaine technique, de la production, du secrétariat et de l'administration. Plus des deux tiers (67 %) des femmes des catégories professionnelles et de gestion ont signalé une forte surcharge, comparativement à 60 % de celles qui occupaient un emploi non orienté sur la carrière. Bien que les hommes étaient en général moins surchargés que leurs collègues féminines, leurs modalités d'emploi étaient les mêmes : plus de la moitié (56 %) des hommes des catégories professionnelles et de gestion ont indiqué une forte surcharge, comparativement à 47 % de leurs homologues occupant un emploi non orienté sur la carrière[6].

Passons maintenant aux résultats de nos propres recherches sur le thème de l'articulation entre la vie personnelle et professionnelle ainsi que sur l'aménagement et la réduction du temps de travail.

---

[5]   Pour plus d'information sur le thème de l'articulation emploi-famille, voir Tremblay (2001a).

[6]   Calculs spéciaux de L. Duxbury, Université Carleton, et C. Higgins, Université de Western Ontario, avril 2001, cité dans *Recueil Travail-vie personnelle 2001, 150 statistiques canadiennes sur le travail, la famille et le bien-être* (Université de Guelph et DRHC), p. 52.

3. Notre recherche et ses résultats

En ce qui concerne notre recherche, et plus spécifiquement le questionnaire dont certains des résultats sont exposés ici, le but était d'identifier les sources principales des difficultés de conciliation emploi-famille au Québec, étant entendu que plusieurs études avaient déjà été menées, aux États-Unis surtout, mais aussi au Québec, sur des groupes limités et souvent uniquement de femmes (Descarries *et al.*, 1995). Nous avons donc voulu nous pencher sur le sujet à la fois du point de vue des pères et des mères et avons tenté d'obtenir un nombre suffisant de répondants pour réaliser des analyses statistiques valides. Nous avons aussi voulu nous pencher sur la question du temps de travail, puisque celle-ci avait été identifiée dans nos recherches qualitatives (Tremblay, 2003b) et autres enquêtes (Lero *et al.*, 1992, 1993) comme une dimension fondamentale de la conciliation emploi-famille.

Notre questionnaire comportait des interrogations sur le temps de travail, inspirées du questionnaire de Boulin, Cette et Verger (1998), ainsi que des questions sur la conciliation emploi-famille, sur les attitudes des supérieurs et des collègues notamment, inspirées principalement du questionnaire de Guérin *et al.* (1997) et des énoncés que cette équipe avait validés. Nous avons ajouté quelques éléments spécifiques sur l'aménagement et la réduction du temps de travail et sur la conciliation emploi-famille à partir de notre propre revue des écrits.

Pour pouvoir répondre au questionnaire, les personnes devaient avoir au moins un enfant ou une personne (handicapée, malade ou âgée) à leur charge. De ce fait, le taux de réponse n'a pas le sens habituel, puisqu'un grand nombre de gens ne sont pas dans cette situation et qu'il est impossible pour nous de savoir combien le sont ou non. Nous avons posté quelque 3 000 questionnaires et nous en avons reçu 753, ce qui représente un taux de réponse acceptable pour une enquête postale ; le taux aurait été plus élevé si l'on n'avait tenu compte que du nombre de ceux et celles qui pouvaient répondre au questionnaire parce qu'ils avaient une personne à leur charge (enfant, personne âgée ou handicapée).

Le questionnaire s'adressait tant aux hommes qu'aux femmes parce que nous ne voulions pas limiter la problématique de la conciliation et de la carrière aux seules femmes et que de plus en plus de pères souhaitent, de fait, s'impliquer auprès de leur famille (Tremblay, 2003). Ainsi, notre recherche sur la conciliation s'intéresse simultanément à la situation et aux perceptions des pères et des mères, car nous considérons que l'articulation emploi-famille est une question de société qui touche les parents, hommes et femmes, ainsi que les membres des familles qui ont des personnes handicapées ou âgées à leur charge.

Ajoutons que la recherche a été menée auprès de groupes d'hommes et de femmes de divers milieux de travail (secteurs de l'éducation, de la santé et gouvernemental, entreprises privées, bureaux et services) dont les deux tiers sont des femmes et le tiers des hommes.

Les femmes sont employées de bureau (50,5 %), professionnelles (35,5 %), techniciennes (5,4 %), employées de soutien (5,1 %), cadres (1,4 %) et ouvrières (0,4 %). Les hommes sont professionnels (42 %), techniciens (16,8 %), ouvriers (13,2 %), cadres (11,4 %), employés de soutien (7,5 %) et de bureau (5,7 %).

À partir de cette enquête, on observe que les femmes ont plus de difficultés à concilier emploi et famille et qu'elles manquent davantage de temps ; en effet, elles sont 55,2 % à avoir des problèmes de conciliation et à manquer de temps, comparativement à 42,6 % des hommes.

TABLEAU 7

Pourcentage des refus de responsabilités, de promotions et de mutations pour des raisons familiales, selon le sexe

	Femmes	Hommes
Refus de responsabilités	28 %	18 %
Refus de promotions	12 %	10 %
Refus de mutations	13 %	13 %

TABLEAU 8

Pourcentage des personnes qui ont songé à quitter leur emploi, notamment pour des raisons familiales, selon le sexe

	Femmes	Hommes
Songé à quitter son emploi	54 %	50 %
Pour un motif familial	30 %	13 %

Nous avons constaté (tableau 7) que les femmes ont plus souvent que les hommes refusé des responsabilités professionnelles à cause de leurs obligations familiales, que les hommes sont presque aussi nombreux à avoir refusé des promotions et proportionnellement tout aussi nombreux (13 %) à avoir refusé des mutations pour des raisons familiales. Par ailleurs, comme l'indique le tableau 8, plus de la moitié des femmes (54 %) et la moitié des hommes (50 %) ont déjà songé à quitter leur emploi, ce qui est un pourcentage très élevé. Et dans 30 % des cas, chez les femmes, c'était pour des raisons familiales, comparativement à 13 % chez les hommes.

Les femmes sont aussi plus nombreuses que les hommes (39,8 % contre 25,2 %) à connaître les positions de leur syndicat en matière de temps de travail. Nos entrevues tendent à indiquer que c'est parce que cette dimension temporelle est plus importante pour elles et qu'elles sont disposées à faire des ajustements plus souvent que les hommes. Nous avons aussi constaté qu'elles sont aussi plus disposées à accepter une réduction volontaire de leur temps de travail (57,6 % contre 50,3 %). Voyons la question de l'aménagement et de la réduction du temps de travail (ARTT) un peu plus en détail.

3.1 Les revenus et les difficultés d'accès des femmes aux mesures de l'ARTT

Alors que le thème de l'aménagement et de la réduction du temps de travail a beaucoup suscité d'intérêt et de publications en Europe (De Terssac et Tremblay, 2000), il n'en est pas de même en Amérique. De ce fait, si nous avons beaucoup de données sur les horaires et sur les temps de travail effectifs, nous en avons peu sur les aspirations des individus en ces matières. Ni l'Institut de la statistique du Québec ni Statistique Canada n'ont d'enquêtes régulières sur les aspirations relatives au temps de travail. Statistique Canada n'a posé qu'une seule question à cet effet dans le cadre d'une enquête sur l'intérêt des Canadiens pour une réduction du temps de travail (RTT), ce qui lui a permis de dire que seulement 6 % d'entre eux étaient intéressés. Il est à noter que la question posée ne présentait aucune option en ce qui concerne la dimension salariale, alors que cet aspect est fondamental pour beaucoup de répondants.

Dans nos travaux, nous avons donc posé une question comportant trois options en matière de compensation salariale, ce qui nous a permis de constater que près de 30 % des répondants accepteraient une RTT avec une baisse proportionnelle de salaire, 33 % avec une baisse moins que proportionnelle et 36 % ne l'accepteraient que sans baisse, ce qui est nettement plus élevé que les 6 % obtenus par Statistique Canada. La RTT est sans doute plus discutée au Québec et les Québécois sont davantage au fait des débats qui se tiennent sur le sujet en France et en Europe, mais nous pensons que le contexte démographique actuel (vieillissement et déclin de la population) suscitera plus d'intérêt en la matière, et ce, tant au Canada qu'au Québec. Nos données sur les aspirations des Québécois (tableau 9) présentent donc un intérêt particulier dans ce contexte démographique.

TABLEAU 9

L'arbitrage entre temps libre et pouvoir d'achat en fonction du sexe, au Québec

Sexe	Baisse proportionnelle du salaire		Baisse moins importante du salaire		Aucune baisse de salaire		Total	
	n^{bre}	%	n^{bre}	%	n^{bre}	%	n^{bre}	%
Femmes	174	**31,5**	193	**35,0**	185	**33,5**	552	100,0
Hommes	43	**23,9**	54	**30,0**	83	**46,1**	180	100,0
Total	217	29,6	247	33,7	268	36,6	732	100,0

Nous observons que les hommes sont plus nombreux à n'accepter aucune baisse de leurs revenus pour obtenir une RTT, soit 46,1 % d'entre eux. L'opinion des femmes est relativement également répartie entre les trois choix. Elles sont toutefois plus du tiers (35,0 %) à se dire prêtes à accepter une baisse moins importante de leur salaire en échange d'une réduction du temps de travail. Plus des deux tiers d'entre elles (66,5 %) accepteraient une baisse (proportionnelle ou non) en échange d'une réduction du temps de travail, alors que ce n'est le cas que d'un peu plus de la moitié des hommes (53,9 %). Nous ne présentons pas ici les données selon l'âge, car il n'y a pas suffisamment de variance, mais elles indiquent néanmoins que les travailleurs vieillissants (55 et plus) seraient plus intéressés que les autres par une RTT, quitte à en assumer le coût en baisse de salaire.

Nous avons aussi demandé aux gens s'ils souhaitaient travailler plus, autant, légèrement moins ou beaucoup moins. Nous avons établi que « légèrement moins » signifiait d'une à deux heures de moins par semaine et « beaucoup moins », d'un minimum de quatre heures de moins par semaine.

Quelle qu'était leur situation familiale, les femmes ont indiqué dans une forte proportion (49 %) qu'elles aimeraient travailler beaucoup moins et il est intéressant de noter que c'était aussi le cas des hommes (47 %). C'était toutefois surtout les femmes vivant en couple avec enfants ou en situation de garde partagée qui préféraient réduire leur temps de travail ; les femmes monoparentales n'ont sans doute pas les moyens de ce faire, comme cela ressort des données. Environ le quart des répondants souhaitaient travailler un peu moins, chez les hommes comme chez les femmes. Quelque 18 % des femmes et 24 % des hommes désiraient travailler le même nombre d'heures, alors que 2,6 % des hommes et 2,7 % des femmes aimeraient travailler davantage (tableau 10).

Les hommes vivant en couple avec des enfants souhaitaient eux aussi, dans une forte proportion, soit 46,9 %, réduire leur temps de travail. Près de la moitié des autres hommes étaient partagés également entre ceux qui désiraient travailler légèrement moins et ceux qui préféraient travailler autant.

TABLEAU 10

Le désir de travailler plus ou moins

Énoncés		Femmes				Total femmes	Hommes				Total hommes
		Autres types de famille	Garde parta- gée	Seules avec enfants	En couple avec enfants		Autres types de famille	Garde parta- gée	Seuls avec enfants	En couple avec enfants	
Souhaiterait travailler plus	N^bre	2	0	4	9	**15**	0	0	0	5	**5**
	%	10,5	0,0	3,7	2,1	**2,6**	0,0	0,0	0,0	2,8	**2,7**
Souhaiterait travailler autant	N^bre	2	1	33	69	**105**	0	1	0	44	**45**
	%	10,5	5,6	30,6	16,4	**18,5**	0,0	33,3	0,0	24,6	**24,2**
Souhaiterait travailler légè- rement moins	N^bre	3	6	26	119	**154**	2	2	1	44	**49**
	%	15,8	33,3	24,1	28,2	**27,3**	66,7	66,7	100,0	24,6	**26,3**
Souhaiterait travailler beau- coup moins	N^bre	8	10	44	221	**283**	0	0	0	84	**84**
	%	42,1	55,6	40,7	52,4	**49,9**	0,0	0,0	0,0	46,9	**45,2**
Pas de réponse	N^bre	4	1	1	4	10	1	0	0	2	3
	%	21,1	5,6	0,9	0,9	1,8	33,3	0,0	0,0	1,1	1,6
Total	N^bre	19	18	108	422	567	3	3	1	179	186
	%	100,0	100,0	100,0	100,0	100	100,0	100,0	100,0	100,0	100

3.2 *Les travailleurs vieillissants et leur intérêt pour une RTT*

Outre les parents de jeunes enfants, d'autres groupes sont, à notre avis, intéressés par la réduction de la semaine de travail à 4 jours, notamment celui des travailleurs vieillissants (50 ans et plus), dont plusieurs travaillent à temps partiel par préférence personnelle, comme nous l'avons vu plus haut. Nous avons eu peu de répondants dans ce groupe d'âge, mais chacun d'eux s'est montré plus intéressé que les autres par une RTT et plus disposé à en assumer le coût. Ainsi, les travailleurs vieillissants pourraient, certes, être réduits par une telle mesure si l'on adoptait une perspective de *flexibilité du temps de travail au cours de la vie* qui tiendrait compte des besoins variables des gens au fil des ans.

Les travailleurs autonomes étaient exclus de la semaine de 4 jours proposée par le PQ en 2003, alors que leur pourcentage était assez élevé parmi les 55 ans et plus, en partie parce qu'à la recherche d'horaires plus souples et de plus d'autonomie. On peut considérer que les travailleurs autonomes ont en quelque sorte la possibilité de définir leurs heures et leur semaine de travail. C'est en partie vrai, mais il est aussi certain que leurs horaires sont modelés selon la norme de l'emploi à temps plein sur le marché du travail. Ceux qui offrent des services à des entreprises ou à des particuliers doivent souvent ajuster leurs horaires à ceux de leurs clients. Donc, une réduction des horaires normaux ou des effectifs dans la société aurait sûrement un effet sur les horaires des travailleurs autonomes.

Compte tenu de ces considérations, nous croyons que l'aménagement et la réduction du temps de travail doivent être pensés non seulement en fonction des parents de jeunes enfants, mais aussi des travailleurs vieillissants, dont certains ont été « éjectés » du marché du travail dans les années 1980-1990 et dont plusieurs souhaitent rester en activité, mais parfois avec des horaires réduits. Il faut donc repenser l'organisation des temps sociaux et du temps de travail (De Terssac et Tremblay, 2000), ce qui s'est peu fait à ce jour au Québec, comme le démontrent les données que nous avons recueillies sur l'aménagement et la réduction du temps de travail dans les entreprises.

4. Que font les entreprises en matière d'ARTT ?

Nous avons voulu connaître les mesures d'ARTT et de conciliation offertes par les organisations au Québec et nous avons, dans ce contexte, réalisé une série d'entrevues[7] ainsi qu'une enquête postale quantitative[8].

L'enquête a été menée à l'aide d'un questionnaire élaboré à partir de recherches antérieures. Elle portait prioritairement sur la conciliation emploi-famille, mais les questions concernant les mesures d'ARTT visaient à savoir si elles existaient comme telles avant de s'intéresser à leurs motifs, dont la conciliation ; les résultats sont donc appropriés pour brosser le tableau des mesures d'ARTT offertes dans le secteur privé au Québec. Nous avons exclus le secteur public, puisque l'analyse des conventions collectives permet de connaître les mesures en place, lesquelles sont un peu plus nombreuses que dans le privé (Tremblay, Amherdt et De Sève, 2003).

Voyons quelques-uns des principaux résultats relatifs à l'existence de mesures dans les organisations privées au Québec. Précisons que les questionnaires étaient adressés à la fois aux représentants syndicaux et aux responsables des ressources humaines et que nous n'avons relevé que de faibles différences entre leurs réponses, si ce n'est le fait que l'on observe des taux légèrement plus élevés chez les responsables des ressources humaines. On constate que les mesures d'aménagement et de

---

[7]   Voir Tremblay (2003a et b, 2002) ainsi que Tremblay, Amherdt et De Sève (2003) pour un aperçu du contenu des entrevues.

[8]   Nous tenons à remercier le Fonds FCAR – devenu le FQRSC, qui a financé une recherche successive sur ce sujet. Cette enquête a été menée auprès du Conseil interfédéral du secteur privé de la CSN, en 2000, auprès de 1 200 organisations des secteurs privé et péripublic.

réduction du temps de travail[9] ne sont pas très fréquentes dans les organisations, comme le révèle le tableau 11. Une seule mesure l'est un peu plus, mais elle n'en est pas véritablement une, puisqu'il s'agit des *Congés pour des raisons personnelles* que l'on trouve dans plus d'une entreprise sur deux (61 % selon les représentants syndicaux et 74 % selon les responsables des ressources humaines[10]). Ce que nous considérons comme de vraies mesures d'ARTT, soit les points 1 à 4, sont très peu fréquentes. Elles ne concernent que moins d'une entreprise sur cinq, souvent une sur dix, et lorsqu'elles sont offertes, elles ne le sont pas toujours formellement, comme le démontre le tableau 11.

TABLEAU 11

Existence des mesures d'ARTT et de conciliation vie personnelle et professionnelle

Mesures	% (N) Syndicat (261)	% (N) DRH (163)
1 Horaire flexible	15,0 (34)	19,1 (31)
2 Horaire sur mesure	11,5 (27)	12,3 (20)
3 Semaine de travail comprimée volontaire	8,8 (21)	9,9 (16)
4 Réduction volontaire du temps de travail	17,3 (41)	21,6 (35)
5 Travail à domicile	2,3 (5)	5,6 (9)
6 Cheminement de carrière adapté aux exigences familiales	1,9 (4)	4,3 (7)
7 **Congés pour des raisons personnelles**	**61,1 (120)**	**74,1 (120)**

Nous avons aussi voulu savoir qui utilisait ces mesures et pourquoi. Nous avons noté que les motifs n'étaient pas identiques pour les hommes et pour les femmes. Cela signifie qu'il ne suffit pas que l'organisation offre des mesures dites de « conciliation » emploi-famille pour qu'elles soient utilisées à cette fin. En effet, lorsque des mesures de flexibilité d'horaires ou de réduction du temps de travail existent (dans à peine un cinquième des entreprises, rappelons-le), notre enquête montre que les mères

---

[9]   Certains auteurs identifient jusqu'à 40 mesures possibles de conciliation entre la vie personnelle et professionnelle, mais comme nous voulions avoir plus de détails sur leur utilisation, nous les avons regroupées en grandes catégories (voir le tableau 11) sur lesquelles nous avons posé une dizaine de questions pour chaque mesure : Qui y a accès ? Qui les utilise ? À quelles fins ? Ont-elles été évaluées ? Quelles sont les résultats observés ou prévus ? etc. Voir Tremblay et Amherdt (2003) pour les détails.

[10] Comme ce ne sont pas nécessairement les mêmes organisations qui ont répondu, l'écart peut s'expliquer. Toutefois, cela nous donne une indication de la fréquence des mesures et, surtout, de l'absence assez généralisée des mesures touchant le temps de travail (mesures 1 à 4).

s'en prévalent surtout pour s'occuper des enfants (33 % des cas) alors que les pères ne les emploient généralement pas à des fins familiales, mais plus souvent sociales ou de formation professionnelle (Tremblay, 2004).

5. Voulons-nous d'une forme de RTT ?

Le sujet de la RTT (réduction du temps de travail) est dans l'air depuis la proposition de la semaine de 4 jours présentée par le Parti québécois en 2003 et reprise lors du sondage CROP-ORHRI du printemps 2004. Dans le contexte des préoccupations démographiques qui incitent les gouvernements à chercher des solutions pour accroître le taux d'activité dans les prochaines décennies, nous avons repris les données que nous avions colligées sur le sujet pour voir si la RTT répond à une demande sociale et quel type serait souhaité. Nous avions demandé aux répondants[11] par quelle formule de réduction du temps de travail, n'équivalant pas nécessairement à un horaire à temps partiel, seraient-ils d'abord intéressés. Il s'agissait pour eux de mettre en ordre de priorité les huit formules présentées. Les résultats apparaissent au tableau 12.

Il en ressort que la formule de la semaine comprimée en 4 jours de travail est la préférée des femmes et des hommes, peu importe le type de famille ou de ménage. En effet, près de 70 % des femmes vivant en couple avec enfants et près de 65 % des hommes dans la même situation sont d'avis que la semaine dite « comprimée » serait la meilleure manière de réduire leur temps de travail. Au total, deux tiers des répondants sont de cet avis et jamais moins de 47,4 % d'entre eux partagent cette opinion. Les femmes responsables de familles monoparentales sont même 60 % à être de cet avis. Rappelons qu'un bon pourcentage de femmes travaillent déjà moins de 35 heures par semaine, de sorte que cette compression ne signifie pas nécessairement un horaire de plus de 7 heures par jour.

La deuxième formule la plus populaire est celle des journées de travail plus courtes. Cette option rejoint 13,9 % des femmes vivant seules avec leurs enfants, 8,1 % des femmes et 8,9 % des hommes vivant en couple. Viennent ensuite les jours supplémentaires de congé et les vacances annuelles plus longues, autant de formules que nos gouvernements pourraient étudier s'ils souhaitaient se doter d'une véritable « politique des temps », incluant temps de travail et temps sociaux. Les administrations municipales pourraient aussi s'intéresser au sujet, comme c'est le cas en Europe (en Italie et France surtout), où l'on parle de plus en plus du temps des villes et où l'on tente d'articuler l'ensemble des horaires : vie professionnelle, vie familiale, vie citoyenne, vie sportive ou de loisir... même si nombre de jeunes parents n'ont pas tellement de temps pour autres choses que pour les deux premiers volets lorsque leurs enfants sont en bas âge (0 à 5 ans).

---

[11] Rappelons que les 753 répondants à cette enquête étaient aux deux tiers des femmes et que tous avaient des personnes (enfants ou personne âgée) à leur charge à domicile.

TABLEAU 12
Les formules préférées de réduction du temps de travail

Énoncés		Femmes				Total femmes	Hommes				Total hommes
		Autres types de famille	Garde parta-gée	Seules avec enfants	En couple avec enfants		Autres types de famille	Garde parta-gée	Seuls avec enfants	En couple avec enfants	
Journées de travail plus courtes	N^{bre}	1	1	15	34	51	0	0	1	16	17
	%	5,3	5,6	13,9	8,1	9.0	0,0	0,0	100,0	8,9	9,1
Semaine comprimée en 4 jours	N^{bre}	9	10	65	285	**369**	1	3	0	115	**119**
	%	47,4	55,6	60,2	67,5	**65,1**	33,3	100,0	0,0	64,2	**64,0**
Jours sup-plémentaires de congé	N^{bre}	3	2	6	25	36	1	0	0	10	11
	%	15,8	11,1	5,6	5,9	6,3	33,3	0,0	0,0	5,6	5,9
Retraite anticipée ou progressive	N^{bre}	0	0	6	17	23	0	0	0	13	13
	%	0,0	0,0	5,6	4,0	4,1	0,0	0,0	0,0	7,3	7,0
Congés parentaux plus longs	N^{bre}	0	0	2	6	8	0	0	0	2	2
	%	0,0	0,0	1,9	1,4	1,4	0,0	0,0	0,0	1,1	1,1
Congés sab-batiques ou pour projets personnels	N^{bre}	0	2	3	13	18	0	0	0	5	5
	%	0,0	11,1	2,8	3,1	3,2	0,0	0,0	0,0	2,8	2,7
Vacances annuelles plus longues	N^{bre}	3	2	8	28	41	0	0	0	14	14
	%	15,8	11,1	7,4	6,6	7,2	0,0	0,0	0,0	7,8	7,5
Autres for-mes de varia-tion du temps de travail	N^{bre}	0	1	2	7	10	0	0	0	0	0
	%	0,0	5,6	1,9	1,7	1,8	0,0	0,0	0,0	0,0	0,0
Pas de réponse	N^{bre}	0	1	2	7	11	0	0	0	0	5
	%	0,0	5,6	1,9	1,7	1,9	0,0	0,0	0,0	0,0	2,7
Total	N^{bre}	19	18	108	422	567	3	3	1	179	186
	%	100,0	100,0	100,0	100,0	100	100,0	100,0	100,0	100,0	100

Depuis que cette première enquête a été menée, nous avons poursuivi la recherche et obtenu plus de répondants à certaines des questions, incluant des groupes de professionnels et de techniciens, pour un total de 1 213. Les nouvelles données présentent la même tendance : 63,6 % des femmes et des hommes souhaitent une semaine comprimée en 4 jours, alors que la retraite anticipée ne recueille que 6,6 % de leur faveur, les femmes étant seulement 5,7 % à la souhaiter et les hommes, 9,6 %. Par ailleurs, ces derniers sont 63,5 % à vouloir une semaine de 4 jours.

TABLEAU 13

Forme de RTT souhaitée (1 213 répondants)

	Nombre	Pourcentage
Journée raccourcie	106	8,5
Semaine de 4 jours	**771**	**62,0**
Jours de congés	73	5,9
Retraite anticipée	82	6,6
Congés parentaux	14	1,1
Congés sabbatiques	39	3,1
Vacances annuelles	95	7,6
Autre forme de RTT	33	2,7
Total	1213	97,6
Valeurs manquantes	30	2,4
Total	**1243**	**100,0**

6. Que faire du temps dégagé par la RTT ?

On peut se demander ce que les gens feraient du temps dégagé par une éventuelle réduction de leur temps de travail. Nous avons donc voulu savoir ce que nos répondants choisiraient prioritairement comme activités en une telle circonstance.

On note que les hommes et les femmes donnent à peu près les mêmes réponses, accordant tous deux la priorité à la vie de famille (37 %), quoique les hommes présentent un taux plus élevé (44 %) que les femmes (35,8 %). Les femmes (19 %) sont près du double des hommes (10 %) à dire qu'elles s'adonneraient d'abord à des activités domestiques si elles pouvaient bénéficier d'une réduction du temps de travail, cela sur un total de 16 % des répondants qui privilégient les travaux ménagers. Par ailleurs, les femmes (26 %) et les hommes (29 %) mentionnent qu'ils s'accorderaient d'abord plus de temps de loisirs personnels, cela sur un total de 27 %.

TABLEAU 14
Emploi du temps à la suite d'une RTT

	Nombre	Pourcentage
Travaux ménagers	**209**	**16,8**
Responsabilités familiales	98	7,9
Vie de famille	**464**	**37,3**
Loisirs personnels	**339**	**27,3**
Bénévolat	12	1,0
Formation	62	5,0
Activités rémunérées	25	2,0
Total	1209	97,3
Valeurs manquantes	34	2,7
Total	**1243**	**100,0**

On constate quelques différences lorsqu'on traite d'un éventuel réaménagement du temps de travail, mais fondamentalement, les mêmes choix reviennent : vie de famille, loisirs personnels et travaux ménagers. Les femmes consacreraient toujours davantage de temps aux travaux ménagers et aux responsabilités familiales que les hommes, alors que ces derniers favoriseraient la vie de famille et les loisirs personnels. D'autres données canadiennes sur l'emploi du temps indiquent d'ailleurs une augmentation du temps passé par les pères dans des activités de jeux et d'éducation des enfants, ce qui semble ressortir de ces données sur les aspirations en matière de temps.

TABLEAU 15
Emploi du temps à la suite d'un ATT

	Nombre	Pourcentage
Travaux ménagers	**224**	**18,0**
Responsabilités familiales	187	15,0
Vie de famille	**402**	**32,3**
Loisirs personnels	**292**	**23,5**
Bénévolat	13	1,0
Formation	50	4,0
Activités rémunérées	22	1,8
Total	1190	95,7
Valeurs manquantes	53	4,3
Total	**1243**	**100,0**

Il est intéressant de noter que la réduction du temps de travail semble avoir un effet plus important sur la vie de famille que l'aménagement du temps de travail, bien que les pourcentages ne soient pas extrêmement différents.

Conclusion : pour des temps flexibles tout au long de la vie

À notre avis, la proposition d'une semaine de 4 jours pour les parents de jeunes enfants est certes intéressante. Il faudrait toutefois réfléchir davantage à une plus grande flexibilité des temps de travail et des temps sociaux sur l'ensemble de la vie active. Il faudrait rendre horaires et temps de travail flexibles accessibles à un plus grand nombre, pour des raisons variables, pendant toute la vie. Cela invite à se pencher sur un modèle axé sur la solidarité entre les générations et à penser la répartition du temps de travail et des temps sociaux en conséquence[12].

Les personnes qui travaillent manquent apparemment de temps et bon nombre d'entre elles souhaiteraient, à divers moments, pouvoir en prendre pour : éducation et activités avec les enfants, formation, vie sociale ou « citoyenne », activités sportives.

Considérant toutes ces données et aspirations, il serait peut-être pertinent de s'inspirer du « Compte épargne temps » adopté dans la foulée des 35 heures en France. Cette mesure permet aux individus d'accumuler du temps lorsqu'ils travaillent plus de 35 heures par semaine ; ils peuvent ensuite l'utiliser de diverses façons : prendre une préretraite (plus fréquent chez les hommes), allonger les vacances, aller chez le médecin ou, encore, s'occuper des enfants. Les quelques recherches menées sur le sujet semblent indiquer que les femmes consacrent davantage ce temps à des activités familiales et aux enfants, alors que ce n'est pas le cas pour les hommes, mais la mesure semble malgré tout intéressante. Dans le contexte démographique actuel au Québec, elle pourrait le devenir encore plus si l'on y associait la retraite progressive sans perte actuarielle.

Il semble donc que l'intérêt pour la conciliation emploi-famille puisse rejoindre des préoccupations plus vastes relatives à une meilleure articulation entre la vie personnelle et la vie professionnelle. Cela serait certes souhaitable, puisque les syndicats qui tentent de mettre en place des mesures de conciliation emploi-famille se heurtent souvent au refus ou au manque d'intérêt des salariés plus âgés, qui jugent souvent ces mesures inéquitables à leur égard. Le fait d'offrir des mesures d'aménagement ou de réduction du temps de travail qui soient accessibles à tous, pour des motifs divers, nous semble une meilleure avenue, à la fois pour les syndicats et les employeurs, qui négocient ce genre d'entente, et pour la société et l'État, qui sont préoccupés par le vieillissement démographique et la nécessité de trouver des formules permettant

---

[12]   Voir Larsson, du New Ways European Network, sur le programme Solidarité entre les générations, dans Tremblay (2001b).

d'accroître le taux d'activité des travailleurs âgés qui souhaitent partir à la retraite. On trouve ainsi une conciliation des divers objectifs sociétaux, soit le soutien aux jeunes parents et l'aménagement du temps de travail des travailleurs vieillissants.

Ce type de changement ne peut toutefois pas se faire sans incitatif de l'État. Aussi, il sera intéressant de voir ce que le gouvernement du Parti libéral offrira comme politique familiale et de conciliation.

BIBLIOGRAPHIE

BACHMANN, K. (2000), *Équilibre travail-vie personnelle : les employeurs sont-ils à l'écoute ?*, Conference Board du Canada.

BARRÈRE-MAURISSON, M.-A. (2003), *Travail, famille : le nouveau contrat*, Paris, Folio, Actuel inédit.

BARRÈRE-MAURISSON, M.-A. (2002), « Temps de travail, temps parental : une concilia-tion problématique pour les femmes », dans D.-G. Tremblay et L.-F. Dagenais, *Ruptures, fragmentations et mutations du marché du travail*, Québec, Presses de l'Université du Québec, p. 157-172.

BELLEMARE, D., L. POULIN-SIMON et D.-G. TREMBLAY (1998), *Le paradoxe de l'âgisme dans une société vieillissante. Enjeux politiques et défis de gestion*, Montréal, Éditions Saint-Martin.

BOULIN, J.-Y., G. CETTE et D. VERGER (1998), « Les arbitrages entre temps-libre et sa-laire », *Travail et emploi*, n° 77, p. 79-87.

CANADA EMPLOYMENT AND IMMIGRATION ADVISORY COUNCIL (1987), *Workers with family responsibilities in a changing society : who cares*, Report presented to the Minister of Employment and Immigration by the Canada Employment and Immigration Advisory Council, Ottawa.

CONFERENCE BOARD OF CANADA (1994), *Work and Family Challenge : Issues and Options*, Ottawa.

DESCARRIES, F., C. CORBEIL, C. GILL et C. SÉGUIN (1995), *Famille et travail : double statut... double enjeu pour les mères en emploi*, Montréal, Université du Québec à Mon-tréal, Institut de recherches et d'études féministes.

De TERSSAC, G. et D.-G. TREMBLAY (dir.) (2000), *Où va le temps de travail ?*, Toulouse, Éditions Octares, 284 p.

DÉVELOPPEMENT DES RESSOURCES HUMAINES CANADA (1994), « Work and Family », *Social Security in Canada : Background Facts* (fact sheet).

DUXBURY, L.E. et C.A. HIGGINS (1996), « Le travail et la famille dans les années 1990 : perspectives des tranchées », *Transition*, vol. 26, n° 2, p. 17-20.

DUXBURY, L.E. et C.A. HIGGINS (1991), « Gender Differences in Work-Family Conflict », *Journal of Applied Psychology*, vol. 76, n° 1, p. 60-74.

DUXBURY, L.E., C.A. HIGGINS et C. LEE (1994), « Work-Family Conflict. A Comparison by Gender, Family Type and Perceived Control », *Journal of Family Issues*, vol. 15, n° 3, p. 449-466.

FREDERICK, J.A. (1995), *As time goes by... : time use of Canadians*, Ottawa, Statistics Canada, Cat. 89-544E.

GRENIER, A. (1999), *Le marché du travail après 45 ans : un milieu en mutation*, Québec, Emploi-Québec, 135 p.

GUÉRIN, G., S. ST-ONGE, L. CHENEVIER, K. DENAULT et M. DESCHAMPS (1997), *Le conflit emploi-famille : ses causes et ses conséquences. Résultats d'enquête*, Montréal, Université de Montréal, École de relations industrielles, 23 p.

GUÉRIN, G., S. ST-ONGE, R. TROTTIER, V. HAINES et M. SIMARD (1994), « Les pratiques organisationnelles d'aide à la gestion de l'équilibre travail-famille : la situation au Québec », *Gestion*, vol. 19, n° 2, mai, p. 74-82.

INSTITUT DE LA STATISTIQUE DU QUÉBEC (2001), *Portrait social du Québec 2001*, Québec.

JÄRVHOLM, B. (1996), *Working Life and Health : A Swedish Survey*, National Board of Occupational Safety and Health, National Institute for Working Life, Swedish Council for Working Life Reasearch, Solna, Suède.

KAUPPINEN, K. et I. KANDOLIN (1998), *Gender and Working Conditions in the European Union*, Dublin, European Foundation for the Improvement of Living and Working Conditions.

KOMPIER, M. et L. LEVI (1994), *Stress at Work : Causes, Effects and Prevention*, European Foundation for the Improvement of Living and Working Conditions, Dublin, Ireland.

LERO, D.S., H. GOELMAN, A.R. PENCE, L.M. BROCKMAN et S. NUTTAL (1992), *Canadian National Child Care Study : parental work patterns and child care needs*, Ottawa, Statistics Canada, Cat. 89-529E.

LERO, D.S., L.M. BROCKMAN, A.R. PENCE, H. GOELMAN et K.L. JOHNSON (1993), *Canadian National Child Care Study : workplace benefits and flexibility, a perspective on parents' experiences*, Ottawa, Statistics Canada, Cat. 89-530E.

LIPSETT, B. et M. REESOR (1997), *Flexible Work Arrangements : Evidence from the 1991 and 1995 Survey of Work Arrangements*, Ottawa, Human Resources Development Canada (7 avril 1997, ébauche).

LOGAN, R. (1994), « Voluntary part-time workers », *Perspectives on Labour and Income*, Ottawa, Statistics Canada, Cat. 75-001E, vol. 6, n° 3, p. 22-29.

MacBRIDE-KING, J. et K. BACHMANN (1999), *Solutions for the Stressed-out Worker*, Ottawa, Conference Board of Canada.

MacBRIDE-KING, J. (1990), *Work and Family : Employment Challenge of the 90's*, (Report 59-90), Ottawa, Conference Board of Canada.

MacBRIDE-KING, J. et H. PARIS (1989), « Balancing Work and Family Responsibilities », *Canadian Business Review*, automne.

MARSHALL, K. (2000), « Travailler à temps partiel par choix », *L'emploi et le revenu en perspective*, Statistique Canada, N° 75-001-XIF au catalogue, novembre 2000, p. 9.

MARSHALL, K. (1994), « Balancing work and family responsibilities », *Perspectives on Labour and Income*, Ottawa, Statistics Canada, Cat. 75-001F.

MATTE, D., D. BALDINO et R. COURCHESNE (1998), « L'évolution de l'emploi atypique au Québec », *Le Marché du travail* [encart], vol. 19, n° 5, 25 mai.

MÉDA, D. (2003), « Manquons-nous de temps ? », *Interventions économiques*, n° 31, www.teluq.uquebec.ca/interventionseconomiques.

NOREAU, N. (1994), « Involuntary part-timers », *Perspectives on Labour and Income*, Ottawa, Statistics Canada, Cat. 75-001E, vol. 6, n° 3, p. 30-37.

PARIS, H. (1989), *Corporate Response to Workers with Family Responsibilities*, Ottawa, Conference Board of Canada.

PRONOVOST, G. (1997), « Manquons-nous de temps ? Structure et conceptions du temps », *Revue internationale de sociologie*, vol. 7, n° 3, p. 365-373.

SHOR, J. (1991), *The Overworked American*, New York, Basic Books.

ST-ONGE, S., G. GUÉRIN, R. TROTTIER, V. HAINES et M. SIMARD (1994), « L'équilibre travail-famille : un nouveau défi pour les organisations », *Gestion*, vol. 19, n° 2, p. 64-73.

SUNTER, D. et R. MORISSETTE (1994), « The hours people work », *Perspective* (automne), Statistics Canada, Cat. 75-001F.

TREMBLAY, D.-G. (2004), « Articulation emploi-famille et temps de travail. Les usages différenciés du temps chez les pères et les mères », *Nouvelles pratiques sociales*, vol. 16, n° 1, p. 76-93.

TREMBLAY, D.-G. (2003), *Articulation emploi-famille et temps de travail : résultats de l'analyse statistique des données recueillies auprès des secteurs de la santé, de l'éducation et des bureaux*, Rapport de recherche, 22 p., http://www.teluq.uquebec.ca/chaireecosavoir/.

TREMBLAY, D.-G. (2003a), « Articulation emploi-famille. Comment les pères voient-ils les choses ? », *Politiques sociales*, Bruxelles et Madrid, vol. 63, n°s 3-4, p. 70-86.

TREMBLAY, D.-G. (2003b), « La difficile articulation des temps sociaux : concilier la vie personnelle et la vie professionnelle », n° 31, *Interventions économiques*, www.teluq.uquebec.ca/interventionseconomiques, 23 p.

TREMBLAY, D.-G. et C.-H. AMHERDT (2003), *Articulation emploi-famille et temps de travail : résultats de l'analyse statistique d'une enquête en ligne (comparaison SCFP et hors SCFP)*, Note de recherche de la Chaire du Canada sur les enjeux socio-organisationnels de l'économie du savoir, n° 2003-9, www.teluq.uquebec.ca/chaireecosavoir/.

TREMBLAY, D.-G. et C.-H. AMHERDT (2003a), *Articulation emploi-famille et temps de travail : observations et différences selon le sexe*, Note de recherche de la Chaire du Canada sur les enjeux socio-organisationnels de l'économie du savoir, n° 2003-8, www.teluq.uquebec.ca/chaireecosavoir/.

TREMBLAY, D.-G., C.-H. AMHERDT et M.K. DE SÈVE (2003), *La conciliation emploi-famille : des mesures et des pratiques à développer dans les milieux de travail. Résultats d'enquête auprès de sept organisations rattachées au Syndicat canadien de la fonction publique*, Montréal, Direction de la recherche, Télé-université, 140 p.

TREMBLAY, D.-G. (2002), « Articulation emploi-famille et temps de travail. Comment concilier profession et famille dans les secteurs à horaires variables ? », dans D.-G. Tremblay et L.-F. Dagenais, *Segmentations, fragmentations et mutations du marché du travail*, Québec, Presses de l'Université du Québec, p. 183-215.

TREMBLAY, D.-G. (2002a), « Balancing Work and Family with Telework ? Organizational Issues and Challenges for Women and Managers », *Women in Management*, vol. 17, n°s 3-4, p. 157-170, Manchester, MCB Press.

TREMBLAY, D.-G. (2002b), « Work-family balancing and working times : results from a research conducted in Canada », dans Japan Institute of Labour (2002), *Universal Wisdom through Globalization*, Selected papers from the 12th International Industrial Relations Congress, Tokyo, Japan Institute of Labour, p. 223-237.

TREMBLAY, D.-G. (2001), « L'aménagement et la réduction du temps de travail au Québec : l'état des programmes et des débats, ainsi que les positions syndicales et patronales », *Chroniques internationales de l'IRES*, Paris, Institut de recherches économiques et sociales, n° 68, p. 40-46.

TREMBLAY, D.-G. (2001a), *Analyse du conflit entre le travail et la famille*, Texte 2.8 sur le site du cours RIN 2013 de la Télé-université, www.teluq.uquebec.ca.

TREMBLAY, D.-G. (2001b), *Politiques et pratiques de gestion de la main-d' œuvre vieillissante*, Document 2 du cours RIN 2015 de la Télé-université, www.teluq.uquebec.ca.

TREMBLAY, D.-G. (2000), « Temps de travail et diversité des temps sociaux : l'importance de la question du genre dans les recherches québécoises et nord-américaines », dans G. De Terssac et D.-G. Tremblay, *Où va le temps de travail ?*, Toulouse, Éditions Octares.

TREMBLAY, D.-G. et C.-H. AMHERDT (2000), *La vie en double : obstacles organisationnels et socioculturels à la conciliation emploi/famille chez les pères et les mères. Rapport de recherche FCAR*, Québec, Université du Québec, Télé-université, direction de la recherche, avril, 96 p., www.teluq.uquebec.ca/chaireecosavoir/.

TREMBLAY, D.-G. et C. VAILLANCOURT-LAFLAMME (2000), *Conciliation emploi-famille et aménagement du temps de travail. Description des données d'enquête*, 116 p., www.teluq.uquebec.ca/chaireecosavoir/.

TREMBLAY, D.-G. et D. VILLENEUVE (1998), *L'aménagement et la réduction du temps de travail : les enjeux, les approches, les méthodes*, Montréal, Éditions Saint-Martin, 362 p.

TREMBLAY, D.-G. (1997), *Économie du travail. Les réalités et les approches théoriques*, Québec, Télé-université/Éditions Saint-Martin (nouvelle édition à paraître).

VANDELAC, L. et FÉDÉRATION DES TRAVAILLEURS ET TRAVAILLEUSES DU QUÉBEC (1995), *Ré-concilier... l'inconciliable. Recherche sur la conciliation des responsabilités professionnelles, familiales, sociales et personnelles, Phase 2/Des faits saillants*, Montréal.

VILLENEUVE, D. et D.-G. TREMBLAY (1999), *Famille et travail, deux mondes à concilier*, Avis du Conseil de la famille et de l'enfance du Québec, Québec, Gouvernement du Québec, 46 p.

L'expérience de Bouchons MAC

5

Karole FORAND

L'entreprise Bouchons MAC a été créée en 1991 avec l'acquisition de PLAX, une filiale de Consumers Glass établie à Waterloo, dans les Cantons de l'Est, depuis les années 1960. Gilles Decelles, un ingénieur de procédé et génie des moules et outillages a, avec le concours de la compagnie d'investissement en capital de risque Novavap, acquis cette usine de fabrication de bouchons de plastique par injection. À ce moment-là, PLAX embauchait 70 personnes et avait un chiffre d'affaires de 8 millions $.

Aujourd'hui, Bouchons MAC possède deux usines, une à Waterloo et une à Oakville, en Ontario. Son chiffre d'affaires est de 36 millions $ et elle embauche 200 personnes, dont 150 à Waterloo. Ses activités de production se déroulent 24 heures sur 24, 7 jours sur 7 avec des équipes qui travaillent 12 heures d'affilée.

La démographie

Bouchons MAC a son siège social à Waterloo, une petite municipalité d'environ 4 600 habitants. La majorité de ses employés demeure dans un rayon de 25 km et prend moins de 20 minutes pour s'y rendre. Soixante pourcent d'entre eux ont entre 25 et 45 ans et 67 % sont des hommes. Collectivement, ils ont 21 enfants âgés de moins de 5 ans et 72, de 5 à 12 ans.

Il faut aussi savoir qu'il est fréquent et parfois même encouragé que les membres d'une même famille travaillent chez Bouchons MAC. Papa, maman, enfants, gendre, nièce...

La conscience et la volonté

Aucune situation n'existe qui pourrait diminuer l'intérêt manifesté par Bouchons MAC pour trouver des moyens de faciliter l'existence de ses employés.

L'entreprise possède les ingrédients qui font la différence : des dirigeants qui ont *conscience* de l'ampleur des tâches et des responsabilités parentales, de leurs conséquences sur la vie de tous les jours (particulièrement avec des horaires de 12 heures), et *la volonté d'agir* pour contribuer à améliorer le quotidien.

En 1999, lorsque la croissance rapide a obligé Bouchons MAC à acquérir un immeuble adjacent à l'usine, les dirigeants ont posé comme condition au projet : « que l'espace ainsi acquis soit suffisant pour combler les besoins en espace-bureau ET un espace camp de jour pour nos enfants ET un local d'aide aux devoirs ET que puisse être aménagé un GYM qui serait à la disposition des employés et leur famille ». La préoccupation bien-être était présente.

L'été 2000 a vu naître le CAMP MINIMAC.

MINIMAC : son fonctionnement

Il s'agit d'un camp de jour pour les enfants de 5 à 13 ans, dont au moins un des parents est employé chez Bouchons MAC.

MINIMAC est ouvert de 6 h 45 à 19 h 15, du lundi au vendredi, de la Saint-Jean jusqu'à la mi-août. Le local est à même les bureaux administratifs au rez-de-chaussée et il occupe aussi une partie sous-sol où se trouvent un accès à l'extérieur, des toilettes et une cuisinette. Les repas sont servis à la cafétéria de l'usine où un tarif spécial y est négocié avec le traiteur. Les enfants peuvent également apporter leur lunch ou utiliser les machines distributrices.

Les parents déboursent 50 $ par enfant pour l'inscription. Les autres frais sont couverts par Bouchons MAC, sauf celui de 5 $ pour l'achat d'un tee-shirt dont le port est obligatoire lors des sorties.

Un(e) coordonateur(trice) et trois moniteurs(trices) sont embauchés(es) avec la responsabilité de faire de ce camp de jour une expérience mémorable dans l'esprit des enfants.

Plus de 40 jeunes y sont inscrits et leur présence quotidienne est d'environ 30, compte tenu que c'est la période de vacances des parents, qui gardent alors leurs enfants avec eux, et aussi le fait que les employés travaillent des horaires qui font qu'ils sont parfois en congé pendant la semaine.

MiNIMAC : sa mission

Permettre aux employés de Bouchons MAC d'avoir l'esprit tranquille en sachant que leurs enfants qui fréquentent le camp de jour seront heureux et bien entourés durant la journée.

Proposer aux enfants des activités sportives et artistiques amusantes, enrichissantes et sécuritaires, axées sur la découverte.

Une semaine à MINIMAC

Les débuts et les fins de journée sont plutôt organisés telle une garderie. Le matin, certains enfants finissent leur dodo trop tôt interrompu ou prennent leur petit déjeuner et, le soir, ils prennent leur souper et s'adonnent à des activités tranquilles.

Ente 8 h 30 et 16 h 30, ça bouge. Parfois, on en entend l'écho jusque dans les bureaux, à la cafétéria, dans la cour intérieure...

Une journée, les jeunes vont faire de l'équitation au Centre équestre de Bromont ; une autre, ils se rendent au Centre Koundalini de Dunham pour y suivre des cours de taï chi et de taekwando ou pour s'adonner à la baignade dans le lac artificiel ou à d'autres activités sur les vertes pelouses de ce site. Le vendredi est généralement réservé aux visites : musées, zoo, parcs d'attraction, sites écologiques, tout y passe. Enfin, le reste du temps, les jeunes ont accès aux services municipaux, soit la piscine, la plage et les parcs. Il faut aussi demeurer un peu chez nous, à l'usine, où il y a assez d'espace pour organiser des olympiades et des spectacles amateurs, aujourd'hui renommés Star Académie. Chaque été a son thème et ses expériences propres tels faire une vidéo, cuisiner ou se coudre un costume. Une primeur, 2004 affichera « *Mon été autour du monde* ».

Le budget

Le budget du camp est de 27 000 $, cela sans compter les installations, l'électricité, le chauffage et les autres frais immobiliers, ni le temps passé par les employés réguliers pour l'embauche, l'organisation et la supervision.

Le déploiement social

L'an passé, nous avons jugé bon d'offrir les bienfaits du camp à des jeunes dans le besoin, qui ne peuvent bénéficier d'un si bel encadrement. Avec le concours du Centre d'action bénévole, deux enfants d'une famille monoparentale à faible revenu ont été invités à se joindre à notre groupe. Ces garçons de 8 et 10 ans, nouvellement arrivés dans notre collectivité, ont passé un bel été. Leur maman, une travailleuse en restauration sur appel, a vraiment été soulagée par l'aide que nous lui avons apportée. Cette expérience concluante sera répétée cette année.

Les difficultés d'un tel service

Il faut être vigilant dans la gestion des communications. Le camp étant situé en milieu de travail, les parents peuvent donc aller trouver leurs enfants, voir ce qui se passe et être tentés d'intervenir dans leurs chicanes. Certains désirent diriger les employés du camp, commentent ou interviennent. Les discussions entre enfants peuvent devenir des discussions entre parents sur le lieu du travail.

Les effets primaires d'un tel service

Les effets primaires sont faciles à identifier. Les enfants sont contents et ils reviennent. Les parents sont contents et ils inscrivent leurs enfants ! Ceux qui ne le font pas ont diverses raisons : la garde est partagée, l'autre conjoint est responsable du gardiennage, le parent voit ses enfants un week-end sur deux ; le parent a un autre enfant en bas âge et souhaite que ses marmots soient gardés au même endroit ; l'enfant a un problème de santé qui l'empêche de fréquenter le camp.

Les évaluations de fin de saison indiquent que les objectifs de notre mission sont atteints. Tout le monde est heureux.

Mais encore...

Les effets secondaires d'un tel service

Un effet sur l'absentéisme : sais pas...

Plusieurs raisons sont des causes d'absentéisme : les conditions de santé physique et mentale de l'employé, les congés parentaux reliés à l'état de santé de toute la famille élargie, d'autres obligations... Est bien malin qui pourrait tirer des conclusions nettes et sans équivoque. En tout cas, si l'employé appelle le matin pour dire qu'il n'entre pas, il ne peut donner comme raison que c'est le gardiennage qui fait défaut !

Un effet sur le sentiment d'appartenance de l'employé : peut être...

Les parents semblent fiers de ce service et ils en parleraient à la ronde, à la parenté, aux amis.

Un effet sur le taux de roulement des employés : est-ce qu'on reste dans un emploi à cause d'un camp offert juste l'été... hum...

De toute façon, le taux de roulement est si faible à notre entreprise que même sans ce camp, nous serions en bonne posture.

Mais qu'est ce que ça change ?

Rien.

Ce que nous disons, c'est qu'une seule intervention, toute seule, toute nue, sans être soutenue par une démarche, par un ensemble de valeur, ça ne donne rien de valable.

Ce qui fait que les choses sont différentes chez Bouchons MAC, c'est que l'entreprise a adopté des valeurs humanitaires, auxquelles elle croit et dans lesquelles elle investit. Les bottines suivent les babines !

Nos valeurs sont facilement identifiables par nos employés. Il s'agit de :

• **La famille**

Les membres d'une même famille peuvent travailler chez Bouchons MAC.

Les enfants de nos employés qui désirent un emploi d'été ont toujours leur place.

Le camp MINIMAC

À l'occasion, vous croiserez un enfant dans nos bureaux. C'est qu'il aura un rendez-vous médical dans la journée ou que son grand-parent passera le chercher. Peut-être est-ce le président que la garderie a appelé parce que sa petite fait de la fièvre ; son père l'a installée sur les fauteuils assemblés pour une heure tout au plus.

Certains employés dont le travail le permet sont branchés de leur domicile à leur poste de travail de l'usine. Il peuvent ainsi faire du télétravail.

La famille n'est pas oubliée lorsqu'on reçoit les employés à des petits déjeuners, à des BBQ sur l'heure du midi, à des fêtes, au dépouillement d'arbre de Noël, à des sorties du club social et à des activités sportives.

• **La santé**

Un gym est à la disposition des employés et de leurs familles 24 heures sur 24, 7 jours sur 7.

À certains moments de l'année, un entraîneur est à leur disposition pour les aider à établir leur programme d'entraînement et donner des conseils.

Des cours sont offerts à l'heure du midi : yoga, aérobie, taï chi. Le soir, c'est le karaté en famille.

L'an passé, deux ergothérapeutes sont venues en stage pour une durée de trois mois. Elles ont évalué les postes de travail en usine et bureau. Des modifications sont survenues à la suite de leurs recommandations. De plus, elles ont offert à tous les employés des ateliers sur la prévention des maux de dos et sur l'hygiène posturale au travail.

Le programme d'assurance collective, très généreux, est entièrement payé par l'employeur et il couvre la totalité des frais médicaux.

• **L'éducation**

Tous les enfants de nos employés qui poursuivent des études postsecondaires reçoivent une bourse de 500 $ par année au collégial et de 1 000 $ par année à l'université.

Nous encourageons, par une politique établie, nos employés à poursuivre leur formation et nous remboursons leurs frais d'inscription et d'examen.

Le président de Bouchons MAC, monsieur Gilles Decelles, est à l'origine de la création du programme de formation au Certificat universitaire en plasturgie, offert par l'Université Laval. Nous contribuons 20 000 $ par année à ce programme et nous avons incité neuf autres entreprises à faire de même pour soutenir la relève dans notre industrie. Nous recevons des stagiaires et nous embauchons des finissants. C'est la méthode choisie pour préparer notre relève.

Depuis cinq ans, les étudiants en design de l'Université de Montréal participent à un projet de bourse d'études en nous soumettant des prototypes de bouchons. En plus de leur distribuer des bourses, avec certains, nous nous engageons à leur payer des redevances lorsque leurs projets sont commercialisés.

Annuellement, une bourse d'études est offerte à un finissant de notre polyvalente locale.

Régulièrement, vous croiserez un stagiaire à notre usine... c'est courant.

- **La recherche du bien commun dans toutes nos transactions**

L'adage dit qu'il est difficile de plaire à tous et à son père... C'est pourtant ce que nous tentons de faire quotidiennement dans toutes nos décisions administratives, que cela concerne les relations d'affaires avec nos clients, la gestion du capital humain à l'intérieur de nos murs ou les décisions concernant l'actionnariat.

La convention collective de travail qui nous unit, employés de production et entreprise, est d'une durée de six ans, témoignant de cette paix sociale.

Être un bon citoyen corporatif, c'est...

Partager collectivement, supporter financièrement les organismes qui travaillent à soulager les misères et le désœuvrement. Selon nos moyens, nous contribuons aux œuvres de la Maison des jeunes de Waterloo, au Centre d'action bénévole, à la Maison de la culture, aux écoles primaires de Waterloo, au Café Coop des écoles primaires de Waterloo, à plusieurs club sportifs, aux fondations des centres hospitaliers de la région et à divers organismes d'aide aux démunis.

C'est aussi respecter l'environnent en diminuant la quantité de déchets à être enfouis, même si cela entraîne des coûts additionnels. En prenant soin des arbres, de son terrain, en interdisant l'épandage de pesticide, d'insecticide ou de fertilisant.

C'est un ensemble de valeurs qui fait que les employés de Bouchons MAC sont heureux au travail et développent un sentiment d'appartenance. Nous constatons un faible taux de roulement de nos ressources humaines.

Synthèse des interventions[1]

Les présentations de madame Annick Boulanger, de chez TeraXion, et de madame Karole Forand, de chez Bouchons MAC, ont fourni aux congressistes deux exemples concrets d'entreprises qui ont modifié leur organisation du travail afin de faciliter la conciliation travail-famille. Ils ont suscité de nombreux commentaires et questionnements parmi les participants à l'atelier.

Le premier intervenant questionne madame Boulanger concernant les effets des importantes mises à pied qu'a subies en 2002 la compagnie TeraXion sur les mesures de conciliation travail-famille énoncées dans la présentation. Selon elle, ce n'est pas tant sur les mesures de conciliation travail-famille que sur les travailleurs qu'elles ont eu des effets, dont un impact considérable sur le moral de ceux qui sont restés à l'emploi de l'entreprise. Elle précise que la plupart des mesures énoncées dans la présentation avaient été mises en place dès la fondation de l'entreprise, en 2000. Cependant, après la période des mises à pied massives, d'autres mesures ont été élaborées, entre autres, un programme de récompense des idées innovatrices ainsi que de nouveaux canaux de communication avec les employés.

Ensuite, un congressiste du milieu syndical fait d'abord remarquer que dans les deux entreprises présentées, les travailleurs sont majoritairement des hommes. Il se demande s'il n'est pas plus facile de mettre sur pied des mesures de conciliation travail-famille dans un tel contexte. Par ailleurs, il souligne que dans les deux entreprises en question, on trouve à la fois des employés de bureau, payés à l'année, et des employés de production, payés à l'heure. Il se demande si les mesures de conciliation travail-famille énoncées ici de même que par les autres conférenciers du congrès (par exemple, l'horaire flexible, les banques de congés, les téléphones cellulaires, etc.) peuvent réellement s'appliquer à tous ces travailleurs. Les employés non professionnels ont aussi besoin de concilier travail et vie familiale. Or, la plupart des mesures mentionnées semblent s'adresser d'abord aux travailleurs des catégories professionnelles.

À ce commentaire, madame Forand répond qu'il est faux de penser que les hommes n'ont pas besoin de mesures de conciliation travail-famille. Au contraire, ils peuvent en bénéficier autant que les femmes, surtout si leur conjointe n'y a pas accès dans son milieu de travail. Par ailleurs, concernant les employés payés à l'année et

---

[1] Préparée par Naomie Icart, étudiante à la maîtrise, et Anabelle Viau-Guay, étudiante au doctorat, Département des relations industrielles, Université Laval.

ceux payés à l'heure, elle concède que l'accommodation est beaucoup plus facile pour les premiers que pour les seconds. À cause de la nature du travail, l'absence d'un employé administratif (qui peut souvent reporter une partie de ses tâches au lendemain) engendre généralement moins de coûts pour l'employeur que celle d'un employé de production, qui représente un déboursé direct. Cependant, elle considère qu'il est également possible d'offrir une certaine flexibilité à ce dernier. Par exemple, elle cite le cas d'un employé de production chez Bouchons MAC dont la conjointe était à l'extérieur pour un mois. Afin de faciliter les déplacements à la garderie, il a pu modifier temporairement son horaire en travaillant de 8 h à 16 h plutôt que de 7 h à 15 h. Néanmoins, madame Forand souligne qu'il est, en effet, plus difficile d'innover en matière de mesures de conciliation travail-famille pour ce type de travailleurs. Elle se dit constamment à la recherche de nouvelles idées permettant aux employés de production de bénéficier d'autant de flexibilité que les employés de bureau. À ce sujet, un congressiste intervient pour suggérer de permettre aux travailleurs d'échanger entre eux leurs quarts de travail, ce qui leur permettrait une certaine flexibilité. Madame Forand abonde en ce sens et elle mentionne que chez Bouchons MAC, cette pratique est non seulement autorisée, mais qu'elle est encouragée.

La troisième intervention est menée par une participante syndicale du secteur public. Elle s'étonne du fait qu'il ne semble y avoir aucun problème chez TeraXion. Madame Boulanger affirme, en effet, que cette entreprise offre un milieu de travail exceptionnel. Cependant, comme toute autre entreprise, elle se trouve parfois devant certaines difficultés. Par exemple, de récents changements de la structure organisationnelle ont généré des problèmes chez des employés qui s'adaptent difficilement à de nouveaux rôles. L'intervenante, qui fait partie du secteur collégial, précise son commentaire en mentionnant qu'avec les rationalisations constantes, les travailleurs doivent toujours faire plus avec moins et qu'on est bien loin d'un portrait aussi idyllique que celui de chez TeraXion. Dans son secteur, les horaires de travail et de vacances sont très difficiles à changer et les travailleurs sont frappés de mesures disciplinaires s'ils s'absentent du travail pour des raisons familiales. Elle constate, à partir de son expérience et de l'exemple de TeraXion, que les conditions de travail offertes ont un très grand impact sur la fidélité des travailleurs envers leur organisation de même que sur le taux de roulement.

L'intervenante suivante provient du secteur des politiques publiques (ministère du Travail québécois). Elle constate que parmi les deux exemples présentés, une entreprise est syndiquée (Bouchons MAC) et l'autre ne l'est pas (TeraXion). Elle se demande quel est l'impact de la syndicalisation sur les mesures de conciliation travail-famille. Dans l'entreprise syndiquée, ont-elles été mises en œuvre à la suite de pressions syndicales ? Selon madame Forand, de Bouchons MAC, le syndicat de l'entreprise existe depuis les années 1960. La nouvelle philosophie de gestion favorisant la conciliation travail-famille constitue une initiative des nouveaux dirigeants qui ont acheté l'entreprise en 1991 plutôt qu'une demande syndicale. Toutefois, l'élaboration des différentes politiques de conciliation travail-famille s'effectue de façon participative avec les employés. Entre autres, les besoins des employés à cet égard sont réévalués chaque année. Par exemple, les parents utilisateurs du service MINIMAC participent à l'évaluation annuelle du programme et à la mise en œuvre de mesures d'amélioration continue. Par ailleurs, toutes les autres mesures présentées (cours de yoga le midi, salle d'entraînement, etc.) relèvent du comité « Mieux-être », qui est composé de membres de la direction et d'employés (dont certains sont syndiqués, d'autres pas), mais qui constitue une instance différente de celle de la négociation collective. À la même question, madame Boulanger mentionne que les mesures de conciliation travail-famille chez TeraXion sont réellement issues de la philosophie de ses fondateurs, eux-mêmes pères de jeunes enfants. L'entreprise n'étant pas syndiquée, ces mesures ne peuvent évidemment pas provenir de pressions syndicales. Cependant, à la suite de la récente vague de mises à pied et afin de pallier un problème de communication décrié par certains employés, l'entreprise a créé un comité d'entreprise, lequel constitue un canal privilégié de communication entre l'entreprise et ses employés.

Toujours sur la question du rôle de l'acteur syndical dans les mesures de conciliation travail-famille, certains participants s'étonnent que chez Bouchons MAC, le syndicat n'ait jamais cherché à s'intégrer au comité « Mieux-être » de façon plus formelle. Ils questionnent également madame Forand concernant l'effet des mesures sur la qualité des relations du travail. Elle constate qu'elles sont excellentes depuis la prise de possession de l'entreprise par les dirigeants actuels. Leur philosophie de gestion, qui privilégie la recherche du bien commun, ainsi que les nombreuses mesures informelles de communication qu'ils ont mises en place ont favorisé l'établissement d'une paix sociale, dont la signature d'une convention collective d'une durée de six ans témoigne bien. Interrogée sur la façon dont ces mesures ont été reçues par le syndicat en place lors de la vente en 1991, madame Forand répond qu'elle n'était pas à l'emploi de l'entreprise à ce moment-là, mais qu'à sa connaissance, face à une menace de fermeture, les employés étaient extrêmement motivés à la suite de l'achat de l'entreprise, d'autant plus que les nouveaux propriétaires étaient d'anciens employés dont la crédibilité était bien établie dans le milieu.

Sur la question de l'attitude des syndicats par rapport à de telles mesures, une intervenante du milieu syndical souligne alors que, de son point de vue, la qualité des gestionnaires a un impact très important sur la qualité des conditions de travail. Et contrairement au préjugé souvent véhiculé, ce ne sont pas les syndicats qui créent les problèmes de relations du travail; ils sont justement formés lorsque ces problèmes deviennent trop importants. D'ailleurs, tel que le souligne cette intervenante, de nombreuses entreprises non syndiquées s'inspirent des conditions de travail des entreprises qui le sont afin de retenir en emploi cette ressource précieuse que sont les travailleurs. Dans le contexte du vieillissement de la population active et de la pénurie de main-d'œuvre à venir, il sera de plus en plus crucial d'offrir aux travailleurs des conditions de travail intéressantes.

Une autre congressiste, qui travaille pour les Forces armées canadiennes, intervient ensuite pour mentionner que dans cette organisation, le contexte (déploiement de troupes, mobilité de la main-d'œuvre d'une base à l'autre, etc.) favorise la mise en place de mesures pour la famille. Depuis les cinq dernières années, beaucoup d'attention a été portée à cette question, par exemple avec l'ouverture de garderies. Certaines solutions évoquées au cours du congrès, comme le télétravail, semblent difficiles à instaurer dans cette organisation étant donné la nature du travail qui y est réalisé. Cependant, l'intervenante juge que les exemples de TeraXion et de Bouchons MAC sont inspirants.

Un participant provenant du secteur public souligne à son tour que les expériences vécues chez TeraXion et chez Bouchons MAC sont très intéressantes et qu'il est rassurant de constater que certains employeurs mettent sur pied des mesures qui facilitent la conciliation de la vie professionnelle et de la vie personnelle. Toutefois, il se questionne quant à savoir comment on peut en arriver à élaborer une telle culture au sein d'une organisation. Il semble que le secteur public soit à des lunes de ces deux expériences vécues dans le secteur privé. À cette intervention, madame Boulanger répond que pour que de telles expériences deviennent réalité, elles doivent être endossées par la direction des entreprises. Voilà une des clés du succès. De plus, les installations mises en place chez TeraXion ont eu un impact à la hausse sur la productivité, ce qui rend les mesures de conciliation rentables pour tous, employeur et employés. De son côté, madame Forand explique que les trois personnes qui ont acheté et transformé l'entreprise en Bouchons MAC en 1991 avaient déjà de la crédibilité dans le milieu ; ils avaient la confiance des travailleurs. Leurs valeurs ont été transmises à l'organisation. Madame Forand suggère que la dimension des entreprises a probablement un rôle à jouer dans la mise sur pied d'une culture facilitant la conciliation. Quand l'entreprise est de plus petite taille, il est plus facile pour les employés et la direction de voir le résultat concret de leurs efforts, ce qui les incite à mettre l'épaule à la roue. Dans ce type d'entreprises, il est possible d'avoir un certain contrôle sur son travail et sur ce qui l'entoure, ce qui n'est pas toujours le cas dans les grandes organisations du secteur public. Madame Forand tient toutefois à préciser qu'il lui arrive parfois de rencontrer de la résistance de la part de certains employés. Tout n'est pas toujours facile.

Un congressiste œuvrant dans le milieu syndical mentionne aussi qu'au cours des dernières années, beaucoup de nouveaux syndicats ont été mis sur pied au Québec. Cela indique que malgré toute la beauté des expériences vécues chez TeraXion, Bouchons MAC et un certain nombre d'autres entreprises, il y a encore plusieurs travailleurs insatisfaits de leur travail et de ce qui l'entoure. Il se questionne aussi par rapport au fait que les mesures mises en place chez TeraXion et chez Bouchons MAC sont somme toute très simples à implanter, mais combien rares. Selon lui, s'il y avait plus d'entreprises comme Teraxion et Bouchons MAC, le mouvement syndical serait probablement en perte de vitesse... À la suite de cette intervention, madame Forand mentionne que si les entreprises acceptaient de réaliser légèrement moins de profit, il leur serait possible de mettre sur pied beaucoup de mesures visant à faciliter la vie des travailleurs et à favoriser le bien commun de la communauté.

Une participante du domaine des assurances explique ensuite que les assureurs seront de plus en plus appelés, au cours des prochaines années, à lancer des programmes de santé pour les employeurs qu'ils couvrent. Par exemple, il peut s'agir d'offrir des rabais dans les centres de conditionnement physique ou de donner des trucs sur Internet visant à favoriser une meilleure santé mentale et physique des employés. Cela sera nécessaire, car les employeurs sont dépassés par les problèmes actuellement vécus par une part de plus en plus importante de leurs employés.

Enfin, une congressiste provenant du secteur public souligne que les deux entreprises, bien qu'ayant mis sur pied des projets intéressants, ne règlent pas la problématique de ne pas avoir de vie « hors du travail ». De fait, les mesures qu'elles ont présentées visent essentiellement à faciliter la vie du travailleur afin que ce dernier puisse continuer à fournir la même prestation en limitant les pépins quotidiens inhérents à la gestion de la vie professionnelle et de la vie familiale. Deux questions se posent, selon elle : Est-ce vraiment ce que les travailleurs recherchent ? Ne désirent-ils pas plutôt diminuer le temps passé au travail et augmenter en qualité celui passé hors du travail ?

Par rapport à cette intervention, un intervenant fait un lien entre les deux expériences vécues et l'exposé de monsieur Paul-André Lapointe en ouverture de congrès. Il mentionne que les travailleurs sont de plus en plus engagés dans leur travail : davantage de travailleurs sont appelés à faire appel à leur savoir, à leur jugement et à leurs connaissances au quotidien. Comme ils ne veulent pas décevoir leurs collègues et employeurs et ils s'en mettent de plus en plus sur les épaules. Cette constatation soulève les mêmes interrogations : Les employés veulent-ils vraiment diminuer leur temps de travail ou souhaitent-ils d'abord et avant tout réussir et satisfaire tout le monde au sein de leur organisation ? On peut aussi se demander si les travailleurs réussissent à « décrocher » de leur travail quand ils sont à la maison. Si tel n'est pas le cas, il faudrait revoir les pratiques de conciliation travail-famille. Le temps passé à la maison ou au travail doit être du temps de qualité.

Atelier 2 – Le professionnel-salarié dans l'organisation a-t-il du temps hors du travail ?

Savoir rester maître de son temps

Claude TESSIER

Je n'aurais pas cru que ma première présentation en carrière dans un congrès porterait sur un sujet aussi étrange que... moi-même ! Dans le fond, pas si étrange que cela, car pour réussir à trouver du temps hors du travail pour soi-même, son couple ou sa famille, il faut, avant tout, être capable de se faire passer avant son travail ou sa carrière. Je vois déjà des employeurs sourciller, mais rassurez-vous, car je crois que cela est possible, sans que cela soit à leur détriment. Pour vous dire à quel point j'ai pu avoir une vision «infernale» du monde du travail et du peu de temps qu'il me resterait pour moi après mes trop longues journées de dur labeur, je n'ai pris aucune chance et, fraîchement sorti de l'université, j'ai entrepris ma vie de travailleur par... une année sabbatique pour aller voir ailleurs si le gazon était plus vert !

J'en suis revenu avec une expérience de vie incomparable et la ferme conviction que le meilleur atout à offrir à un employeur éventuel était un sain équilibre entre la carrière et le temps pour soi. Vingt années plus tard pour le même employeur, je crois avoir réussi à faire passer mon message sans pour autant être considéré comme un actif non corporatif de par ma stricte préservation de mon temps hors du travail.

L'aspect professionnel

En effet, depuis le début de ma carrière chez Roche ltée en 1984, j'ai toujours tenté, autant que faire se peut, de faire une nette démarcation entre mes heures régulières de travail et celles que je voulais consacrer à mes temps libres, mon couple ou ma famille.

J'ai toujours pensé que des heures de qualité données à mon employeur, mais sans faire d'abus du côté du temps supplémentaire, était pour moi une question de sain équilibre qui, à long terme, ne pouvait qu'établir une relation gagnant/gagnant. Œuvrant dans une grande compagnie, je n'ai pas eu à faire de représentation ou de recherche de contrats qui auraient nécessairement comporté de faire des heures en dehors de mon horaire régulier. Au début de ma carrière, je pensais que ce genre de responsabilités était étroitement lié à l'avancement au sein d'une entreprise de service.

Je fus donc le premier surpris de me voir offrir de devenir actionnaire après huit années de service. On m'expliqua qu'on recherchait un équilibre entre ceux qui dirigeaient les destinées de la compagnie, ceux dont la tâche principale était de rechercher des contrats et, enfin, ceux qui devaient les réaliser. Cette période a également correspondu à celle où j'entrepris ma vie de couple et de père de famille ; ce qui ne pouvait, en mon âme et conscience, que me conforter encore plus dans mon choix de rester maître de mon temps.

Le premier obstacle rencontré dans la bataille du travail contre soi pourrait être l'ambition d'en faire toujours plus et de gravir un à un les échelons de la hiérarchie d'une entreprise. L'impact qu'a pu avoir mon attitude sur ma carrière a probablement été de me fidéliser vis-à-vis de mon employeur, car à plusieurs reprises, j'ai refusé des offres d'emploi qui auraient été un avancement sur le plan strictement professionnel, mais un recul sur le plan personnel par rapport à la perte du contrôle de mon temps que ces nouveaux défis auraient représentés. Je dois probablement commencer à être connu dans le milieu, car depuis quelques années, les chasseurs de têtes ne sont plus trop actifs de mon coté. Donc, de par mon mode de fonctionnement, le défi pour moi a toujours été de faire en sorte de pouvoir m'organiser pour donner des heures de qualité à mon employeur sans que mes responsabilités hors du travail ne viennent diminuer mon entrain ou mon rendement.

Est-ce que le fait de mettre une limite à sa disponibilité pour son employeur peut être un obstacle à la rencontre des attentes d'un client ? Bien sûr, plus on aligne des heures pour rencontrer un échéancier, plus on a de chances de le respecter ; mais par expérience, j'ai pu me rendre compte que, de toute façon, il y aura toujours une information importante qui tardera à être fournie par le client ou bien une autorisation d'une autorité gouvernementale qui ne suivra pas la cadence que vous auriez voulu imposer au projet et qui fera en sorte que le point final ne pourra pas être apposé plus rapidement.

Le fait de ne pas déléguer assez en cours de réalisation et de se rendre indirectement indispensable pour un projet donné peut être un obstacle à une saine gestion de son temps libre hors du travail. En effet, le fait d'être le seul à pouvoir compléter un dossier oblige à une surcharge de travail lorsque de nouveaux projets nous sont confiés. Chez Roche ltée, du côté organisationnel dans la gérance de projets, nous avons toujours privilégié, au sein de notre équipe de travail, une approche client qui fait en sorte qu'il y a toujours une deuxième personne qui peut prendre la relève en l'absence du directeur principal, soit pour répondre au client, soit pour prendre la charge du projet temporairement ou de façon permanente si de nouvelles responsabilités ne nous permettent plus de livrer à temps. Et cela ne se fait pas nécessairement au détriment de l'efficacité et de la profitabilité, car les multiples facettes d'un projet d'ingénierie (étude, conception, plan et devis, suivi de construction, etc.), qui finissent toujours par se ressembler d'un projet à l'autre, font en sorte qu'il est relativement facile d'inclure un autre professionnel en cours de réalisation pour nous épauler ou prendre la relève le cas échéant.

De façon à créer un sentiment d'appartenance au sein du personnel et s'adapter aux besoins changeant de ses employés, plusieurs mesures et politiques ont été mises en place chez Roche. Au début de ma carrière, nous avions droit à un horaire d'été qui nous permettait de réorganiser nos heures de façon à libérer notre après-midi du vendredi. C'était une politique très appréciée et lorsqu'elle a été abolie pendant quelques années, en même temps que nos heures de travail ont été augmentées de 37,5 à 40 heures par semaine à cause d'une situation financière plus difficile, il y a eu, bien sûr, du mécontentement et, aussi, une raison de plus de regarder ailleurs ou de ne pas postuler pour un emploi chez Roche. Il devenait donc difficile d'attirer des candidats de valeur, car en plus de ne pouvoir offrir les meilleurs salaires sur le marché, l'horaire de travail n'avait rien d'attirant. Ainsi, lorsque le ciel bleu de la rentabilité est revenu, l'horaire de travail a été ramené à 37,5 heures par semaine et l'horaire d'été a été réintroduit pour finalement devenir possible à l'année pour ceux qui le désiraient. Il s'agit de se trouver au bureau un vendredi après-midi pour prendre conscience de la popularité d'une telle politique qui permet d'avoir quelques heures pour soi, pour faire quelques courses sans les enfants et, ainsi, avoir du temps de meilleure qualité à leur consacrer pendant les fins de semaine. Depuis l'année dernière, il a été aussi offert à tout le personnel la possibilité de réduire ses heures et de travailler quatre jours par semaine. Les objectifs et les avantages pour l'employeur d'une telle politique sont multiples :

– augmenter l'éventail des possibilités relatives à l'organisation du travail pour fidéliser le personnel et attirer des candidats de valeur en leur faisant voir que l'herbe est plus verte... chez nous ! ;

– diminuer la masse salariale sans nécessairement diminuer le rendement proportionnellement à la réduction des heures de travail. En effet, je crois que de pouvoir profiter d'un tel horaire et d'avoir plus de temps pour soi fait en sorte que les heures travaillées sont plus efficaces ;

– diminuer la masse salariale dans une certaine proportion dans les salaires les plus élevés de la compagnie permet de dégager une marge de manœuvre pour recruter de jeunes professionnels et pouvoir les former au contact du personnel d'expérience ;

– en prévision d'une pénurie probable de personnel qualifié dans un avenir plus ou moins rapproché, offrir une telle possibilité peut, à mon avis, faire en sorte que l'heure de la retraite soit repoussée, car on ne sera pas rendu au bout du rouleau aussi rapidement, faisant ainsi profiter l'employeur un peu plus longtemps d'une expérience inestimable.

Pour l'employé qui prend la décision de profiter d'une telle possibilité, qu'il soit en fin de carrière ou en manque de temps pour lui, j'estime que le gain en qualité de vie compense amplement la perte de revenu. À m'entendre parler depuis tout à l'heure, vous ne serez pas surpris d'apprendre que j'ai été un des premiers à souscrire à cette politique, au grand plaisir de mon épouse qui travaille trois jours par semaine depuis bientôt quatre ans et qui s'en porte très bien merci. Cette journée libre à deux est très appréciée, que ce soit pour partager les corvées de la maison, les emplettes ou tout simplement passer du temps ensemble. De plus, nous sommes beaucoup plus disponibles pour nos enfants pendant les fins de semaine.

En résumé, la réflexion qui s'impose, à mon avis, à un moment ou l'autre d'une carrière, est de choisir une qualité de vie et un équilibre personnel *versus* un « avancement » professionnel et un revenu maximisé. Je me permets ici d'ouvrir une parenthèse sur une décision familiale qui a été prise dans mon couple il y a quelques années. Face à un stress croissant au travail et à la difficulté de concilier notre vie professionnelle et notre vie familiale de façon satisfaisante, nous avons décidé d'un commun accord que mon épouse quitterait son emploi le temps de faire le point et de prendre les mesures nécessaires pour avoir le contrôle de son temps. Sans savoir si elle retournerait sur le marché du travail, la décision a été prise en tâchant de ne pas ériger en obstacle la perte d'un revenu important. Cette pause dans sa carrière a été pour elle l'occasion de se réorienter et de reprendre le collier, mais à ses conditions : deux jours par semaine pour débuter et maintenant, trois jours ; le bonheur total, surtout depuis que je l'ai rejointe dans le « club du temps partiel ».

L'aspect familial

En dehors de l'empiètement que peut avoir le travail sur la vie personnelle, les plus beaux « obstacles » auxquels on peut avoir à faire face sont, bien entendu, les enfants qu'on décide de mettre au monde pour le meilleur et pour le pire ou qui viennent en prime avec une nouvelle conjointe. Encore là, il faut établir ses priorités et s'organiser pour que la conciliation travail-famille ne se fasse pas au détriment de l'équilibre personnel.

Quoi faire pour s'adapter à une nouvelle réalité de parents, en plus des horaires de travail respectifs décrits précédemment et qui en découlent directement ?

Avoir plus d'un enfant

Ironiquement, je crois qu'avoir plus d'un enfant, et le plus rapproché possible en âge, est, outre le plus beau cadeau qu'on puisse leur faire, une partie de la solution pour respirer un peu un fois le temps des couches passé... En effet, malgré avoir eu les bras pleins pendant quelques années, on ne compte plus les heures de jeux (et de chicanes) que les enfants ont eues et ont encore entre eux sans qu'on ait à faire de l'animation à temps plein.

La garde des enfants

Notre solution pour ne pas avoir à courir le ventre à terre et de toujours avoir l'air de zombies face à nos enfants a été de les faire garder à la maison jusqu'à l'âge de trois ans. Il y a eu, bien sûr, le stress d'engager la meilleure personne pour s'occuper de nos petits trésors, mais quel bienfait de partir le matin alors qu'ils dorment encore et profitent aussi beaucoup d'être à l'écart du tourbillon matinal et de celui du retour à la maison que vivent la plupart des enfants en bas âge. Est-ce que la garde des enfants à la maison devrait profiter d'une certaine forme de subvention ? Pourquoi pas, car c'est avec des enfants en bas âge que le travailleur est le plus sollicité et qu'il a besoin de plus d'appui et de ressources. En résumé, un travailleur qui court moins est, à mon avis, plus efficace et plus productif et il est moins susceptible de s'absenter pour des périodes plus ou moins longues pour des motifs d'épuisement.

Le temps libre des enfants ou avec les enfants

Nous nous sommes toujours organisés pour ne pas retourner au bureau le lundi matin plus fatigués que le vendredi. Cela dit, il n'était donc pas question de nous enrôler dans une foule de cours à gauche et à droite, et ce, multiplié par trois, histoire de répondre à la demande des petits. Les activités de ce genre sont donc choisies en fonction des goûts de chacun tout en considérant le lieu et l'horaire, c'est-à-dire le plus possible en même temps et au même endroit ou en activité parascolaire après les heures régulières de classe.

Conclusion

En résumé, le fil conducteur de mon intervention est peut être un peu en divergence avec le thème de cet atelier, à savoir que je n'ai jamais accepté que des obstacles d'ordre professionnel viennent interférer dans ma vie personnelle. À partir du moment qu'un employeur réalise que le travail rendu en est un de qualité, année après année, l'apport d'un individu au sein d'une entreprise prend de plus en plus de valeur, car son expérience devient inestimable et compte beaucoup plus que les heures supplémentaires à son actif. Cette richesse est davantage mise en évidence lorsque de tels individus doivent s'absenter pour des périodes plus ou moins longues pour des raisons de santé ou bien qu'ils changent d'emploi alors qu'ils trouvent que leur « citron » y est trop pressé. À mon avis, à moyen ou à long terme, tout le monde (employeur/ employé) finit par être gagnant si la politique interne favorise l'individu sans pour autant que cela soit fait au détriment de l'employeur. Il y aura toujours des décisions économiques à prendre, mais il s'agit d'établir ses priorités et de faire ses choix en étant conscient que la personne la plus importante dans notre vie, c'est soi même.

Pour terminer, je voudrais faire un parallèle entre l'époque de mes parents, l'époque actuelle et ce qui serait idéal. Du temps de mes parents, les familles étaient plus nombreuses, les mères étaient à la maison et on ne connaissait pas beaucoup les pères, car ils vivaient en fonction de leur travail. De nos jours, les familles se comptabilisent en fraction d'enfants dans les statistiques, les deux parents font carrière et ils voudraient que la société prenne de plus en plus de place dans l'éducation de leurs enfants.

L'idéal ne serait-il pas deux carrières à temps partiel et une politique familiale encourageant les familles plus nombreuses pour compenser le poids économique d'un tel mode de vie. De là à croire que notre société ne serait que plus équilibrée (enfants et parents) et plus dynamique dans son évolution, il n'y a qu'un pas, que je vous encourage à franchir en tant qu'intervenants et décideurs.

La maîtrise de son temps : une course à obstacles

7

Carol ROBERTSON

Le temps hors du travail

La question de temps hors du travail pour le professionnel salarié est peut-être plus complexe qu'elle ne paraît au premier abord. Y répondre exige, en effet, de bien cerner cette notion, c'est-à-dire celle de temps libre. Considéré sous cet angle, temps hors du travail signifie temps où l'esprit et le corps sont libres par rapport au travail, donc bien au-delà du temps hors des lieux de travail ou des heures formellement identifiées en tant qu'heures de travail.

Les contraintes de temps

Dans un contexte de mondialisation où efficacité et productivité riment avec compétitivité et performance, le temps s'avère plus que jamais tel un défi pour le professionnel salarié. Comment faire, en effet, pour vivre son engagement envers l'entreprise et sa profession tout en évitant le piège de la course effrénée et les risques liés à l'excès de travail ? Le professionnel salarié jouit souvent d'une grande autonomie dans le cadre de ses fonctions, mais en contrepartie, ses responsabilités sont multiples et les assumer exige de lui une grande disponibilité. On peut même considérer que plus l'autonomie est grande plus le temps disponible est rare. De plus, répondre aux exigences et aux attentes de l'entreprise, modulées sur des objectifs et des contraintes variés, entraîne fréquemment des heures de travail prolongées, des conflits d'horaire ou un emploi du temps quelquefois imprévisible. L'explosion des connaissances et la surmultiplication des moyens de communication sont également à l'origine d'exigences accrues à l'égard du professionnel salarié. Demeurer à la fine pointe de sa profession et acquérir de nouvelles connaissances demande que l'on y consacre le temps nécessaire, denrée qui se fait rare quand les mandats sont complexes et les échéanciers serrés. Certes, optimisation des compétences et « réseautage » font partie du travail, mais ils prolongent souvent des heures déjà trop longues et n'en constituent pas moins une autre forme d'obligation qui s'y relie.

Ce n'est pas sans raison que la gestion du temps est devenue un enjeu au cœur de la vie des professionnels. Or, gérer son temps ne signifie pas le maîtriser et entre gérer et maîtriser, les obstacles sont nombreux. La maîtrise du temps de travail dans le but

de bénéficier de temps hors du travail exige non seulement de l'organisation personnelle, mais également des circonstances propices. Si l'organisation personnelle est un
domaine sur lequel la personne peut agir, il en va parfois autrement des circonstances
propices qui relèvent de l'entreprise, de l'entourage ou de la famille.

Des pistes de solutions

La maîtrise du temps pour le professionnel salarié peut quelquefois sembler être
une perpétuelle course à obstacles dont le fil d'arrivée s'éloigne à chaque pas. Cependant, ce problème n'est pas sans issue. Des solutions existent et malgré les contraintes
de temps inhérentes à la vie professionnelle, plusieurs pistes peuvent être explorées
pour aider à améliorer le contrôle du temps consacré au travail et ainsi augmenter la
maîtrise du temps hors du travail.

Selon plusieurs experts, une des pistes de solutions consisterait à identifier les
éléments qui interviennent pour limiter le temps devant normalement être dévolu à la
réalisation des dossiers. Cette identification est primordiale, puisque les voleurs de
temps engendrent insatisfaction, stress et retard dans l'exécution des mandats. Parmi
eux, quelle que soit la profession exercée, on retrouverait, entre autres, les communications non sollicitées : appels téléphoniques, courriels, collègues et collaborateurs à
la recherche d'une solution à un problème, visiteurs non annoncés. À l'origine des
principales pertes de temps se retrouveraient au même titre les réunions trop fréquentes ou mal préparées. La difficulté à dire non ainsi que la délégation insuffisante
constitueraient également des obstacles majeurs au contrôle efficace du temps de
travail. Il n'est pas toujours possible d'éviter de répondre à un collègue, d'éconduire
un visiteur impromptu ou de refuser une demande, mais il est primordial d'identifier
les éléments perturbateurs qui limitent le temps normalement consacré à mener à bien
les dossiers, engendrant par le fait même du retard dans la réalisation des mandats et
accroissant ainsi la difficulté de concilier temps au travail et temps hors du travail.

Dans un autre ordre d'idées, la culture de l'entreprise peut faire obstacle ou favoriser une saine répartition du temps de travail et du temps personnel. L'organisation
du travail est au cœur de l'utilisation du temps en milieu de travail, la distribution des
dossiers, leur nombre, l'échéancier pour la réalisation des mandats et l'atteinte des
objectifs sont des éléments incontournables de la répartition des heures entre temps
de travail et temps personnel. Les attentes sont souvent grandes à l'égard des professionnels, elles doivent néanmoins être réalistes. Des années de réorganisations et de
coupures ont, en plusieurs endroits, accru de façon sensible l'ampleur de la tâche
confiée aux professionnels salariés, multipliant les problèmes reliés à la surcharge et
au stress et rendant par le fait même encore plus difficile le problème de la répartition
du temps entre celui pour l'entreprise et celui pour soi. La maîtrise du temps en milieu de travail requiert un certain pouvoir dont le professionnel salarié est rarement
imparti, rendant plus complexe encore la conciliation travail et vie personnelle.

Les professionnels salariés manifestent en général de l'engagement par rapport à l'entreprise et beaucoup d'intérêt et de motivation à l'égard des mandats qui leur sont confiés. Cette conscience de l'importance de la tâche à accomplir et des responsabilités à assumer n'est pas sans influencer le nombre d'heures consacrées au travail, et ce, même à l'extérieur du cadre formel du travail. Être à l'extérieur du travail ne signifie pas nécessairement que l'esprit en est libéré ; or, les heures consacrées à la réflexion et à la recherche d'idées nouvelles ou de solutions s'effectuent souvent ailleurs qu'en milieu de travail et faussent ainsi l'utilisation du temps consacré au travail par rapport au temps hors du travail.

L'équilibre nécessaire

Prendre conscience de l'emprise du travail sur le temps, sur la vie, constitue le premier pas vers un équilibre entre temps consacré au travail et temps hors du travail. Les risques liés à la surcharge de travail sont maintenant bien connus tant en ce qui a trait à la santé qu'à la vie personnelle et familiale. Au-delà de ces inconvénients, la fatigue intellectuelle et la démotivation engendrées par l'excès de travail ne sont bénéfiques ni pour l'individu ni pour l'entreprise. Les exigences à l'égard des professionnels sont nombreuses et pour y répondre adéquatement un sain partage entre vie personnelle et vie professionnelle s'impose aujourd'hui plus que jamais. Les difficultés inhérentes à la conciliation du temps de travail et du temps hors du travail sont probablement inévitables pour la plupart des professionnels salariés, mais puisque chaque problème porte en lui sa propre solution, il convient d'analyser attentivement chacune des situations afin de développer les moyens d'assurer un équilibre entre travail et vie personnelle.

Synthèse des interventions[1]

Cet atelier visait principalement à cerner la question du temps hors du travail pour le professionnel dans l'organisation. Lors des discussions, une évaluation de cette notion et un exposé des contraintes de temps sont successivement abordés. Par la suite, la mise en évidence des contraintes invite les participants, tant du milieu patronal que syndical, à une réflexion sur les stratégies individuelles et collectives à adopter. Les panélistes et les participants à l'atelier se sont livrés à des témoignages basés sur leur expérience de gestion du temps dans leur vie et leur organisation. Le contenu des discussions met en évidence les caractéristiques particulières du travail du professionnel-salarié, les contraintes de temps que le travail lui impose et les pistes de solutions envisagées.

Les caractéristiques du travail du professionnel-salarié

Le professionnel-salarié assume de nombreuses tâches, entre autres, celle de servir un client, un travail important où il gère une relation sociale parfois accompagnée d'émotivité. De plus, son rôle d'expert exige une mise à jour constante de ses connaissances par l'entretien d'un réseau de contacts ou, encore, par la poursuite d'études et de formations complémentaires. Il a, en outre, des responsabilités de direction compte tenu qu'il s'occupe d'une multitude de cas complexes et qu'il pourra avoir des salariés sous ses ordres advenant un avancement. Un autre des traits communs aux professionnels est la présence d'une culture forte qui valorise le travail, le dépassement, l'engagement personnel, la prise de responsabilités et l'avancement.

Ces rôles et responsabilités qui incombent aux professionnels ont pour conséquence de modeler leur emploi autour de certains attributs. Le travail essentiellement intellectuel fait en sorte que son lieu d'exercice est partout où le cerveau est disponible pour y penser (bureau, voiture, maison, etc.). Le travail est beaucoup moins encadré parce que le professionnel est autonome et qu'il dispose d'une grande liberté pour l'organiser. Cette autonomie n'écarte en rien l'obligation de performer et le professionnel moins supervisé doit tout de même livrer des résultats d'une qualité irréprochable dans des délais toujours plus courts. Ainsi, le professionnel qui pense constamment à son travail en augmente la charge.

---

[1]   Préparée par Félix Dionne, étudiant à la maîtrise, et Catherine Le Capitaine, étudiante au doctorat, Département des relations industrielles, Université Laval.

Les contraintes du temps

Les exigences du travail du professionnel lui imposent des contraintes importantes de temps. Celui qu'il accorde au travail inclut aussi celui qu'il passe à y penser en dehors de l'horaire normal et lieu permanent. De plus, le caractère complexe et imprévisible du rôle de servir un client crée des situations d'urgence qui le poussent à outrepasser l'horaire régulier. Il lui est également difficile de reporter le travail ou de dire non, car des réponses précises sont attendues de lui immédiatement. Du côté de son rôle d'expert, le professionnel doit consacrer une partie de son temps à la mise à jour de ses connaissances. Enfin, son désir d'avancement le motive à accroître ses responsabilités et à en faire plus. Bref, le professionnel est forcé d'augmenter sa charge de travail d'une multitude de façons.

Des pistes de solutions

Devant de tels constats, il est essentiel d'identifier les pistes de solutions à prioriser. Les propositions des intervenants et des congressistes sont de l'ordre des stratégies individuelles ainsi que des stratégies collectives dans l'organisation. La panoplie des idées véhiculées lors de la discussion révèle que nous sommes loin d'une solution unique face à la complexité du problème.

Les stratégies individuelles caractérisent les principales pistes de solutions préconisées. Parmi les recommandations évoquées, la préservation de l'équilibre entre le temps passé au travail et celui passé hors du travail, loisirs, famille, etc., est une source fondamentale de respect envers soi-même et de bien-être psychologique. Pour y parvenir, la gestion des priorités (les clients, par exemple), la planification d'une marge de manœuvre dans les échéanciers (plus de temps que nécessaire pour faire face aux éventuels imprévus) et la capacité de déléguer, de refuser certaines responsabilités et de développer des réseaux de connaissances externes sont les principales pistes à privilégier. En outre, l'identification de ses limites et la conscience du danger d'en faire toujours plus facilitent la stabilité.

Quant aux stratégies collectives, elles concernent les mesures prises dans l'organisation. Les professionnels sont avant tout fervents d'autonomie dans la gestion de leur emploi du temps. La possibilité de travailler à la maison, l'établissement d'horaires flexibles et la réduction du temps de travail (la semaine de quatre jours, par exemple) sont des mesures qui encouragent et qui préservent la liberté et l'équilibre qu'ils recherchent. De plus, le travail en équipe est un élément clé pour éviter leur isolement et pour encourager le soutien et la solidarité entre collègues de travail. Par ailleurs, les avantages tels les vacances, les congés pour récupération et les congés personnels sans justification sont prisés par les intervenants et les congressistes et ils doivent être offerts. Comme l'ont fait remarquer plusieurs participants, ce n'est pas l'organisation qui va forcer le professionnel à prendre ces congés. Finalement, les pratiques de gestion des ressources humaines doivent assumer un leadership dans la définition de ce que doit être la motivation, l'engagement et la performance des professionnels pour l'organisation afin de les fidéliser et de les conserver à son emploi.

Conclusion

La notion de temps hors du travail chez le professionnel était l'objet de cet atelier. Selon les participants, il est possible de concilier vie personnelle et vie professionnelle en s'en accordant. La recherche de l'équilibre en maintenant une vie hors du travail est relevée unanimement parmi les congressistes. La responsabilité incombe à l'individu, mais également aux organisations qui doivent développer une culture en ce sens. La discussion n'a pas réellement conduit à une réflexion sur les stratégies provenant d'une action collective organisée ou de politiques publiques. Seule une invitation à de meilleures politiques familiales et à la retraite progressive ont été soulignées. Les organisations syndicales également ont été conviées à se préoccuper davantage des attentes des professionnels. Bien que les stratégies individuelles aient été les premières pistes mises en avant par les intervenants et les congressistes, il se dégage de la discussion que la contrainte relative au temps est aussi une responsabilité collective. Les stratégies dégagées lors de la discussion sont essentiellement normatives ; elles ne sont pas si facilement appliquées. Leurs réalisations doivent être une priorité non seulement pour les professionnels, mais également pour les entreprises, les organisations syndicales et l'État.

Atelier 3 – Le travail autonome et la maîtrise du temps de travail

Le travail autonome : voie de dépassement ou figure exemplaire du travail tentaculaire ?

Martine D'AMOURS

Le travail autonome ou indépendant[1] est un observatoire privilégié des mutations à l'œuvre dans le monde du travail : tendance à rémunérer le résultat du travail plutôt que le temps de travail, individualisation de la protection contre les risques sociaux et professionnels, brouillage des frontières entre travail et hors-travail. On peut dès lors se demander si le travail autonome est une voie de dépassement ou, au contraire, une figure exemplaire du travail tentaculaire. Plus précisément, si on le compare au travail au sein d'une organisation, le travail autonome offre-t-il davantage de possibilités de concilier le travail et les responsabilités familiales ? Permet-il l'aménagement des transitions entre les étapes de la vie professionnelle, notamment en fin de carrière ? La présente contribution souhaite apporter quelques pistes de réflexion sur ces questions à partir d'un bref tour d'horizon de la documentation statistique et scientifique et des résultats de recherches menées au sein du Groupe de recherche sur les transformations du travail, des âges et des politiques sociales (TRANSPOL).

Une grande diversité de situations

Avant d'aller plus loin, il importe de préciser que l'appellation « travailleur autonome » couvre des réalités extrêmement diversifiées, d'une part entre les employeurs et ceux qui travaillent à leur propre compte, sans employés, et d'autre part à l'intérieur de chacun de ces deux sous-groupes. Ainsi, il y a davantage de travailleurs à temps partiel, de femmes et de travailleurs à faibles revenus chez les travailleurs indépendants à leur propre compte (TIPC) que chez les employeurs. Selon Schetagne (1999), une frange privilégiée regroupe les travailleurs autonomes incorporés avec

---

[1]   Dans cet article, nous utilisons les expressions « travail autonome » et « travail indépendant » comme des synonymes.

ou sans aide rémunérée, fortement scolarisés, très expérimentés, travaillant à temps plein. Leurs revenus sont généralement supérieurs à ceux des salariés et ils bénéficient de protections contre les risques sociaux. À l'autre extrémité, les travailleurs autonomes « appauvris » recourent généralement à cette activité à défaut de détenir un emploi salarié et travaillent un grand nombre d'heures pour un salaire inférieur au salaire moyen. Ils ne bénéficient généralement pas de protections contre les risques. Finalement, nos recherches sur les travailleurs indépendants à leur propre compte ont mis en lumière l'hétérogénéité des occupations, des niveaux de scolarité et de revenus, des types de clientèle, du degré de contrôle sur le travail et du niveau de couverture contre le risque. Ainsi, le contrôle de l'organisation du travail, réputé principale caractéristique du travail indépendant, n'est pas le fait de tous les répondants, ni sur tous les aspects ; il est fortement correlé avec l'abondance ou la rareté de la clientèle et plus faiblement correlé avec le statut professionnel du travailleur (D'Amours, 2003 ; D'Amours et Crespo, 2002).

Flexibilité ou rémunération ?

L'étude des données statistiques canadiennes récentes (DRHC, 2002), à l'aide des deux variables clés que sont le genre et le statut (à son propre compte *vs* employeur), révèle, d'une part, qu'un pourcentage significatif de femmes et de travailleurs autonomes à leur propre compte citent la flexibilité des horaires, la possibilité de mieux concilier travail et famille et le fait de travailler à la maison comme des motifs d'établissement dans cette forme de travail (tableau 1) et comme des motifs de satisfaction qui lui sont associés (tableau 2). D'autre part, comme en font foi les travaux de Hugues (1999), ces deux sous-groupes sont aussi ceux qui tirent du travail autonome les revenus les plus faibles (tableau 3). Ils révèlent également que les écarts de rémunération entre les hommes et les femmes sont plus élevés dans le travail autonome que dans le salariat.

TABLEAU 1

Principales raisons d'être devenu travailleur indépendant*

	Hommes %	Femmes %	TIPC %	Employeurs %
Indépendance, liberté, être son propre patron	42,1	24,0	35,1	37,5
Avoir le contrôle, sens des responsabilités, etc.	8,7	4,6	5,7	9,1
Défi, créativité, succès, satisfaction	9,7	10,1	7,9	11,8
Heures de travail plus flexibles	5,3	10,2	9,6	4,2
Équilibre entre travail et famille	1,7	13,2	7,7	3,0
Possibilité de gagner plus d'argent	8,6	5,2	6,8	8,2
Obligé d'être travailleur indépendant	5,8	7,8	6,8	6,0
S'est joint ou a repris l'entreprise familiale	9,5	8,8	6,8	11,8

*   21,8 % des travailleurs ne sont pas devenus indépendants parce qu'ils ne trouvaient pas d'emploi rémunéré acceptable.

Source : Benoit Delage, 2002, *Enquête sur le travail indépendant au Canada*, Développement des ressources
humaines Canada, p. 29.

TABLEAU 2

Aspects du travail qui plaisent le plus aux travailleurs indépendants

	Hommes %	Femmes %	TIPC %	Employeurs %
Indépendance, liberté	47,7	28,1	39,5	43,7
Avoir le contrôle, prendre des décisions	11,3	8,1	7,9	13,2
Défi, créativité, succès	13,9	13,3	9,9	18,1
Heures plus flexibles	12,2	17,0	16,8	10,2
Équilibre travail-famille	3,4	12,4	7,9	4,4
Travailler à la maison	1,1	11,5	6,6	2,0

Source : Benoit Delage, 2002, *Enquête sur le travail indépendant au Canada*, Développement des ressources
humaines Canada, p. 33.

TABLEAU 3

Revenu d'emploi moyen, selon le sexe et le statut d'emploi, Canada, 1996

Tous les travailleurs	Salariés	TIPC	Employeurs
Hommes	40 740	25 346	43 891
Femmes	27 111	15 070	27 642
Revenu des femmes en % des hommes	66,5	59,5	63,0
Travailleurs à plein temps, toute l'année			
Hommes	44 077	28 067	45 522
Femmes	32 109	18 893	31 488
Revenu des femmes en % des hommes	72,8	67,3	69,2

Source : Karen D. Hugues, 1999, *Gender and Self-employment in Canada : Assessing Trends and Policy Implications*, Canadian Policy Research Networks, Study no. W/04.

Cette tendance avait déjà été mise en évidence par un certain nombre de travaux scientifiques : les femmes, en particulier les mères de jeunes enfants, citent la flexibilité des horaires et la situation familiale comme motifs d'entrée dans le travail indépendant, alors que les motifs des hommes ne sont pas ou peu liés à leur rôle parental (Boden, 1999 ; Arai, 2000). Comparant les « déterminants » du travail indépendant masculin et féminin, Carr (1996) conclut que les caractéristiques familiales des femmes (statut marital, statut parental, âge des enfants) sont des prédicteurs significatifs du travail indépendant féminin, alors que les caractéristiques du capital humain (éducation, âge, expérience de travail) sont des prédicteurs significatifs du statut d'indépendant chez les hommes et chez les femmes. S'appuyant sur une analyse de genre, cette auteure présente le travail indépendant comme une voie d'échappement prise par les femmes (notamment celles qui sont éduquées et qui peuvent compter sur le revenu d'un conjoint) face au peu de flexibilité dans le secteur salarié, une forme de travail atypique permettant la conciliation travail-famille. Pour sa part, Hundley (2000) démontre que les revenus des femmes travailleuses autonomes américaines déclinent avec le fait d'être mariée, la taille de la famille et les heures de travail au foyer, alors que ceux des hommes augmentent selon les deux premières variables. Le même modèle existe chez les salariés, mais de façon moins prononcée.

Nos recherches, basées sur un échantillon de près de 300 travailleurs indépendants[2], sans employés, aboutissent à des résultats similaires. Le modèle féminin de

---

[2]   Comme l'échantillon constitué pour cette recherche contenait une surreprésentation de professionnels détenteurs d'un diplôme universitaire, les pourcentages cités ici ne peuvent être généralisés à l'ensemble des travailleurs indépendants. Ce qu'il faut retenir, c'est qu'à niveau de scolarité équivalent, les femmes travailleuses autonomes sont beaucoup moins bien rémunérées que leurs collègues masculins.

travail indépendant paraît être construit sur une division sexuelle des tâches et des revenus au sein du ménage. Une proportion somme toute importante des femmes (autour de 17 %) deviennent travailleuses indépendantes par désir de concilier vie professionnelle et vie familiale, mais elles tirent de ce travail des revenus en moyenne bien inférieurs à ceux des hommes ; ainsi, 54,8 % des femmes, comparativement à 21,8 % des hommes, ont un revenu personnel inférieur à 20 000 $, et ce, même si les deux sous-groupes comptent des proportions équivalentes de professionnels scolarisés. Par ailleurs, il n'y a pas de différence significative concernant le revenu familial selon le genre, ce qui donne à penser qu'à l'intérieur du couple, les femmes assument la flexibilité au prix d'une rémunération moindre, alors que les hommes compensent le manque de flexibilité de leur emploi par des gains plus élevés (D'Amours et Crespo, 2002).

Arbitrages individuels, quasi-absence de protection collective

De façon générale, les travailleurs autonomes disent que cette forme de travail leur permet de mieux maîtriser leurs horaires de travail (Delage, 2002). Mythe ou réalité ? D'abord, ce n'est pas le cas pour tous : par exemple, la gardienne à domicile offre la même disponibilité qu'une garderie et le technicien d'éclairage doit travailler selon les horaires des spectacles établis par le producteur qui l'embauche. Par ailleurs, même chez ceux qui contrôlent le cadre dans lequel s'exerce leur travail, les études concluent plutôt à une inégalité et à une incertitude dans la répartition du temps de travail, les périodes de surcharge alternant avec des périodes plus tranquilles, voire creuses. Comme l'illustre une recherche réalisée parmi des professionnels scolarisés détenteurs d'emplois atypiques dans des secteurs liés à l'économie du savoir (Spoonley et al., 2002), cette situation est liée au caractère variable de la demande, au fait que des travailleurs ne peuvent ou ne veulent refuser des contrats ainsi qu'aux délais serrés associés à certains de ces contrats. L'étude met en lumière les stratégies déployées par ces travailleurs pour gérer leur rapport au temps et à l'espace, notamment l'interface entre le travail rémunéré et les activités domestiques, tout en répondant aux exigences de performance et de qualité requises par la clientèle.

Nos travaux font apparaître de semblables arbitrages effectués par les individus dans le but d'atteindre la meilleure combinaison possible de temps de travail et de revenu, en tenant compte du risque de perte potentielle de clientèle entraînée par le refus de certains contrats. Quelques exemples serviront à illustrer le propos. Après plus d'un mois de travail en continu, une traductrice a décidé de se réserver une journée de congé par semaine et une fin de semaine de congé sur deux. Comme les délais fixés par ses clients sont très courts (24 ou 48 heures), ce choix l'amène à refuser certains contrats. C'est un risque qu'elle peut prendre maintenant que la demande pour ses services est importante, mais qu'elle n'aurait pu se permettre au début de sa pratique. Une correctrice a opté pour le travail autonome parce que cette forme de travail lui permettait de mieux assurer la garde de son enfant tout en accommodant les horaires de travail irréguliers de son conjoint. Elle doit cependant travailler certains soirs et fins de semaine pour boucler ses contrats dans les délais impartis. Un professionnel dans le domaine des sciences pures raconte qu'il réclame des honoraires inférieurs à ceux qu'il pourrait obtenir parce que cette pratique induit une flexibilité chez les clients ; ceux-ci sont plus souples quant aux échéanciers, ce qui permet au travailleur d'éviter les surcharges de travail sans être obligé de refuser certains contrats.

Au total, et quel que soit le degré de maîtrise qu'ils exercent sur leurs horaires, les travailleurs autonomes travaillent un nombre d'heures moyen plus élevé que les salariés (tableau 4) et ces longues heures, ainsi que la rareté des vacances, sont citées parmi les motifs de désagrément du travail autonome, autant chez les hommes que chez les femmes, mais plus chez les employeurs que chez les travailleurs à leur propre compte (tableau 5). Par contre, le manque d'avantages sociaux est identifié comme un inconvénient, plus par les femmes que par les hommes et plus par les travailleurs à leur propre compte que par les employeurs.

TABLEAU 4

Semaine de travail moyenne, selon le sexe et le statut d'emploi, Québec, 1997

	Salariés %	TIPC %	Employeurs %
Les deux sexes	35,2	39,1	49,2
Hommes	37,7	43,0	50,1
Femmes	32,4	33,9	45,6

Source : Institut de la statistique du Québec (2001), *Portrait social du Québec : données et analyses*, p. 240.

TABLEAU 5

Aspects du travail indépendant qui déplaisent le plus aux travailleurs indépendants

	Hommes %	Femmes %	TIPC %	Employeurs %
Incertitudes, insécurité	22,4	20,9	24,8	18,6
Longues heures, pas de vacances	14,2	16,6	11,2	19,5
Revenus instables, problèmes de liquidité	12,3	11,7	14,8	9,0
Manque d'avantages sociaux	5,8	9,9	9,7	4,1
Stress	7,6	6,9	5,2	9,9

Source : Benoit Delage, 2002, *Enquête sur le travail indépendant au Canada*, Développement des ressources humaines Canada, p. 35.

On peut expliquer ces longues heures de travail, d'une part, par le fait que la rémunération du travail autonome est découplée du temps de travail. Dans ce modèle où l'on rémunère le résultat du travail, les aléas (la panne d'ordinateur pour le journaliste, les heures d'attente à la frontière américaine pour le camionneur, la mauvaise grippe qui ralentit le rythme de travail) ont pour effet d'élever le nombre total d'heures nécessaires à l'atteinte du résultat, sans augmenter la rémunération. D'autre part, le temps de travail des travailleurs autonomes n'est pas consacré seulement à la production, mais aussi à la recherche de contrats et à la gestion d'une entreprise et le revenu de travail doit assurer non seulement le présent, mais également prévoir l'avenir. En effet, ces travailleurs exclus de la protection du droit du travail et des principaux mécanismes de mutualisation des risques liés au travail portent sur leurs épaules la responsabilité de trouver un volume suffisant de contrats, de préserver leur santé, de développer leur employabilité, d'assurer leur retraite. S'ils sont couverts par certaines protections de base (soins de santé, prestation de sécurité de la vieillesse[3]), ils n'ont que rarement accès aux régimes complémentaires (de santé, de retraite, de maternité) que les salariés négocient avec leurs employeurs ainsi qu'aux régimes publics de remplacement du revenu en cas de manque de travail, de maladie professionnelle, d'accident du travail ou de maternité. Certains compensent ce déficit en recourant à d'autres mécanismes (tableau 6) ; citons ici le recours à des formes marchandes (achat privé de protections), associatives (achat de protections avec des associations), familiales (couverture par les assurances du conjoint, soutien par des membres de la famille), négociées avec des donneurs d'ordre (le cas particulier des artistes) ou alors qui relèvent de la prévoyance personnelle (épargne). Par ailleurs, il arrive souvent qu'en l'absence de protections collectives assurant le remplacement du revenu, les travailleurs autonomes ne cessent pas souvent ou pas longtemps de travailler, même lorsqu'ils sont malades ou qu'ils viennent de donner naissance à un enfant. Même pour ceux qui ont cotisé à des régimes de remplacement du revenu, la crainte de perdre leur clientèle fait en sorte qu'ils ne restent pas longtemps hors du travail ; en fait, ils n'arrêtent jamais vraiment et totalement de travailler de peur d'être « remplacés ».

---

[3] Pour certaines modalités de ces protections (Régime des rentes du Québec, cotisations au Fonds des services de santé), ils doivent payer une double prime, celle de l'employeur et celle de l'employé.

TABLEAU 6

Protection contre le risque

Proportion de ceux ayant accès à :	Tous	TIPC	Employeurs
Régime de soins dentaires	35,0 %	33,4 %	36,9 %
Régime de soins de santé complémentaire	42,6 %	38,7 %	47,1 %
Régime d'assurance invalidité	42,6 %		
REER	69,1 %	59,5 %	80,4 %

Source : Benoit Delage, 2002, *Enquête sur le travail indépendant au Canada*, Développement des ressources humaines Canada, p. 35.

Une forme de transition entre l'emploi de carrière et la retraite ?

Contrairement à ce qu'on croit communément, le travail autonome n'est pas très répandu chez les jeunes ; il est, au contraire, surreprésenté dans la tranche d'âge de 50 ans et plus. En outre, toutes les études indiquent que les travailleurs autonomes ont tendance à travailler jusqu'à un âge plus avancé que les salariés. Plusieurs explications sont possibles : ils aiment leur travail et ils disposent d'une compétence qu'on peut exercer jusqu'à un âge avancé ; ce statut leur permet de réduire progressivement la charge et le temps de travail ; ils n'ont pas les moyens financiers de prendre leur retraite. Toutes ces affirmations contribuent à éclairer une partie de la réalité, mais elles s'appliquent à des catégories différentes de travailleurs autonomes. Outre les variables de différenciation déjà évoquées (genre, statut, occupation, niveau de scolarité), une partie de l'explication tient à la longévité de l'expérience et au contexte d'établissement dans cette forme de travail.

Ainsi, parmi les travailleurs autonomes de plus de 55 ans, plusieurs y ont consacré toute leur carrière. Mais on commence à repérer une nouvelle tendance à s'y établir sur le dernier versant de la vie professionnelle, en particulier après la perte de l'emploi de carrière ou à la préretraite. Une recherche basée sur des récits de vie (D'Amours, 2002) a mis en lumière le caractère dual de cette transition. Avec l'avancée en âge (surtout dans les métiers physiques et dans les secteurs où plusieurs emplois ou entreprises sont précaires, où la sécurité d'emploi n'existe pas), le travail indépendant est perçu comme offrant plus de sécurité que le salariat, même si le prix à payer pour s'établir est parfois lourd. Volontairement ou non, certains se trouvent à expérimenter une forme de travail souvent emballante mais peu sécuritaire, voire parfois génératrice d'une très grande précarité. Pour d'autres, elle est vue telle une transition vers la retraite, avec un travail comportant moins d'heures et moins de stress que l'emploi salarié détenu avant. Dans ce dernier cas, la transition s'appuie sur une combinaison de revenus : revenu de travail, revenu de retraite (privés ou publics), revenu de placement et, dans trois cas sur quatre, sur la présence d'un conjoint qui dispose lui-même d'un revenu. Il faut cependant parler d'une transition « à deux vitesses ». Quand l'emploi de carrière est un emploi typique qui fournit protection sociale et fonds de pension, quand la sortie de cet emploi se fait avec une prime de départ ou un programme de préretraite généreux, avec le maintien d'avantages tels que les assurances, cette transition se fait sans beaucoup de perte financière, et même avec une augmentation de revenus dans certains cas. Dans le cas contraire, il y a une perte de revenu, mais la combinaison des sources permet de limiter la baisse à un niveau acceptable.

Conclusion

À la question initiale qui demandait si le travail autonome était une voie d'échappement ou, au contraire, une figure emblématique du travail tentaculaire, la réponse, forcément nuancée, se décline sur le mode de « cela dépend ». Cela dépend du contrôle réel exercé par le travailleur sur son travail, du caractère plus ou moins recherché de ses compétences, du pouvoir de négociation dont il dispose face à sa clientèle, de l'existence ou non de modalités de protection contre le risque ainsi que de sources de revenus complémentaires et, finalement, des arrangements, notamment familiaux, mis en œuvre dans l'espoir de combiner travail flexible et revenu adéquat. En général, rien ne permet d'affirmer que le travail autonome soit la vue idéale du postfordisme ; ce l'est sans doute pour un petit nombre, mais la diversité des situations doit inciter à la plus grande prudence, puisque cette forme de travail est associée à un accroissement des écarts de revenus et de conditions. Il faut également souligner que la recherche de l'équilibre entre temps de travail et temps hors du travail, de même qu'entre flexibilité et sécurité, est ici laissée à l'arbitrage et aux ressources des individus, alors que les stratégies collectives (notamment en matière de protection sociale), susceptibles de faciliter cet équilibre, font toujours cruellement défaut.

BIBLIOGRAPHIE

ARAI, A. Bruce (2000), « Self-Employment as a Response to the Double Day for Women and Men in Canada », *Canadian Review of Sociology and Anthropology*, vol. 37, n° 2, p. 125-142.
BODEN, Richard J. (1999), « Flexible Working Hours, Family Responsibilities, and Female Self-Employment : Gender Differences in Self-Employment Selection », *American Journal of Economics and Sociology*, vol. 58, n° 1, p. 71-84.
CARR, Deborah (1996), « Two paths to self-employment. Womens and mens self-employment in the United States, 1980 », *Work & Occupations*, vol. 23, n° 1, p. 26-53.

D'AMOURS, Martine (2003), *Le travail indépendant : une hétérogénéité construite sociale-ment*, Cahiers du CRISES, Collection thèses et mémoires, vol. 3, n° 7, 449 p.

D'AMOURS, Martine (2002), « Le passage du salariat au travail autonome après 40 ans », dans D.-G. Tremblay et L.-F. Dagenais (dir.), *Ruptures, segmentations et mutations du marché du travail*, Actes du colloque Association d'économie politique. Sainte-Foy, Presses de l'Université du Québec, p. 235-249.

D'AMOURS, Martine et Stéphane CRESPO (2002), *Résultats d'une enquête auprès des travailleurs indépendants : éléments pour une typologie*, Groupe de recherche TRANSPOL, INRS-Urbanisation, Culture et Société, 202 p.

DÉVELOPPEMENT DES RESSOURCES HUMAINES CANADA (2002), *Résultats de l'enquête sur le travail indépendant au Canada*, préparé par Benoit Delage, Direction générale de la recherche appliquée, SP-465-01-02F, 116 p.

HUGHES, Karen D. (1999), *Gender and Self-employment in Canada : Assessing Trends and Policy Implications*, Ottawa, Canadian Policy Research Networks, no. W/04, 36 p.

HUNDLEY, Greg (2000), « Male/female earnings differences in self-employment : the effects of marriage, children, and the household division of labor », *Industrial and Labor Relations Review*, vol. 54, n° 1, p. 95-115.

INSTITUT DE LA STATISTIQUE DU QUÉBEC (2001), *Portrait social du Québec : données et analyses*, Gouvernement du Québec, 629 p.

SCHETAGNE, Sylvain (1999), *Le travail autonome et les jeunes au Québec : une voie de contournement au marché du Québec ?*, Ottawa, Conseil canadien de développement social, 63 p.

SPOONLEY, Paul, Anne DE BRUIN et Patrick FIRKIN (2002), « Managing non-standard work arrangements : choices and constraints », *Journal of Sociology*, vol. 38, n° 4, p. 425-441.

Le travail autonome comme mode de vie ou la métaphysique de l'«intello précaire»

9

Jean-Sébastien MARSAN

Le travail autonome favoriserait la conciliation travail-vie familiale et faciliterait la transition entre la carrière et la retraite, dit-on. Croyez-en ma parole de travailleur autonome, le gagne-pain en solo a des impacts beaucoup plus puissants. En effet, il *pulvérise* la frontière entre les temps professionnel, personnel, familial et social. Surtout lorsqu'il s'agit d'un travail intellectuel.

Je me présente : Jean-Sébastien Marsan, journaliste indépendant (ou pigiste) et *pulvérisé*. J'exerce mon métier depuis dix ans. J'ai d'abord été journaliste pigiste par dépit, à défaut de trouver un poste dans le marché de l'emploi pourri du milieu des années 1990. À l'époque, je m'intéressais déjà aux mutations du monde du travail (notamment dans les pages du magazine *L'autonome*, exclusivement consacré aux travailleurs autonomes), je m'inspirais de mon propre malheur de travailleur atypique. À la fin des années 1990, j'ai profité de la « bulle » Internet et de ses nouveaux emplois dans la presse en ligne. Je suis redevenu pigiste en 2001, par choix, et pour le mieux.

Aujourd'hui, j'écris régulièrement pour des médias qui traitent de l'actualité du monde du travail (les magazines *Jobboom* et *Recto Verso*, des périodiques de la CSN, des publications de l'industrie de la construction, etc.), mon « *beat* » préféré. J'aime tellement le statut de pigiste et les relations de travail que j'ai accepté la présidence de l'Association des journalistes indépendants du Québec (AJIQ), affiliée à la Fédération nationale des communications de la CSN.

Quelques mots sur l'AJIQ. Fondée à Montréal en 1988, l'Association cherche à représenter les pigistes face aux entreprises de presse. Elle doit surmonter des obstacles épouvantables : crise de crédibilité des médias en général et des journalistes en particuliers, scandaleuse concentration de la propriété des médias québécois (sans équivalent en Occident !), faible rapport de force face aux donneurs d'ouvrage, viol du droit d'auteur, absence de protection sociale, omniprésence de l'information-spectacle, bref, un univers médiatique en régression. À moins d'une révolution, il n'y aura plus de journalistes indépendants au Québec dans cinq ou dix ans, il ne subsistera que des « fournisseurs de contenu » à la solde de conglomérats pour qui l'information est un produit commercial parmi d'autres, standardisé, conformiste, sans débats ni engagement idéologique[1]. C'est justement pour tenter de faire la révolution que j'ai accepté la présidence de l'AJIQ.

Mais parlons temps de travail sur la base de mon expérience personnelle et de ce que je peux observer dans mon milieu professionnel.

Mine de rien, je travaille constamment. Tous les jours, sept jours sur sept, 365 jours par année. Même quand je n'ai pas l'air de bosser, je suis en « mode travail ». Un horaire de huit heures par jour cinq jours par semaine ne signifie rien pour moi, car je n'occupe pas un poste de journaliste, je *suis* journaliste.

Mon quotidien se résume à quelques activités : lire, observer, rencontrer des gens, prendre des notes, écrire. Mes éditeurs m'imposent rarement des horaires contraignants, je peux proposer des sujets d'articles ou choisir entre plusieurs thèmes que l'on me suggère, je suis généralement libre d'organiser le contenu et mon temps de travail.

Aujourd'hui, je ne constate presque plus de différence entre le boulot et le temps libre. Mon travail contamine tous mes loisirs et vice-versa. Par exemple, lorsque je sors au restaurant avec des amis et que nous discutons de l'actualité, je suis aux aguets, car ces discussions peuvent me donner des idées pour un article éventuel, remettre en question ce que je pense de quelque chose ou de quelqu'un, m'ouvrir à des réalités que je ne soupçonnais pas... Surtout que plusieurs de mes amis travaillent dans le domaine des communications.

Les journalistes doivent constamment être au parfum de toutes les nouveautés, des fameuses « tendances ». Toutes mes activités sociales, culturelles, récréatives, etc. sont ainsi susceptibles de coïncider avec des activités me permettant de gagner de l'argent. Par exemple, lorsque je lis des journaux et des magazines, je le fais à la fois pour m'informer en tant que citoyen, pour me distraire et pour mon travail. La confusion des fonctions de lecture est totale.

Une autre illustration de ce mélange constant de travail et de non-travail demeure le concept (flou) de vacances. Un travailleur autonome ne prend pas de vacances, il prend un risque, parce que ses supposées vacances ne sont pas payées. Un travailleur autonome déterminé à *partir* en vacances (par opposition à celui qui reste enfermé chez lui pour se reposer) doit trouver de l'argent non seulement pour le projet de

---

[1]   Je ne suis pas loin de partager le pessimisme du journaliste, essayiste et romancier Gil Courtemanche. « En réalité, dans la presse écrite, notre liberté d'information est aussi grande que celle dont jouissaient les Polonais en 1980. [...] Tout comme il n'existait pas de quotidien procapitaliste à Varsovie en 1980, il n'existe pas ici de publication populaire de gauche », souligne-t-il dans son essai *La Seconde Révolution tranquille. Démocratiser la démocratie* (Montréal, Les Éditions du Boréal, 2003, p. 30).

vacances, mais aussi pour compenser le manque à gagner financier pendant ces jours où il ne sera pas disponible pour gagner de l'argent.

Ainsi, un journaliste pigiste qui s'offre des « vacances » en profite pour glaner des informations ou pour écrire un article qui remboursera une partie du voyage. À l'inverse, lorsqu'il voyage pour un média qui lui a commandé un article, c'est l'occasion de prendre quelques jours de repos, de jouer au touriste, il peut inviter sa famille ou des amis, etc. Avec l'expérience, le pigiste développe plusieurs stratégies qui permettent de doser travail et loisir et il parvient à travailler le moins possible tout en bénéficiant d'un revenu à peu près décent.

Oublions un instant la traditionnelle distinction entre travail et vie privée. Je préfère séparer les activités lucratives des non lucratives.

Par exemple, lorsqu'un magazine me demande de produire, en une semaine, un article sur un sujet donné, la procédure est prévisible : je me documente, je réalise des entrevues, je synthétise le tout, j'écris l'article, je l'envoie au rédacteur en chef du magazine, quelques corrections, le magazine est satisfait, je leur fais parvenir une facture... La routine. Avec un peu de discipline, je peux contenir cette activité dans une semaine dite normale (de 40 heures).

Supposons que la recherche pour cet article de magazine me fasse découvrir un bouquin passionnant. J'ai envie de lire les autres œuvres du même auteur, je me les procure et il se produit alors un phénomène typique du travail intellectuel : je consacre toutes mes soirées de la semaine à lire les bouquins en question. Il s'agit d'une lecture à plusieurs volets : elle n'est pas directement utile pour l'article que je dois écrire cette semaine-là, mais je prends quand même des notes. C'est aussi un divertissement, car lire me procure toujours du plaisir. Qui sait, peut-être que dans six mois, je proposerai à un magazine une entrevue avec l'auteur. Peut-être que je n'en tirerai rien de strictement lucratif, peu importe : le journalisme à la pige est plus qu'un travail, c'est un état d'esprit permanent, un mode de vie (et dans mon cas, c'est la seule chose que je sais faire de mes dix doigts).

Il m'arrive de recevoir une bonne rémunération pour ce que j'écris. Le plus souvent, comme tout le monde, je ne suis pas suffisamment payé à mon goût, mais le capitalisme sauvage ne m'empêche pas d'aimer mon travail. Et je consacre du temps à des activités pour lesquelles je ne serai jamais rémunéré, des activités aussi gratifiantes que le travail rentable. Par exemple lorsque je me documente à fond sur un sujet d'article, jusqu'à saturation, même si je ne serai payé qu'en fonction de la longueur du texte final. La documentation accumulée est un matériau que je réutiliserai pour écrire plusieurs articles, lesquels deviendront alors plus « rentables ».

Au fond, je suis un membre de la constellation des « intellos précaires », pour reprendre le titre de l'excellent ouvrage des Françaises Anne et Marine Rambach (aux éditions Fayard, 2001). Un intello précaire est un individu très scolarisé, virtuose des nouvelles technologies de l'information, superproductif quand il le faut, gros consommateur de tout ce qui est culturel, toujours bien informé, branché sur plusieurs réseaux professionnels, disponible, flexible, etc., mais non reconnu par un marché de l'emploi qui fonctionne selon une autre logique. Plus la société ne veut pas de l'intello précaire, plus il vit en marge, et plus l'intello précaire vit en marge, moins il a de chance de s'intégrer à une société qui tolère de moins en moins la marginalité... Un cercle vicieux dont je ne sortirai peut-être jamais.

Mon existence a plus de points en commun avec celle d'un écrivain, d'un artiste ou d'un chercheur indépendant qu'avec le train-train d'un journaliste salarié permanent. Ce dernier est encadré par un horaire assez stable, une définition de tâches précise, et il règle sa vie sur le rythme social du salariat : métro-boulot-dodo avec la pause des vacances et l'espoir d'une retraite confortable.

Les instants où je décroche vraiment du travail sont rares. Me sentir complètement hors de la vie que je mène tous les jours est un phénomène exceptionnel (et il est scientifiquement prouvé que le cerveau continue à travailler pendant le sommeil). Le seul moment où je me libère complètement l'esprit, c'est lorsque je me consacre à l'extrême opposé du travail intellectuel, c'est-à-dire à des tâches purement manuelles. Pelleter de la neige. Couper du bois. Déménager un réfrigérateur. Repeindre une porte de grange.

Je vis au jour le jour, je navigue à vue, sans stabilité financière ni plan de carrière. Ma vie peut sembler complètement déséquilibrée. J'en suis conscient, il m'arrive de me lever le matin en me disant : « Qu'est-ce que je fais ici, qu'est-ce qui m'a pris de choisir ce métier de fous furieux, pourquoi ne suis-je pas né fils de dictateur ? », mais mon existence est-elle pire que celle du salarié pressé comme un citron ?

À cet égard, mon dernier emploi, un poste à temps partiel à la salle des nouvelles de Radio-Canada à Montréal, m'en a fait voir de toutes les couleurs. L'information continue étant produite 24 heures sur 24, les horaires étaient rotatifs (matin-soir-nuit). Aux trois semaines environ, je pouvais passer d'un horaire de nuit (de 22 h 30 à 6 h 30) à l'horaire de jour (de 6 h 30 à 14 h 30) ou du soir (de 14 h 30 à 22 h 30). Impossible de concilier quoi que ce soit avec ce genre d'emploi. Après trois mois de ce régime, je suis tombé malade, cloué au lit pendant dix jours. Mon horloge biologique était détraquée, je n'arrivais plus à dormir et à digérer normalement, je trouvais difficilement l'énergie requise pour écrire des articles de magazine... Le coup de grâce : j'ai côtoyé des journalistes permanents qui enviaient mon statut de pigiste !

La conciliation travail-famille est-elle plus simple pour les travailleurs autonomes que pour les salariés ? J'en doute. Les deux catégories de travailleurs évoluent dans des espaces-temps différents, mais le monde du travail semble cruellement inadapté pour tout le monde, tous statuts d'emploi confondus. C'est que les employeurs des salariés et les donneurs d'ouvrage des travailleurs autonomes sont fréquemment les *mêmes* organisations, ce sont les *mêmes* gestionnaires qui ont suivi le *même* lavage de cerveau dans une école de gestion, ils lisent tous le *même* journal *Les Affaires*, et ils utilisent les *mêmes* stratégies : précarisation de la main-d'œuvre au rang d'outil de gestion, augmentation continue des exigences de rentabilité à court terme, isolement des travailleurs... Tous les moyens sont bons pour contourner le droit du travail, pour éviter la syndicalisation, pour bénéficier en toute légalité des avantages du travail au noir.

En résumé, le travail à la pige dissout les frontières entre le boulot et la vie privée, jusqu'à constituer l'essence même de l'existence. Très agréable, voire excitant... à condition d'être célibataire, adepte de la simplicité volontaire et en bonne santé !

Je n'insisterai pas sur l'absence de protection sociale pour les travailleurs autonomes – un vrai trou noir, nous sommes tous à trois mois du « B.S. ». Le plus affligeant, c'est de constater que nombre de travailleurs autonomes carburent à la pensée magique, par exemple en s'imaginant qu'il y a une vie après le REER[2].

Les pistes de solution à nos problèmes de protection sociale existent, la meilleure contribution au débat provient d'ailleurs du Département des relations industrielles de l'Université Laval avec le rapport Bernier[3]. Que seulement la moitié des recommandations du rapport Bernier soient mises en œuvre et nous ne serions plus obligés de discuter sans fin de conciliation travail-famille et de précarité, les donneurs d'ouvrages prendraient leurs responsabilités, les relations du travail deviendraient plus matures et les travailleurs autonomes pourraient enfin s'épanouir. C'est la grâce que je nous (vous) souhaite...

---

[2] Un régime enregistré d'épargne retraite n'est avantageux que si le contribuable y cotise au maximum, c'est-à-dire 18 000 $ par année. Or, le revenu annuel médian des Québécois est d'environ 20 000 $ et la plupart des journalistes indépendants que je connais empochent difficilement plus de 30 000 $ par année. Plutôt que de vivre leur vie de pigiste à fond de train, plusieurs se saignent pour contribuer à un régime qui ne leur garantit rien – nul ne peut prédire la fiscalité et les rendements boursiers des prochaines décennies. Qu'est-ce que les travailleurs autonomes attendent pour réclamer l'abolition des REER et pour cotiser davantage au Régime des rentes du Québec, le plus sûr et le plus stable qui soit ?

[3] De son titre complet *Les besoins de protection sociale des personnes vivant une situation de travail non traditionnelle*, rendu public par le ministère du Travail du Québec en février 2003.

Synthèse des interventions[1]

Cet atelier visait à identifier les diverses mesures et stratégies préconisées par les travailleurs autonomes pour concilier leurs objectifs personnels et professionnels malgré le manque de protections sociales. Madame Markay appelle ce procédé « la gestion des différents rôles », tandis que monsieur Marsan le définit comme la « conciliation des activités lucratives et non lucratives ». Les présentations et les discussions ont également porté sur les possibilités pour les travailleurs autonomes de se regrouper afin de faire valoir leurs revendications et leurs besoins.

Les défis auxquels font face les travailleurs autonomes

Les panélistes ont identifié les défis qu'ont à relever les travailleurs autonomes. La difficulté à concilier travail-famille en raison de la confusion entre les rôles de parent et de travailleur a été bien circonscrite. Un congressiste a néanmoins fait remarquer que l'envahissement de la sphère familiale par le travail n'est pas l'apanage des travailleurs autonomes, car les salariés vivent parfois la même situation.

D'autres points propres aux travailleurs autonomes ont aussi ont été soulevés par les panélistes. La précarité de leur emploi, en l'absence de protections sociales adéquates, les oblige à maximiser leur temps de travail et à se soucier continuellement de leurs contrats à venir. En outre, l'impossibilité de se syndiquer et de bénéficier ainsi d'un pouvoir de négociation plus grand est un obstacle de taille pour eux. Un intervenant a d'ailleurs spécifié que les travailleurs autonomes sont plus à risque de subir un préjudice s'ils œuvrent dans un domaine où les activités sont concentrées chez quelques employeurs seulement. L'exemple le plus probant est le secteur de l'information où Quebecor et Gesca règnent en rois et maîtres. Il a mentionné qu'il était difficile de négocier des conditions de travail individuelles face à de telles sociétés.

Les suggestions des panélistes

Certains ont émis des propositions qui concernaient principalement l'accès des travailleurs autonomes aux protections sociales dont profitent d'autres types de travailleurs. Sur le plan légal, le Rapport Bernier recommande la promulgation d'une

---

[1] Préparée par Patric Dugas et Simon Samuel, étudiants à la maîtrise, Département des relations industrielles, Université Laval.

nouvelle loi qui serait similaire à celle dont bénéficient les artistes de la scène et des métiers d'art. Cette loi dit que les artistes, bien que travailleurs autonomes, peuvent s'associer librement et bénéficier des droits et avantages qu'ils auront eux-mêmes négociés. Il a également été spécifié que le Rapport Bernier propose aussi d'élargir la notion de « salarié » de manière à ce que les conditions minimales de travail codifiées dans la *Loi sur les normes du travail* et dans le *Code du travail* s'appliquent aux travailleurs autonomes.

Pour ce qui est du couple, il a été fait mention des avantages dont pouvait profiter le travailleur autonome dont le conjoint est salarié ou cadre. Ce dernier peut faire en sorte que son conjoint bénéficie de protections sociales.

D'un point de vue macroéconomique, les congressistes ont indiqué qu'il était nécessaire de se libérer de la conception économique du travail et de reconnaître la contribution de différents acteurs sociaux tels que les mères au foyer. Cette nouvelle conception du travail permettrait aux différents acteurs, dont la contribution économique n'est pas mesurée, de profiter eux-aussi d'un filet social. Dans le même sens, il a été suggéré de séparer le filet social de l'emploi et de l'aménager plutôt à partir de la notion de « citoyenneté ». De cette manière, tous pourraient bénéficier d'un niveau de protection universelle, y compris les travailleurs autonomes.

Pour madame Markay, la solution la plus appropriée serait l'identification d'un plus petit dénominateur commun pour rallier les travailleurs autonomes. Il s'agirait de déterminer à une grande échelle des conditions de travail universelles sans qu'elles ne les contraignent pas dans l'exécution de leur tâche.

Les obstacles à ces recommandations

Malgré ces propositions, les conférenciers perçoivent certains obstacles au déploiement des solutions. Lors d'un congé parental, par exemple, les travailleurs autonomes ne pourraient maintenir les services offerts à leur clientèle. Il en serait de même pour les congés de maladie. Pour ce type de travailleurs, ces congés pourraient ainsi contribuer à la perte de clients importants dont dépendent leurs revenus futurs.

Le consensus est aussi difficile à obtenir de la part des travailleurs autonomes. Comme il a été mentionné lors de l'atelier, il en existe deux types : les travailleurs indépendants à leur propre compte (TIPC) et les employeurs. Les TIPC considèrent que la syndicalisation serait la meilleure des options pour combler leurs besoins et leurs attentes en termes de stabilité, de protections sociales et de salaires. De leur côté, les employeurs préfèreraient l'instauration d'un tarif commun pour la prestation d'un service ou pour la réalisation d'un bien. Une autre distinction peut être faite entre les travailleurs autonomes qui ont choisi librement de le devenir et ceux qui y ont été contraints.

En outre, des dissensions au sein d'un même secteur d'activité empêchent la cohésion entre les travailleurs autonomes : certains sont des partisans de la syndicalisation ou d'une mutualisation ; d'autres préfèrent l'instauration de programmes gouvernementaux ; et d'autres encore préconisent la mise en place d'une assurance universelle. Les partisans de la syndicalisation ne s'entendent pas tous sur le degré de représentation de l'association syndicale à l'échelle gouvernementale, dans le secteur d'activité ou dans la profession.

Les avantages du travail autonome

Lors de la conférence, il a été mentionné qu'il était utopique de croire que le travail autonome pouvait permettre une meilleure conciliation travail-famille. Néanmoins, les participants ont noté que la travailleuse enceinte qui possède un emploi salarié pouvait décider de rester active durant sa maternité en offrant des services à son propre compte.

Le travail autonome offre aussi d'autres avantages. En ce qui a trait à l'impôt, par exemple, les travailleurs profitent de certaines déductions fiscales substantielles. Ils peuvent aussi, tout comme les salariés, souscrire à la Régie des rentes bien qu'ils doivent payer à la fois la part de l'employeur et la leur. Enfin, avoir le contrôle de son activité de travail est aussi un avantage non négligeable.

Conclusion

Les travailleurs autonomes n'ont droit qu'en partie à la protection sociale dont bénéficient les salariés. Ils doivent financer eux-mêmes leurs congés de maladies, leurs vacances et leurs congés de maternité ou de paternité. Il semble néanmoins qu'un consensus pourrait être obtenu afin qu'ils puissent revendiquer collectivement de meilleures protections sociales. Cependant, les intervenants ne s'entendent pas quant à la base sur laquelle le regroupement serait constitué. Aussi, une autre question se pose : quel serait le champ d'intervention de cette association ? Selon ces questionnements, on peut constater un désir profond des travailleurs autonomes d'obtenir de meilleures protections sociales, et ce, en agissant collectivement.

Atelier 4 – Le télétravail : mode d'emploi pour concilier travail et vie personnelle ?

Préparation et intégration : deux conditions préalables à l'instauration du télétravail

Marie-France REVELIN

« Les gestionnaires sont essoufflés. » – Les Affaires, *juin 1999*
« Plus de 50 % des Canadiens sont malheureux au travail. » – La Presse, *janvier 2003*
« Le taux de roulement des employés dépasse 40 % » – Les Affaires, *janvier 2003*

« Pour continuer à soutenir la concurrence, les employeurs
devront saisir le rapport étroit entre les obligations
professionnelles et familiales des employés, leur productivité
ainsi que leur moral et leur engagement envers l'organisation,
et agir en conséquence. »
Conference Board du Canada, 1994

Où en sommes-nous dix ans plus tard ? Qu'avons-nous fait de ces remarques et recommandations qui nous guidaient vers la recherche de solutions visant à éviter d'en arriver aux réalités désolantes qui nous rassemblent à ce colloque ?

Est-ce que la flexibilité offerte par le télétravail à domicile (non pas le travail autonome) est une option qui permet de favoriser l'atteinte d'un meilleur équilibre entre le travail et la famille ou, si vous préférez, la vie personnelle et professionnelle ?

Notre réponse est oui ; mais pas à n'importe quel prix ni sans certaines conditions ; car si le télétravail peut arriver à une meilleure conciliation de ces deux éléments, il peut également, dans certains cas, provoquer l'effet contraire. Tout est question de préparation et d'intégration.

Aussi, le télétravail n'est pas une fin en soi ; à l'instar des nombreuses nouvelles pratiques en usage sur le marché du travail, il est démontré que le télétravail peut transformer radicalement une entreprise. Ces changements sont en quelque sorte inévitables. Ils ont déjà commencé à façonner les marchés, qu'on en soit conscient ou non.

Selon nous, trois questions essentielles doivent éclairer en arrière-plan tous les enjeux exposés dans une réflexion visant l'implantation du télétravail.

- Quel type d'entreprise voulons-nous être ?
- En quoi l'introduction du télétravail pourra-t-elle nous aider à atteindre nos objectifs corporatifs et remplir notre mission ?
- Comment gérerons-nous ce changement stratégique ?

Cela établi, l'orientation à prendre, le chemin à emprunter et l'approche à utiliser pour obtenir un consensus et un engagement corporatif seront facilités. Toutes les étapes d'implantation, incluant la formation requise et les styles de gestion à revisiter et à adapter, devront en même temps que la technologie, la sécurité et l'administration de l'option faire partie d'un plan et d'une vision stratégique claire, structurée, légitimée et coordonnée.

Bénéfices potentiels

Parmi les bénéfices-clés du télétravail, l'augmentation de la productivité est celui le plus popularisé, puisqu'il influe rapidement non seulement sur la quantité de travail à produire, mais également sur la qualité et sur les délais relatifs aux livrables associés à la production dudit travail. En plus de cette productivité, il sera aussi important de noter d'autres avantages indéniables qui bénéficieront grandement à l'employeur, soit : la réduction des coûts reliés aux espaces, la satisfaction globale des employés, l'amélioration du taux de roulement de personnel et la diminution de l'absentéisme (maladie et raisons personnelles[1]).

Des bénéfices possibles, mais des règles à suivre

« On ne peut pas simplement envoyer un employé à son domicile avec un ordinateur et un poste téléphonique et prétendre qu'il est un télétravailleur. » (Camille Manfredonia, 1995, Merrill Lynch, Alternative Work Arrangement Group.)

Les constats d'expérimentation sont clairs... Le télétravail, dans son ensemble et dans ses particularités, est avant tout une affaire qui concerne l'individu, du travailleur à la gestion, de l'équipe à la famille. La technologie permet le télétravail, mais elle ne le conçoit pas plus qu'elle ne le prépare.

---

[1]   En 2001, un sondage de Santé Canada a évalué à 2,7 milliards les pertes financières des entreprises associées aux conflits de leurs employés en regard de leurs obligations personnelles et professionnelles. Source : Les Canadiens au travail, étude 2001, AON, GFBR.

Conditions de succès...

Le télétravail n'est pas pour tous les individus ni pour tous les types de postes et organisations. Il doit être minutieusement planifié et documenté dans un cadre de références à l'image de l'organisation qu'il représente. Il doit être flexible et structuré. Une fois bien intégré sous la conduite d'un comité en charge d'émettre des politiques qui lui sont relatives, il doit pour survivre et atteindre ses buts faire l'objet d'activités de soutien et de surveillance, car ce système, bien qu'axé sur l'autonomie, ne s'auto-entretient pas nécessairement. Il faut, tout au moins lors des premières années, prévoir dans ses effectifs un responsable qui coordonnera l'ensemble du programme et lui insufflera régulièrement de nouvelles énergies.

Bien implanté...

Le télétravail ne bénéficiera pas qu'aux individus. L'extension de son application et les changements dont il aura suscité la mise en œuvre auront aussi une influence sur plusieurs secteurs d'affaires de l'entreprise, incluant parfois même ceux qui n'étaient pas dans la mire.

Mais malgré ses avantages, le télétravail demeure un défi important, même pour une organisation en bonne santé... Aussi, dans le cadre d'une démarche effectuée pour explorer ses possibilités, il ne sera pas rare d'entendre ce type d'objections :

- Pourquoi changer les choses quand elles vont bien ?
- À quoi cela sert-il de mettre en place de nouvelles structures d'emploi alors que celles qui nous encadrent répondent adéquatement à nos besoins ?
- Pourquoi une entreprise prendrait-elle le virage du télétravail avec tous les risques que cela comporte ?

Parce que...

Nous connaissons les statistiques relatives aux bénéfices générés par le télétravail qui tendent à accroître la rentabilité et le rendement d'une entreprise.

Et que...

- Selon une enquête récente, 43 % des employés canadiens quitteraient leur employeur actuel pour une entreprise leur offrant un poste équivalent en même temps que la possibilité de télétravailler.
- Selon un sondage effectué auprès de la main-d'œuvre américaine, 87 des 100 meilleurs employeurs des États-Unis offrent actuellement le télétravail à leurs employés.

• Près de 5 000 fonctionnaires canadiens interrogés en 1999 au sujet du télétravail ont répondu qu'il leur avait permis de mieux équilibrer leur vie personnelle et leur vie professionnelle tout en contribuant à diminuer leur stress, leur absentéisme et leurs dépenses liées à l'emploi.

• En 2003, 32 % des cadres supérieurs de 10 grandes multinationales plaçaient leurs besoins personnels et familiaux aussi souvent en priorité que leurs exigences professionnelles.

Parce que...

Justement, dans les dix prochaines années, la préoccupation et le défi numéro un des employeurs sera d'attirer et de conserver les meilleurs employés. Comme le télétravail est un mode de travail flexible qui a fait ses preuves plutôt qu'une tendance passagère vouée à la disparition, il offre aux entreprises et aux employés des éléments de satisfaction qui tiennent compte des besoins actuels d'une main-d'œuvre à la recherche d'un meilleur équilibre entre la performance et la qualité de vie.

Parce que...

« Il ne devrait pas y avoir de conflit à concilier les besoins des collaborateurs et les objectifs stratégiques et financiers des entreprises. Au contraire, les entreprises ont tout à gagner à favoriser le bien-être de leurs collaborateurs pour atteindre leurs objectifs d'affaires. La croissance et l'excellence vont de pair avec une culture centrée sur les personnes et les valeurs humaines. » (André Reidi et Guy April, *Effectif*, juin 2003.)

Parce que...

Nous ne sommes plus à l'ère des premières expériences et au cours des dernières années, plusieurs organisations des secteurs privé et public ont pris le virage et accepté les risques du télétravail. Certains ont échoué, d'autres ont réussi contre vents et marées, démontrant aux sceptiques que le télétravail *planifié et structuré* ne remplissait pas seulement des promesses d'efficacité, d'économie et de rentabilité, mais aussi qu'il répondait aux besoins d'une économie différente, en perpétuel mouvement, en fournissant un point d'ancrage aux structures de travail modernes et exigeantes. En remettant les pôles de performance et de qualité de vie en équilibre sur leurs axes, le télétravail aide les entreprises à mieux comprendre et aborder les nouveaux enjeux en les incitant à assumer plus directement et activement leur rôle et leur responsabilité sociale envers les individus, la collectivité et l'environnement.

Pour toutes ces raisons et bien d'autres encore, il serait dommage de sous-estimer les impacts que pourrait avoir le télétravail sur l'atteinte d'objectifs corporatifs et organisationnels. Qu'il soit une option offerte à temps partiel ou à temps plein, il doit faire partie des modes actuels de travail au sein des organisations de la nouvelle économie fondée sur le savoir, le traitement de l'information, la flexibilité, la responsabilisation, l'apprentissage, la connaissance et l'innovation.

Synthèse des interventions[1]

Cet atelier s'est déroulé en deux parties. D'une part, madame Marie-France Revelin, conseillère en implantation et en gestion du télétravail aux Services professionnels de Bell Canada, a d'abord fourni une définition générale du télétravail pour ensuite s'attarder plus particulièrement aux enjeux principaux, aux facteurs à considérer ainsi qu'aux conditions favorables à son implantation. D'autre part, madame Linda Craig, conseillère syndicale au Service de recherche du SCFP, a, quant à elle, présenté un cas concret de télétravail ayant cours à l'Hôpital Laval de Québec auprès de quatre secrétaires médicales. Ces dernières ont été interrogées à deux reprises, soit en 2000 et en 2004, afin de vérifier si la satisfaction ressentie au début du programme était toujours aussi présente après quatre ans.

À la suite des présentations de mesdames Revelin et Craig, les participants ont été invités à s'exprimer sur la question. Différentes préoccupations ont été soulevées en regard de plusieurs aspects pouvant être regroupés sous forme de contraintes potentielles, tant pour les travailleurs que pour l'organisation.

Les contraintes potentielles pour les travailleurs

Les personnes présentes lors de l'atelier ont cherché à mieux comprendre de quelle manière le télétravail est régi juridiquement. À cet effet, les conférencières ont souligné que la législation en matière de santé et sécurité du travail (LSST et LATMP) comportait énormément de zones grises et qu'en ce sens, il serait nécessaire qu'elle soit adaptée afin de tenir compte de la réalité particulière des télétravailleurs. À ce propos, il a été ajouté qu'il n'existe pas de jurisprudence sur le sujet. Ainsi, afin d'atténuer les zones grises et de pallier l'absence de jurisprudence, l'entente conclue dès le départ entre l'employé et l'employeur devient la référence principale en cas d'accident de travail.

Les participants se sont également interrogés quant à la façon dont sont répartis les coûts reliés à l'équipement utilisé dans le cadre de ce type de travail. Il a été répondu que de façon générale, certaines responsabilités incombent à l'employeur et que celles-ci sont habituellement clairement définies dans les politiques et les programmes de télétravail. Ainsi, dans la grande entreprise, il n'est pas rare que l'employeur fournisse un minimum d'équipement, tels l'ordinateur, l'accès à Internet haute

---

[1] Préparée par Aline Therrien et Geneviève Veilleux, étudiantes à la maîtrise, Département des relations industrielles, Université Laval.

vitesse, les lignes sécurisées, etc. La propriété des outils de travail peut donner lieu à une négociation entre les deux parties. La dimension fiscale a aussi été abordée, puisque les coûts reliés à l'électricité, au chauffage et à l'éclairage peuvent faire l'objet de déductions fiscales.

Les contraintes potentielles reliées à l'organisation

À la suite de certaines questions formulées par les participants, le rôle du gestionnaire a été discuté. À cet effet, il a été souligné par les conférencières que le télétravail exige énormément d'adaptation de la part de l'organisation, particulièrement de la part des gestionnaires, qui, plus souvent qu'autrement, se montrent réticents à l'implantation d'un programme de télétravail. Cette réticence provient, entre autres, du fait que bon nombre d'entre eux aiment bien gérer, « contrôler » les présences. Ils doivent donc, dans le cas du télétravail, adapter leurs modes de gestion pour s'orienter davantage vers les résultats. En outre, il a été mentionné que ce ne sont pas tous les gestionnaires qui possèdent les caractéristiques nécessaires pour diriger adéquatement ce type de travail. Conséquemment, il s'avère important de faire une sélection appropriée des superviseurs qui participeront à un programme de télétravail. En contrepartie, les employés qui y seront affectés devront également être sélectionnés avec soin, puisque ce ne sont pas tous les travailleurs qui sont en mesure de participer à un tel programme. Nous n'avons qu'à penser aux nouveaux venus qui, dépendamment des types d'entreprise (grande, PME) et de gestion, devront séjourner un certain temps au sein de l'organisation avant de pouvoir accéder au télétravail, cela afin d'être initiés à sa culture. De plus, il importe de noter que ce ne sont pas toutes les catégories d'emplois qui peuvent faire l'objet de pratiques de télétravail.

La question des relations entre les télétravailleurs et les autres travailleurs de l'entreprise a aussi été abordée par les congressistes. À cet effet, les discussions ont fait ressortir que le télétravail est très souvent perçu, tant par les travailleurs que par les gestionnaires, comme un privilège accordé à certains « chanceux » et qu'il peut être facilement retiré. Ainsi, cette situation peut engendrer des frictions, lesquelles peuvent toutefois s'atténuer à mesure que le télétravail est mieux compris et perçu comme une option accessible à tous, à certaines conditions. Par ailleurs, les conférencières ont fait remarquer qu'un des grands défis du télétravail était de maintenir la synergie en dépit de la dispersion de l'équipe de travail. Cette responsabilité incombe au télétravailleur et au gestionnaire, qui doivent conserver le lien entre les membres de l'équipe avec des moyens de communication créatifs.

Enfin, l'aspect de la confidentialité de certaines données contenues dans les documents de travail a également été traité par les participants. À ce propos, il a été mentionné que toutes les mesures nécessaires étaient prises (ex. : lignes dédiées pour le transfert des informations) et que l'enjeu de la sécurité des informations n'est pas uniquement le fait du télétravail, mais qu'il s'agit également d'une problématique qui touche l'ensemble des milieux de travail.

Conclusion

Au terme des discussions, il s'avère que le télétravail permet de concilier travail et vie personnelle, toutefois, à certaines conditions. En effet, pour qu'il soit un succès professionnel et personnel, il importe, entre autres, que les pratiques et les politiques soient bien arrimées les unes aux autres. Les présentatrices s'entendent pour dire que la réussite d'un programme de télétravail repose notamment sur une structure claire et bien établie au terme d'une démarche qui inclut tant les dirigeants, les gestionnaires, les employés et les syndicats, le cas échéant.

Atelier 5 – La conciliation : un enjeu de négociation comme les autres ?

La régulation du temps de travail et des activités hors du travail : entre le discours, la négociation et la réalité empirique

Renaud PAQUET et Elmustapha NAJEM[1]

Parmi les phénomènes sociaux qui sont en amont de l'intérêt relativement nouveau accordé à la conciliation des besoins, pressions et préoccupations de la vie au travail et de celle hors du travail, la féminisation de la main-d'œuvre s'y classe bonne première. Du début des années 1970 à la fin des années 1980, le taux de participation des femmes à la population active sera passé de 34,6 % à 55,5 %, une augmentation de plus de 60 % (Paquette, 1989). Ce phénomène est accompagné d'un renversement de situation quant au travail des femmes sans enfant par rapport à celles qui en ont. En effet, alors qu'au début des années 1960, les femmes seules représentaient 63 % des effectifs féminins, cette proportion avait chuté à 26 % à la fin des années 1980 (Corbeil et Descarries, 1990). Devant de telles données, on ne peut se surprendre de l'intérêt actuel des acteurs sociaux à la recherche de mécanismes permettant, entre autres, de tenir compte de ces nouvelles réalités sociales qui, conjuguées aux besoins changeants d'une population vieillissante, créent des tensions.

Plusieurs auteurs se sont penchés sur la définition du concept de conciliation travail-famille. En prenant appui sur les recherches de Kahn *et al.* (1964) au sujet de la notion de conflit de rôles et de ses effets sur le stress, Greenhaus et Beutell (1985) définissent tout d'abord le conflit travail-famille comme étant *une forme de conflit de rôles dans lequel les pressions du travail et celles de la famille sont incompatibles sur certains aspects* (traduction libre). Le conflit survient quand il y a un débordement de

---

[1] Les auteurs sont professeurs au Département de relations industrielles de l'Université du Québec en Outaouais et chercheurs au Centre d'étude et de recherche sur l'emploi, le syndicalisme et le travail (CEREST). Ils remercient Marie-Ève Dorval pour sa précieuse collaboration à la recherche documentaire qui a servi de base à l'article et Statistique Canada pour avoir autorisé l'accès aux données de l'EMTE.

l'un sur l'autre. Plus récemment, au Québec, le Secrétariat à la famille (1994) propose une définition complète qui permet de bien saisir la nature du défi de concilier
vie de travail et vie hors du travail :

> ensemble des modalités, des dispositifs et des stratégies mis en place en concertation par
> les syndicats, les employés et employées, le patronat et les différents paliers de gouverne-
> ment pour permettre d'harmoniser les responsabilités et les activités familiales, profes-
> sionnelles, personnelles et sociales en tentant d'assouplir les contraintes et les exigences
> du monde du travail et d'offrir les ressources facilitantes, le tout dans une perspective
> d'équité et de responsabilité sociale.

En nous appuyant sur cette définition, nous proposons tout d'abord dans cet article
une analyse du discours de deux des trois acteurs du système des relations industrielles, les employeurs et les syndicats. Par la suite, nous nous penchons sur les dispositifs ou pratiques au sujet desquels les acteurs s'entendent pour accommoder les
personnes salariées par rapport aux tensions créées par la confrontation des exigences
de la vie de travail et de celles de la vie hors du travail. Enfin, au-delà des dispositifs
négociés, nous examinons l'accès accordé aux personnes salariées. Après tout, à quoi
bon mettre en place des accommodements si on ne peut les utiliser ? Certes, cela
contribuerait à une certaine cohérence entre le discours et les politiques, mais repré-
senterait une bien faible contribution à la conciliation du conflit.

Le discours des acteurs

Même si les moyens et les solutions privilégiés diffèrent, il ne fait pas de doute à
la lecture des documents produits par les acteurs que patrons et syndicats s'entendent
pour dire qu'il est important d'adopter des pratiques qui permettent aux personnes
salariées de concilier leur double rôle (CCTM, 2001). Ce consensus découle de cinq
constats : les difficultés croissantes de la conciliation ; les conséquences coûteuses de
ces difficultés, tant pour les entreprises que pour les employés et leurs familles ; la
responsabilité collective de trouver des solutions ; la reconnaissance que les pratiques
de conciliation sont à l'avantage de toutes les parties ; la nécessité d'une mise en
place plus répandue de ces pratiques (CCTM, 2001). En somme, la conciliation des
besoins « travail hors du travail » des personnes salariées devrait se faire non seulement au nom de l'équité individuelle mais aussi de l'efficacité organisationnelle.

Ainsi, ces dernières années, les employeurs ont adopté, du moins de façon collective par la voie de leurs représentants, une position favorable à l'égard de la mise
en place dans les milieux de travail de mesures permettant de concilier le double rôle
des personnes salariées (CPQ, 2001 ; Ratté, 2002). Cette position représente une évolution relativement importante par rapport aux constats d'une enquête de 1989 du
Conference Board du Canada qui soulignait que pour la majorité des employeurs, il
incombait aux employés de trouver des solutions à leur conflit travail-famille (Paris,
1989). Pourtant, cette même étude révélait, de l'avis des employeurs, que 25 % de

leurs problèmes de gestion des ressources humaines étaient causés par la difficulté des personnes salariées à concilier travail et famille amenant une augmentation des absences, des retards, du stress et de l'anxiété (Paris, 1989).

Il est largement admis, dans la documentation sur le sujet, que les organisations les plus susceptibles d'offrir un environnement qui facilite la conciliation du double rôle des personnes salariées sont les entreprises de grande taille, syndiquées et à forte féminisation (Guérin *et al.*, 1994). À l'écoute des besoins de ses membres, il n'est donc pas surprenant que la Fédération canadienne de l'entreprise indépendante, division Québec, opte plutôt pour une approche informelle, flexible et souple qui ne crée pas de contraintes sur les opérations de l'entreprise (Ratté, 2002). Elle s'était d'ailleurs vivement opposée à la réduction possible de 20 % du temps de travail des parents, proposée par le Parti québécois au début de 2003.

Même si aucune organisation patronale ne favorise un cadre rigide qui imposerait la mise en place de pratiques, on reconnaît d'emblée les avantages pour les entreprises d'aider les personnes qu'elles emploient à concilier les pressions créées par leurs obligations diverses. Il ne s'agit pas seulement ici de la responsabilité sociale des entreprises, mais bien d'une question d'efficacité organisationnelle. Selon le bilan présenté par Haines (1995), les entreprises qui mettent en place des pratiques de conciliation travail-famille le font pour améliorer leur capacité d'attraction et de rétention de la main-d'œuvre ainsi que pour augmenter leur productivité. L'étude empirique québécoise de Guérin *et al.* (1997) confirme d'ailleurs que ces entreprises constatent une augmentation de la satisfaction au travail, une réduction de l'absentéisme et des retards, une diminution du stress et un rendement amélioré. L'impact est aussi significatif sur la capacité de rétention de la main-d'œuvre et sur le taux de roulement. En somme, on s'accorde à dire que l'employeur stratégique a intérêt, aux fins de l'efficacité, à mettre en place des pratiques de conciliation « vie de travail, vie hors du travail ». Le coût et la possibilité pratique de cette mise en place varieront cependant selon la réalité d'exploitation de l'entreprise, d'où les positions volontaristes préconisées par les associations patronales.

Par ailleurs, l'appui syndical à l'égard de la mise en place de mesures facilitant la conciliation des besoins divers des personnes salariées fait facilement consensus (CSN, 2002 ; CSQ, 2001 ; Fortin, 2003 ; Racine 2003 ; FTQ, 2001 ; Legault et Aussant, 1996 ; SPGQ, 2003). Les revendications syndicales ont toutes été axées sur le congé de maternité dans les années 1970, puis ont porté sur la réduction du temps de travail dans les années 1980. Les centrales syndicales québécoises et leurs syndicats affiliés militent aujourd'hui pour des mesures plus englobantes comprenant des dispositions législatives, mais aussi l'inclusion aux conventions collectives de pratiques visant à aider les personnes salariées à concilier leurs obligations diverses.

Les revendications syndicales sont multiples. Même si elles demeurent sensiblement les mêmes à l'échelle des centrales, elles peuvent varier d'une unité locale à l'autre selon la composition de la main-d'œuvre, le secteur d'activité économique et les contraintes organisationnelles. De façon générale, on peut regrouper les revendications syndicales en six catégories en fonction des objectifs visés par les mesures revendiquées :

- les congés de maternité, d'adoption et de paternité ;
- les congés parentaux et familiaux ;
- les autres types de congés et la réduction du temps de travail ;
- l'aménagement du temps de travail ;
- le soutien à la garde ou au soin des personnes à charge ;
- la mise en place de comités conjoints.

Les deux premiers types de revendications font suite aux demandes syndicales des années 1970. Certes, le congé de maternité est maintenant la norme, mais il reste à déterminer quelle en sera la durée et quelle sera la contribution financière de l'employeur pour compenser la perte de revenu de la salariée. Les congés d'adoption et de paternité sont, quant à eux, plus récents dans la liste des revendications syndicales, reflétant les changements sociaux des dernières décennies. Quand aux congés parentaux et familiaux, ils ont été le complément naturel des premiers types de congés en accordant plus de flexibilité aux parents de jeunes enfants. Les revendications actuelles à cet égard visent l'amélioration de ce type de congés et une plus grande facilité d'accès.

Les deux catégories suivantes portent sur des formes de gestion du temps de travail qui permettent aux personnes salariées de vaquer plus facilement à leurs obligations diverses en dehors du travail. On y retrouve toute une variété de congés tels que ceux pour obligations personnelles ou familiales, pour formation, pour fête religieuse, pour divorce ou séparation. Plus récemment, le congé avec traitement différé s'est ajouté à la liste. Du côté du temps de travail, après avoir revendiqué, presque en vain, une réduction des heures de travail dans les années 1980, les syndicats ont depuis mis l'accent sur l'aménagement du temps de travail. Les personnes salariées pourraient ainsi mieux concilier leurs obligations diverses en se prévalant d'horaires variables, de la semaine comprimée, de travail à temps partiel volontaire, d'un droit de refus des heures supplémentaires ou du travail à domicile.

Enfin, parmi la liste des revendications syndicales sur le sujet, on en trouve qui visent à aider les familles avec la garde des enfants et des personnes à charge ainsi que des assurances pour éviter les coûts engendrés par les soins de santé complémentaires au régime étatique. Plus récemment, les syndicats ont commencé à revendiquer des comités conjoints dont le mandat est d'identifier les problèmes que vivent les personnes salariées dans leur gestion des problématiques « travail, hors du travail » et de trouver des solutions mutuellement acceptables aux parties.

Le programme syndical est donc bien chargé. Certes, les objectifs poursuivis coïncident avec ceux des employeurs, mais des difficultés évidentes s'annoncent dans la négociation des moyens choisis.

Les pratiques négociées

À s'en fier aux données produites par les agences gouvernementales (Rochon, 2000 ; Thériault, 2002 ; Rochette, 2002), il ne fait pas de doute que les pratiques de conciliation « travail, hors du travail » font l'objet d'une bonne partie des négociations menant au renouvellement des conventions collectives au Québec et au Canada. Par contre, rares sont les cas où leur négociation mène à un conflit de travail. Cela pourrait en partie être expliqué par la nature intégrative de ces enjeux à l'égard desquels les parties partagent des objectifs communs, comme nous l'avons vu dans la section précédente. D'une part, il importe pour l'employeur de mettre en place des mesures pour attirer la main-d'œuvre et la retenir ainsi que pour augmenter la productivité. D'autre part, le syndicat recherche l'amélioration des conditions de vie de ses membres.

Mais la négociation de ces dispositions comporte aussi une dimension distributive. Selon les modes d'organisation du travail et de la production, la flexibilité accordée à la personne salariée pour l'aider à concilier ses obligations personnelles et son travail représente une rigidité accrue pour l'employeur dans l'allocation de ses ressources humaines. Qui plus est, l'ajout de congés, qu'ils soient avec ou sans solde, augmente les coûts de main-d'œuvre directs ou indirects. Sur ces deux derniers points, les intérêts des parties divergent donc et, par le fait même, ces enjeux deviennent une source potentielle de conflit de travail. Le conflit se concrétise cependant rarement, car les parties accordent aux dispositions en question une importance moindre qu'à des enjeux comme les salaires, les régimes de retraite, la flexibilité de production ou la sous-traitance. Face à un conflit éminent, l'une des deux parties cèdera ou l'on en arrivera à un compromis.

La négociation de ces dispositions peut aussi créer des tensions internes au sein de chacune des parties. L'observation empirique de plusieurs entreprises nous porte à croire que la direction des ressources humaines aura une position plus favorable à l'acceptation de ces dispositions que les directions des opérations ou des finances. Ces dernières seraient plus préoccupées par les questions immédiates de rigidité dans l'utilisation des ressources et de coûts inhérents aux différents bénéfices consentis alors que la direction des ressources humaines aurait une vision plus globale quant à la présence au travail, le recrutement et la rétention. Chez la partie syndicale, les tensions surgiront, non pas au moment de la préparation des revendications, mais plutôt lors de l'établissement d'un ordre de priorité des demandes et des compromis nécessaires à la conclusion d'une entente dans la phase finale des négociations. Les intérêts des différents groupes de membres seront alors confrontés. Selon la composition démographique de la main-d'œuvre, les orientations générales du syndicat et les conditions qui prévalent dans le secteur d'activité, il se pourrait alors que les revendications en question soient délaissées au profit d'enjeux plus traditionnels. Et si elles sont retenues, on voudra, afin de limiter l'arbitraire patronal, soumettre à la règle de l'ancienneté l'accès des personnes salariées aux dispositions non universelles comme les horaires variables.

Quoiqu'il existe un consensus dans le discours des acteurs et de leurs objectifs généraux sur la nécessité de concilier les besoins « travail hors du travail », des difficultés surgissent quant aux moyens à mettre en place. Néanmoins, nombreuses sont les entreprises québécoises et canadiennes dans lesquelles les parties se sont entendues sur des dispositions conventionnées sur le sujet. Les rapports gouvernementaux en font d'ailleurs régulièrement état. Certains retiennent des libellés types qui permettent d'accommoder les besoins multiples des personnes salariées (MTQ, 2004 ; Rochon, 2000) alors que d'autres présentent plutôt des données statistiques sur le taux de présence des dispositions dans les conventions collectives (Rochette, 2002 ; Thériault, 2002 ; Rochon, 2000). Ces derniers types de rapports nous semblent particulièrement utiles pour mieux saisir ce qui ressort le plus souvent des négociations entre les parties et ainsi faire le point sur l'état de la situation.

Le tableau 1 comprend des extraits de l'analyse préparée par Développement des ressources humaines Canada (DRHC) à partir des conventions collectives de 200 employés fédéraux et plus et de 500 employés provinciaux et plus (Rochon, 2000). L'étude a l'avantage de dresser un tableau comparatif entre 1988 et 1998. Par contre, l'échantillon étant composé uniquement de grandes conventions collectives, il a pour effet de créer une représentation exagérée du secteur public et des grandes entreprises privées en plus d'exclure la réalité des petites et moyennes entreprises. Le tableau 2 porte sur les résultats des analyses de Travail Québec (Thériault, 2002) sur un échantillon représentatif des conventions collectives de 50 employés et plus au Québec, présentant du fait même un portrait plus réel des conventions collectives en vigueur. Toutefois, les données sont quelque peu instables compte tenu du fait que ce qui est présenté pour chaque année est le portrait des conventions négociées au cours de l'année. Aux fins de comparaison, nous avons retenu les mêmes années de référence pour les deux enquêtes, à la différence que les données de Travail Québec sont basées sur une moyenne entre l'année de référence et l'année qui la précède afin de pallier en partie la lacune mentionnée ci-haut.

Certes, ces données sont fragmentaires et elles ne tiennent pas compte de plusieurs clauses comme les congés de maternité, présents dans 75 % des conventions collectives, les congés d'adoption ou les régimes d'assurances, tout aussi présents, Mais l'incidence de ces dernières clauses nous apprend bien peu si elles ne sont pas catégorisées selon la nature du bénéfice reçu par la personne salariée.

Même s'il y a sans doute une surestimation pour les raisons invoquées plus tôt, le tableau 1 révèle une progression importante de la présence des clauses en question. Cependant, comme l'indique éloquemment le rapport de DRHC, une bonne partie d'entre elles sont d'application discrétionnaire, en ce sens qu'elles sont liées au besoin du service ou de la production tel qu'établi par l'employeur. Quant aux données du tableau 2, elles nous surprennent. En effet, il y aurait eu très peu de progrès réalisés

TABLEAU 1

Extraits de l'étude de DRHC (2000)

Dispositions de la convention	Présence en 1988	Présence en 1998
Droit de refus de faire des heures supplémentaires (absolu ou conditionnel)	31,7 %	31,8 %
Heures supplémentaires en congé compensatoire (incluant le discrétionnaire)	33,6 %	40,5 %
Horaire flexible incluant initié par l'employeur (discrétionnaire)	9,8 %	14,3 %
Semaine de travail comprimée incluant initiée par l'employeur (discrétionnaire)	15,5 %	20,5 %
Partage d'un emploi entre deux personnes (discrétionnaire)	6,8 %	10,7 %
Travail à domicile	Moins de 1 %	Moins de 1 %
Clause sur la garde des enfants	1,7 %	2,5 %
Congé (temps partiel) de préretraite	8,7 %	7,6 %
Congé non payé pour raisons personnelles	44 %	53 %

TABLEAU 2

Extraits de l'étude de Travail Québec (Thériault, 2002)

Dispositions de la convention	Présence en 1987-1988	Présence en 1997-1998
Horaire flexible	6,5 %	5,0 %
Semaine de travail comprimée	22,2 %	18,0 %
Partage d'un emploi entre deux personnes (discrétionnaire)	6,8 %	10,7 %
Garderie sur les lieux de travail	0,3 %	N/D
Existence d'un comité conjoint sur la conciliation travail-famille	N/D	0,4 %
Existence d'une politique sur la conciliation travail-famille	N/D	0,3 %

au Québec en 10 ans, du moins pour ce qui est de la présence des clauses. Il pourrait cependant y avoir eu des changements qualitatifs à l'intérieur de celles-ci. Il est aussi possible que l'instabilité de la méthodologie utilisée par le MTQ cache une certaine évolution.

D'autres études font aussi état de la fréquence de certaines pratiques de conciliation dans les milieux de travail. Ainsi, Emploi, Solidarité sociale et Famille Québec (Rochette, 2002) présente une analyse des conventions collectives de 1998 des secteurs publics et parapublics québécois. L'étude a le mérite de proposer un examen complet de la situation de ce secteur, mais les données ne peuvent, pour des raisons évidentes, servir à dresser un portrait des conventions collectives au Québec. On y constate des écarts importants avec les données du tableau 1. Enfin, plusieurs études, même si elles ne portent pas sur les clauses de conventions collectives, confirment la présence de pratiques de conciliation travail-famille dans les entreprises. Elles tendent à confirmer les taux de fréquence compris dans les rapports gouvernementaux.

Il ressort de l'analyse qui précède que les parties réussissent à mettre en place des mesures de conciliation. À part les clauses ayant trait aux congés de maternité ou parentaux, on constate un écart important entre les taux de présence et le discours de consensus des acteurs. Qui plus est, l'utilisation d'une bonne partie des dispositifs est de nature discrétionnaire. Sur une note plus positive, il semble, par contre, que des progrès ont été accomplis dans les années 1990.

L'accès aux pratiques de conciliation

Les données compilées à partir des conventions collectives donnent un aperçu de ce qui existe en entreprise, mais elles ne nous indiquent pas à quel degré les personnes salariées se prévalent des dispositions en question. Une telle question nous semble d'importance compte tenu que plusieurs clauses de conventions sont de nature discrétionnaire et leur existence dans une convention n'en garantit pas l'accès. Il est donc possible que des personnes salariées ne puissent s'en prévaloir pour concilier leurs différentes obligations. Il est aussi possible que ces clauses ne soient pas vraiment avantageuses pour la personne qui décide, même si elle en a la possibilité, de ne pas s'en prévaloir.

Afin d'en savoir un peu plus sur l'utilisation des dispositifs de conciliation, nous avons utilisé les dernières données disponibles de l'*Enquête sur le milieu de travail et les employés* (EMTE) de Statistique Canada (2001). Cette étude canadienne comporte un échantillon comprenant 20 377 employés provenant de plus de 6 000 entreprises. Il est représentatif du marché du travail canadien à l'exception des fonctions publiques qui en sont exclues. Les données permettent, entre autres, de fournir une analyse comparative des milieux de travail syndiqués et des milieux non syndiqués sur l'utilisation de plusieurs pratiques de conciliation. Elles permettent aussi d'évaluer avec assez de justesse le degré d'utilisation des pratiques.

TABLEAU 3

Utilisation des pratiques selon l'EMTE

Pratiques de conciliation	Milieu syndiqué	Milieu non syndiqué
Horaire comprimé	7,1 %	4,9 %
Heures d'arrivée ou de départ qui varient	29,7 %	37,3 %
Heures supplémentaires connues à l'avance	41,6 %	34,4 %
Semaine de travail réduite volontairement	6,7 %	8,3 %
Motifs : obligations familiales	13,4 %	18,6 %
transition à la retraite	7,0 %	5,4 %
Satisfait du nombre d'heures travaillées	72,6 %	70,9 %
Désire moins d'heures avec salaire réduit	7,6 %	6,6 %
Désire plus d'heures avec plus de salaire	19,8 %	22,5 %
Employés désirent réduire leurs heures de travail	7,6 %	6,6 %
– À cause d'obligations familiales	38,6 %	45,9 %
– À cause du stress au travail	22,4 %	23,9 %
– Pour plus de temps de loisir	52,8 %	58,1 %
Travail à domicile	20,4 %	24,2 %
– Payé	44,4 %	37,1 %
– Pour les exigences du travail	62,9 %	62,4 %
– Pour concilier travail-famille	2,4 %	6,9 %
Soutien de l'employeur : gardiennage	23,1 %	18,4 %
Soutien de l'employeur : soins aux aînés	8,7 %	11,4 %

Au tableau 3, les différences entre les milieux syndiqués et non syndiqués sont notables à quelques égards. L'horaire comprimé est plus utilisé en milieu syndiqué et le soutien de l'employeur aux services de garde y est plus fréquent. Par contre, le soutien de l'employeur pour le soin des aînés est plus fréquent en milieu non syndiqué. En contrepartie, les heures flexibles sont un peu moins utilisées en milieu syndiqué. Il ne faut cependant pas y voir nécessairement une pratique de conciliation des besoins des salariés mais aussi une flexibilité que l'employeur peut s'accorder plus facilement en l'absence d'une convention. La mesure peut alors devenir une contrainte supplémentaire pour la personne salariée qui exerce ainsi moins de contrôle sur son horaire de travail.

Parmi les mesures allant à l'encontre de la conciliation, on constate, en milieu syndiqué ou non, que la majorité des personnes salariées ne savent pas à l'avance si elles devront travailler des heures supplémentaires. Il devient alors difficile de planifier sa vie familiale. Dans la même veine, les données nous révèlent que le travail à domicile est loin d'être aussi avantageux qu'il ne pourrait le sembler. Il aide peu à la conciliation, car il contribue plutôt au débordement du temps de travail sur le temps hors du travail. En effet, la majorité des personnes ne sont alors pas payées, elles amènent du travail à la maison à cause des exigences de leur travail. Seule une minorité profite donc réellement de cette disposition.

Enfin, moins de 10 % des répondants peuvent réduire leurs heures de travail, cette possibilité étant plus grande en milieu non syndiqué. La raison principale invoquée a trait aux obligations familiales, suivie de la transition à la retraite. Plus de 70 % des répondants sont satisfaits du nombre d'heures travaillées. Parmi les gens qui veulent un changement d'horaire, la plupart d'entre eux désirent augmenter leurs heures plutôt que de les réduire avec une perte de salaire. Parmi ceux qui désirent réduire leur temps de travail, la majorité le ferait pour augmenter son temps de loisir alors qu'un groupe assez important rechercherait une meilleure conciliation de ses obligations familiales.

Nous concluons de ces données que la fréquence d'accès aux pratiques de conciliation est relativement faible, même en milieu syndiqué. On est bien loin du discours de consensus qui anime les parties et la société. L'analyse révèle aussi que certaines pratiques qualifiées de conciliatrices sont plutôt envahissantes pour la vie hors du travail.

Discussion

Les données présentées ici démontrent, à partir des quelques pratiques analysées, que les milieux de travail facilitent rarement la conciliation des besoins variés des personnes salariées. Il y a, certes, une vie hors du travail, mais elle est sans doute difficile à organiser et, le plus souvent, soumise aux exigences premières du travail. Malgré une certaine évolution des pratiques au cours des années 1990, on est encore bien loin du milieu de travail conciliant qui pourrait répondre aux besoins des personnes salariées, clairement identifiés dans plusieurs études (Duxbury et Higgins, 2001 ; Tremblay et Amherdt, 2003 ; Paris, 1989 ; Cantin, 1994). Mais la situation québécoise a cependant peut-être évolué depuis deux ou trois ans. En effet, le débat public de 2002 et 2003 pourrait avoir contribué à une plus grande sensibilité à l'importance de ces enjeux.

Même si les employeurs font preuve d'une certaine ouverture par rapport à la conciliation des besoins « travail, hors du travail » et que la documentation fait clairement ressortir les avantages qu'ils peuvent tirer de la mise en place de pratiques conciliatrices, il demeure que ces pratiques entraînent souvent des coûts supplémentaires et réduisent la flexibilité nécessaire à une gestion efficace des ressources humaines et des heures de travail. On aura tendance, par exemple, à considérer la flexibilité des horaires de travail comme une contrainte pour l'entreprise. Ce n'est donc pas surprenant que les pratiques conciliatrices ne soient pas plus présentes dans les conventions, d'autant plus que rares sont les syndicats dont les membres seront prêts à sacrifier d'autres avantages ou à faire face à un conflit de travail pour obtenir ces pratiques.

Dans le contexte socioéconomique actuel, il ne faudra pas attendre des amendements législatifs pour assurer le progrès. Il nous semble plus prometteur d'attaquer le problème dans le cadre d'une négociation intégrative des milieux de travail et en dehors des périodes réservées au renouvellement des conventions collectives. Les parties pourraient alors trouver des solutions à bénéfice mutuel sans la pression inévitable du marchandage propre à la négociation traditionnelle. À cet égard, les comités conjoints de conciliation « vie de travail – vie hors du travail » offrent une piste prometteuse.

BIBLIOGRAPHIE

CANTIN, E. (1994), « La conciliation des responsabilités familiales et professionnelles », *Marché du travail*, septembre, p. 1-7.
CCTM, Conseil consultatif du travail et de la main-d'œuvre (2001), *Concilier travail et famille : un défi pour les milieux de travail*, Montréal.
CORBEIL, C. et F. DESCARRIES (1990), « Des femmes, du travail et des vies dédoublées », *Nouvelles pratiques sociales*, vol. 3, n° 2, p. 99-115.
CPQ, Conseil du patronat du Québec (2001), *Harmoniser les obligations professionnelles et familiales, une responsabilité partagée*, Bulletin, vol. 32, n° 9.
CPQ, Conseil du patronat du Québec (2003), *Pour une politique universelle d'aide à la famille*, Commentaires du CPQ, août.
CSN, Confédération des syndicats nationaux (2002), *Rapport du comité exécutif – 60e Congrès – 26 au 31 mai*, Québec.
CSQ, Centrale des syndicats du Québec (2001), *Négociation 2002-2005 : poursuivre l'offensive. Document de consultation pour la première phase de préparation de la négociation*, Montréal, septembre, p. 2-5.
DUXBURY, L. et C. HIGGINS (2001), *Enquête nationale sur le conflit entre le travail et la vie personnelle : Rapport 1*, Ottawa, Santé Canada.
FORTIN, J.-P. (2003), « La famille au cœur des négociations », *Nouvelles CSQ*, mai-juin, p. 10.
FTQ, Fédération des travailleurs et travailleuses du Québec (1995), *Réconcilier l'inconciliable : recherche sur la conciliation des responsabilités professionnelles, familiales, sociales et personnelles*, Montréal.
FTQ, Fédération des travailleurs et travailleuses du Québec (2001), *26e Congrès de la Fédération des travailleurs et travailleuses du Québec*, Montréal.
GREENHAUS, J. et N. BEUTELL (1985), « Sources of conflict between work and family roles », *Academy of Management*, janvier, p. 76-88.
GUÉRIN, G., S. ST-ONGE, R. TROTTIER, M. SIMARD et V. HAINES (1994), « Les pratiques organisationnelles d'aide à la gestion de l'équilibre travail-famille : la situation au Québec », *Gestion*, mai, p. 74-82.

GUÉRIN, G., S. ST-ONGE, V. HAINES, R. TROTTIER et M. SIMARD (1997), « Les pratiques d'aide à l'équilibre emploi-famille dans les organisations du Québec », *Relations industrielles*, vol. 52, n° 2, p. 274-301.

HAINES, V. (1995), *Contribution à l'analyse des coûts et des bénéfices des pratiques d'aide à l'équilibre travail-famille*, Thèse de doctorat, Université de Montréal.

KHAN, R., D. WOLFE, R. QUINN, J. SNOEK et R. ROSENTHAL (1964), *Organizational Stress*, New York, Wiley.

LEGAULT, G. et A. AUSSANT (1996), *Stratégies novatrices d'aménagement du temps de travail*, CSQ, Montréal.

MTQ, Ministère du Travail du Québec (2004), *La conciliation travail-famille dans les milieux de travail québécois*, Québec, Gouvernement du Québec.

PAQUETTE, L. (1989), *La situation socio-démographique des femmes. Faits et chiffres*, Québec, Les Publications du Québec.

PARIS, H. (1989), *Les programmes d'aide aux employés qui ont des obligations familiales*, Ottawa, Conference Board du Canada.

RACINE, M. (2003), *La conciliation travail-famille : une priorité pour le personnel de soutien*, Cahier collégial, FPSES, automne.

RATTÉ, S. (2002), *Conciliation travail-famille et PME : une gestion flexible, un équilibre à maintenir*, Résultats d'enquêtes sur les pratiques de gestion des ressources humaines dans la PME, Ottawa, Fédération canadienne de l'entreprise indépendante.

ROCHETTE, M. (2002), *La conciliation travail-famille dans les conventions collectives québécoises des secteurs public, de l'éducation, de la santé et des services sociaux, secteurs universitaires et municipal*, Québec, Ministère de l'Emploi de la Solidarité sociale et de la Famille.

ROCHON, C.P. (2000), *Les dispositions favorisant la conciliation travail-famille dans les conventions collectives au Canada*, Gatineau, Développement des ressources humaines Canada.

SECRÉTARIAT À LA FAMILLE (1994), *Travail-famille, un tandem de cœur et de raison*, Québec, Gouvernement du Québec.

SPGQ, Syndicat de professionnelles et professionnels du gouvernement du Québec (2003), *Guide en matière de conciliation du travail et de la famille*, Québec.

STATISTIQUE CANADA (2003), *Enquête sur les milieux de travail et les employés*, Données de 2001, Ottawa, Gouvernement du Canada.

THÉRIAULT, J. (2002), *Les dispositions de conventions collectives et la conciliation travail-famille de 1980 à 1998*, Québec, Ministère du Travail du Québec.

TREMBLAY, D.-G. et C.-H. AMHERDT (2003), *La vie en double : obstacles organisationnels et socioculturels à la conciliation emploi / famille chez les père et les mères*, Télé-Université, Montréal, Université du Québec, note de recherche 2003-11.

Synthèse des interventions[1]

Cet atelier visait à cerner comment, et dans quelle mesure, la problématique de la conciliation travail-famille influence les relations du travail et la négociation collective. Plus précisément, l'influence de cet enjeu sur le processus lui-même de négociation et sur les stratégies des parties concernées constituait le centre de la réflexion. Les discussions que l'atelier a suscitées ont été relativement homogènes et ont porté sur les pratiques de conciliation individuelles, sur le rôle de la législation, sur la conciliation comme enjeu de négociation et, enfin, sur l'évolution des mentalités des acteurs sociaux.

La conciliation travail-famille implantée de façon individuelle

Les congressistes ont surtout été interpellés par la vision patronale des différentes solutions possibles en vue de résoudre ce problème complexe d'articulation entre le travail et la vie personnelle. La position présentée prône une flexibilité accrue en faveur des entreprises afin de rencontrer leur « devoir d'accommodement » en matière de conciliation. De toute évidence, cette méthode informelle privilégiée par certains employeurs rend les acteurs syndicaux inquiets. De leur point de vue, privilégier des pratiques de conciliation et d'accommodement à la pièce plutôt que des règles conventionnées ouvre la porte à l'arbitraire. Ils considèrent également que de telles méthodes ne peuvent qu'introduire des problèmes d'iniquité et, par conséquent, faire jaillir de nouvelles difficultés en matière de relations du travail, voire des dissensions importantes au sein même des rangs syndicaux.

Les inquiétudes des participants proviennent également du fait que le pouvoir des travailleurs, sur une base individuelle, n'est pas suffisant pour obtenir des mesures leur permettant de faciliter la conciliation entre la vie au travail et la vie hors du travail. Bien plus, les congressistes soulignent que les mesures offertes par les entreprises se traduisent trop souvent par une charge de travail accrue pour les travailleurs, sans qu'ils ne reçoivent une rétribution conséquente. Pour une main-d'œuvre professionnelle, les mesures de conciliation apparaissent plus facile à mettre en œuvre compte tenu de la nature de leurs tâches. Par contre, le problème de conciliation travail-famille

---

[1] Préparée par Mélanie Gagnon et Mélanie Laroche, étudiantes au doctorat, Département des relations industrielles, Université Laval.

semble plus difficile à résoudre pour les autres types de travailleurs. Les congressistes soulignent donc l'importance de réfléchir à des solutions collectives applicables à cette catégorie de travailleurs.

Le rôle de la législation

Comment résoudre ce problème de conciliation travail-famille ? Les solutions doivent-elles émerger de la législation ou de la négociation collective ? À ces questions, les congressistes considèrent l'avenue législative comme étant un seuil minimal nécessaire afin d'amorcer le changement. L'histoire nous enseigne qu'à la suite de l'adoption de législations, les syndicats ont été en mesure de négocier des gains supérieurs qui, en retour, ont contribué à améliorer les conditions applicables à l'ensemble des travailleurs. Si pour certaines entreprises, la voie privilégiée en vue de résoudre ce problème est la flexibilité, pour d'autres, un engagement clair de l'État qui permettrait de fixer et de promouvoir des valeurs partagées par l'ensemble de la population est préférable. Bien qu'il ne s'agisse pas de la solution optimale, il appert qu'en cette matière, une toile de fond légale où des normes seraient établies de façon souple paraît un incontournable.

La conciliation comme enjeu de négociation

En ce qui a trait à la négociation collective, les congressistes reconnaissent que la conciliation travail-famille n'est pas un enjeu comme les autres. Il ne devrait pas être conflictuel. Au contraire, les parties devraient coopérer pour le résoudre. Pour y arriver, elles devront construire à partir de bases communes. Tout porte à croire, selon les commentaires recueillis dans l'auditoire, que les parties ne désirent pas régler le problème de conciliation travail-famille pour les mêmes raisons. Les demandes patronales visent d'abord et avant tout à régler le problème d'absentéisme et de productivité alors que les travailleurs désirent améliorer la qualité de vie au travail. Plus simplement, derrière un enjeu qui semble commun, les intérêts partagés par les parties sont différents. Bref, on assiste au débat traditionnel entre l'efficacité d'une part et l'équité d'autre part.

C'est en ce sens que les conférenciers proposaient de mettre en œuvre des comités conjoints parallèlement aux tables de négociation. Ces lieux de rencontres sont prometteurs en ce qu'ils permettent aux parties de résoudre les problèmes en regard de la conciliation et de se rendre compte que des gains mutuels sont possibles, ce qui s'avère davantage difficile par la négociation traditionnelle, puisque les préoccupations de cet ordre amènent souvent de la réticence chez la partie patronale. De façon générale, elle est portée à se concentrer davantage sur le coût de l'adoption des pratiques, celui de l'absence de mesures de conciliation étant donc occulté. Néanmoins, les comités conjoints ne devraient servir qu'à rapprocher les intérêts des parties relatifs à la conciliation pour qu'ensuite, ce sujet soit inscrit en tant qu'enjeu de négociation. En somme, l'approche normative doit constituer la pierre d'assise en la matière et se substituer aux approches cas par cas.

L'évolution des mentalités comme point de départ

Les congressistes semblent également préoccupés par l'évolution des mentalités concernant la conciliation travail-famille. Ils ont notamment insisté sur l'importance d'éduquer les acteurs sociaux quant aux enjeux qui y sont sous-jacents. Ils rappellent que cette problématique est criante surtout dans le secteur des services, lequel est caractérisé par l'allongement des périodes d'ouverture des commerces, ce qui aggrave considérablement le problème de conciliation travail-famille. Cet état de fait nous porte à croire que la question de la conciliation n'est pas uniquement l'apanage des entreprises, mais qu'elle est aussi celle de la société.

Le débat entourant la conciliation travail-famille exige nécessairement une réflexion approfondie à l'intérieur des rangs syndicaux, composés de diverses générations. Les travailleurs vieillissants, qui n'éprouvent pas les mêmes besoins que les travailleurs plus jeunes, seront-ils ouverts à ce que cette conciliation devienne un enjeu de négociation au même titre que les autres enjeux? L'ancienneté à titre de principe directeur de l'organisation du travail et de l'attribution d'avantages doit obligatoirement animer les discussions à la base même des membres du syndicat.

Conclusion

En somme, bien que la conciliation travail-famille ne représente pas une problématique nouvelle, les participants sont d'avis que peu de progrès concrets ont été réalisés au cours des dernières années. Si cette question s'inscrit en tant qu'enjeu de négociation, il est opportun de se questionner sur les raisons qui y sont sous-jacentes : est-ce pour favoriser la flexibilité, préoccupation sacralisée par les entreprises d'aujourd'hui, ou est-ce par réel souci d'aider les travailleurs à concilier deux pôles importants de leur vie, la famille et le travail? Combien de temps faudra-t-il attendre pour connaître la réponse à cette interrogation?

À l'heure actuelle, plusieurs entreprises et syndicats tardent à s'attaquer au problème et considèrent toujours l'ancienneté comme étant la pierre angulaire de la régulation sociale. Par ailleurs, d'autres, plus progressistes, ont compris qu'il était impératif de mettre en œuvre des solutions innovatrices davantage axées sur la concertation des parties.

TROISIÈME PARTIE
La régulation des temps sociaux

Quelle est la place de l'entreprise privée et celle de l'État dans le développement des politiques de conciliation ?

12

Hélène LEE-GOSSELIN[1]

Les entreprises nord-américaines se sont dotées, au cours des dernières décennies, d'une diversité de programmes qui visent à réduire les conflits entre les exigences de la vie professionnelle et celles de la vie familiale et personnelle. Dans cet article, je retrace l'évolution de ces politiques et leur lente dissémination. Je discute ensuite de l'utilité des interventions publiques en matière de conciliation travail-famille.

1. Les « mots pour le dire » : de « conciliation travail-famille » à « style de vie » ou « life choice »

Le choix des mots utilisés pour nommer de nouvelles pratiques est souvent révélateur du contexte dans lequel ces pratiques émergent. Ainsi, diverses expressions sont utilisées dans la littérature scientifique et professionnelle pour traiter des divers programmes mis sur pied par les organisations pour limiter les conflits entre le travail et le reste de la vie. En français, on trouve les expressions suivantes : conciliation travail-famille, équilibre travail-famille, conciliation travail-vie, équilibre travail-vie personnelle, équilibre vie-travail, politiques familiphiles ; en Europe francophone, on trouve aussi les expressions suivantes : l'articulation travail-famille et l'aménagement des temps sociaux.

Notons tout d'abord que le choix des mots n'est pas neutre et que ces vocables ne sont pas synonymes. L'expression « conciliation » travail-famille[2] a été la première utilisée abondamment ; elle est évocatrice des conflits multiples entre les exigences

---

[1] Je désire remercier les personnes suivantes pour leurs judicieux commentaires sur une version antérieure de cet article : Esther Déom, Geneviève Baril-Gingras et Marie-Pierre Beaumont.

[2] Des variations comme « concilier vie familiale et vie professionnelle » sont aussi utilisées ; voir, notamment, la Fondation européenne pour l'amélioration des conditions de vie et de travail.

professionnelles et familiales, les conflits de temps, certes, mais aussi les savoir-faire et les savoir-être différents qui sont requis par les différents rôles. Pour illustrer ces derniers, on peut imaginer la situation d'une personne qui mène une négociation difficile pendant la journée puis qui, en soirée, doit faire preuve d'écoute, d'empathie et de souplesse avec son enfant ou son parent malade. Ce passage d'un rôle à l'autre peut présenter des difficultés, notamment à cause de la juxtaposition des périodes de temps et du changement soudain de registre de comportements et d'émotions. L'émergence des préoccupations pour la conciliation travail-famille est liée à la reconnaissance des conflits travail-famille, de leurs coûts et de leurs effets délétères, tant pour les entreprises que pour les travailleurs ; elle est aussi liée à la volonté de bon nombre d'entreprises de réduire ces coûts et leurs conséquences. Il faut noter ici qu'on entend par « travail » l'activité professionnelle d'une personne ; on ne considère donc pas les multiples tâches ou responsabilités personnelles ou citoyennes d'un individu qui, elles aussi, sont susceptibles d'entrer en conflit avec les exigences professionnelles. Les Européens utilisent l'expression « articulation travail-famille », qui est plus neutre que celle de « conciliation » ; elle reconnaît les multiples interdépendances et interactions qui existent entre ces deux domaines d'activité, mais elle ne les limite pas aux aspects conflictuels. La recherche sur les relations travail-famille a montré leurs relations positives dans certaines circonstances, mais elle documente surtout la grande importance des relations conflictuelles.

L'expression « équilibre travail-famille », quant à elle, est apparue un peu plus tard et elle tend désormais à être plus utilisée que la précédente. Elle suggère que l'investissement et l'engagement consacrés au travail sont équivalents à ce qui est consacré à un autre domaine important de la vie, la famille. Évidemment, il est question ici de temps, mais aussi d'émotions, d'énergies et de satisfactions diverses. L'objectif annoncé, « l'équilibre », est pour le moins exigeant et irréaliste pour bien des gens, surtout s'il est question d'équilibre dans l'investissement, mais il n'en demeure pas moins qu'il correspond à des aspirations maintes fois documentées chez les travailleurs de toutes les catégories occupationnelles. Notons aussi que les deux domaines de vie qui sont retenus pour cet exercice d'équilibrage sont la vie professionnelle et la vie familiale, tout comme pour l'expression précédente. Ce choix suggère l'importance qui leur est accordée, mais aussi la moindre importance accordée aux autres domaines de vie. Avec l'usage et l'examen des réactions aux pratiques qu'elle recouvre, la terminologie a évolué et le terme « famille » a été remplacé par plusieurs, par « vie » ou « vie personnelle », en reconnaissant que la famille est un engagement signifiant pour beaucoup de personnes, mais que d'autres choisissent d'autres domaines dans lesquels ils investissement du temps et leur identité. Ces domaines ainsi légitimés peuvent être, par exemple, le hors-travail, la vie personnelle, le sport et l'engagement social ou communautaire. La terminologie retenue devient alors « conciliation travail-vie[3] »,

---

[3]   http://www.rhdcc.gc.ca/fr/passerelles/topiques/wnc-gxr.shtml.

« équilibre travail-vie personnelle[4] » ou « travail et style de vie ». Cette dernière expression, « style de vie » ou « *life choice* », est le terme le plus récent ; c'est un terme actif qui suggère qu'on reconnaît et respecte la diversité des motivations et des engagements que peuvent avoir les individus. Le sens et la légitimité qu'on donne ainsi aux mesures mises en place sont très différents de ceux des premiers programmes de « conciliation ».

Finalement, certaines organisations utilisent une autre terminologie ; elles mettent sur pied des programmes de « santé et bien-être » ou de « qualité de vie[5] » diversifiés, incluant des cliniques de santé, de nutrition, de gestion du stress et, même, des abonnements sportifs. Ce choix d'expression correspond souvent au désir d'éviter la référence à la famille. On peut s'interroger si cela est un reflet du manque de légitimité des considérations familiales dans ces milieux organisationnels ou, au contraire, un désir d'être inclusif et de faire en sorte que tous et toutes se sentent concernés par ces programmes et les utilisent.

La terminologie anglaise a évolué d'une façon semblable à ce qui précède ; les expressions sont alors « *work-family balance* », « *family friendly policies* », « *work-family initiatives* » (Arthur, 2003), « *work-life balance*[6] », « *family friendly work environment – family-friendly policies*[7] ». D'ailleurs, l'enquête de Santé Canada (2001), réalisée par Duxbery et Higgins, a intégré ces trois termes : *National Study on Balancing Work, Family and Lifestyle*.

Les mots ne sont pas neutres. Leur évolution reflète celles des préoccupations, du discours et des images dont on fait la promotion : la réponse à un conflit entre le travail et la famille ; les exigences du premier nuisant à l'exercice du second ; un conflit dont on veut limiter l'existence et les effets négatifs. Ces mesures deviennent une ouverture à diverses façons de construire son identité personnelle, son projet de vie et l'allocation de son temps. On passe donc, d'une part, d'une vision prescriptive et simple de la place du travail et de la famille dans la vie des adultes à la promotion des choix individuels, beaucoup plus diversifiés, et, d'autre part, à la nécessité pour l'organisation de respecter ces choix diversifiés, sinon, de les accommoder. En ce faisant, le langage devient plus inclusif et plus libéral, au moins quant aux modèles proposés ou accommodés. Par contre, puisque ce qu'on entend par « vie personnelle » peut recouvrir des réalités aussi différentes que le soin des enfants ou des parents

---

[4]   Comme l'utilise Statistique Canada dans *Recueil travail-vie personnelle 2001 : 150 statistiques canadiennes sur le travail, la famille et le bien-être*.

[5]   La moitié des répondants à une enquête du Conseil de la famille et de l'enfance (2003) ont révélé ne pas utiliser dans l'entreprise l'expression conciliation famille-travail, mais plutôt celle de « qualité de vie ».

[6]   Angleterre, Department of Trade and Industry, http://www.dti.gov.uk/work-lifebalance/.

[7]   University of California – Berkeley, Santa Cruz.

dépendants, l'engagement communautaire ou social, la pratique d'un sport ou d'un art ou, encore, la pratique d'un loisir comme le jardinage ou le bricolage, une telle ouverture présente un risque de banalisation des contraintes vécues par ceux et celles qui ont des responsabilités familiales.

Ainsi, on voit que les pratiques dont il sera question ici sont non seulement des actions ou des mesures correctives ou préventives, mais qu'elles sont aussi porteuses de sens et de projets. Elles sont donc à la fois le reflet d'une culture et un outil de transformation de cette même culture en proposant d'autres projets, de nouvelles configurations des rôles et responsabilités des adultes, hommes et femmes. De la sorte, l'adoption de pratiques de « conciliation » ou d'« équilibre » par l'organisation peut constituer un signal qu'elle adresse à ses membres de la possibilité de ne pas accorder au travail toute la place dans sa vie, de ne pas laisser les exigences de l'entreprise envahir, conditionner et contraindre abusivement le reste de la vie. Un tel projet est lourd de conséquences et peut sembler paradoxal dans l'environnement organisationnel actuel où le travail s'intensifie (Duxbury et Higgins, 2003). S'agit-il d'un mythe, d'une mode ou d'un réel effort de transformation de la culture organisationnelle et ambiante ?

2. Les politiques et les programmes en question

Dans les sociétés nord-américaine et britannique, l'État a joué jusqu'à tout récemment un rôle très limité dans les sphères familiale et privée ; en fait, aux États-Unis, il est quasi absent du domaine. Au Québec, l'État s'est doté de politiques familiales qui accordent un certain soutien aux parents travailleurs, soutien qui est considéré généreux dans le contexte nord-américain (Dandurand et al., 2001), mais qui est centré sur l'arrivée de l'enfant et sur les services de garde de la petite enfance. Constatant un conflit grandissant entre les exigences de la vie professionnelle de leurs employés et celles de la vie familiale en particulier, de même que les coûts et les effets négatifs que cela engendre, des entreprises ont innové et adopté au cours des 20 dernières années une diversité de politiques et programmes qu'on regroupe dans la catégorie générale de « conciliation travail-famille » ou « équilibre travail-vie ». En Amérique du Nord, c'est aux États-Unis que sont apparus ces programmes et qu'ils ont gagné en importance. Les entreprises canadiennes ont emboîté le pas et les entreprises britanniques ont fait de même. Ces politiques se regroupent en quatre catégories : les soins aux personnes dépendantes ; la gestion du stress des employés et de leur famille ; la flexibilité du temps et du lieu de travail ; et les congés divers[8].

---

8   Les entreprises ont dans le passé adopté d'autres mesures qui ont une incidence sur les familles de leurs salariés, mais qui ne sont pas de nature à faciliter la conciliation ou à réduire les conflits travail-famille ; ce sont les assurances collectives diverses incluses dans la rémunération globale des salariés. Une partie de la rémunération est versée en

a. Les soins aux personnes dépendantes

Il s'agit tout d'abord des politiques liées à la garde des enfants. La préoccupation des entreprises pour les garderies est apparue aux États-Unis au cours de la Seconde Guerre mondiale. Les premiers « *work-family programs* » ont été les garderies sur les lieux de travail, subventionnées par l'État (Glass et Estes, 1997). Après la guerre, ces garderies ont été fermées, l'idéologie dominante ayant vite fait d'inciter les femmes à retourner à la maison, ce que beaucoup ont fait. Ce n'est que plusieurs décennies après que des employeurs mettent sur pied des services selon diverses formules : des soins d'urgence pour les enfants malades, des garderies partagées par plusieurs employeurs pour les enfants de leurs employés ou, encore, une entente avec une garderie privée ou publique pour que soient réservées des places pour les enfants de leurs employés, des services de référence pour le gardiennage et, plus tard, des garderies sur les lieux de travail ou des camps pendant la relâche ou les congés scolaires. Les frais de ces services sont assumés en tout ou en partie par l'employeur. La principale raison motivant ces mesures est clairement de réduire les obstacles à la participation des femmes au marché du travail et à leur progression professionnelle. Aux États-Unis, la première garderie financée par l'employeur a été établie en 1971 (Friedman, 1990) ; au Québec, c'est en 1980 que la Banque Nationale a mis sur pied, au centre-ville de Montréal, la première garderie sur un lieu de travail dans le secteur privé[9].

Ce n'est que vers la fin des années 1980 qu'est apparue aux États-Unis la préoccupation pour le soin des personnes âgées ou dépendantes (Friedman, 1990). Des formules analogues à celles visant les enfants sont offertes : centre d'information et de référence pour les services de garde locaux, centre de jour où les personnes âgées ont des activités supervisées et des services et centre intergénérationnel où les enfants et les aînés ont des activités supervisées adaptées. Ici encore, les employeurs agissent seuls ou en collaboration avec d'autres employeurs, organismes publics ou sans but lucratif pour que leurs employés aient accès à ces services. Au Québec et au Canada, ces préoccupations sont embryonnaires.

b. La gestion du stress des employés et de leur famille

La fin des années 1980 a aussi vu apparaître les programmes d'aide aux employés et à la famille : PAE, counselling, gestion du stress lié au travail et à la famille (Friedman, 1990). Il peut s'agir de l'accès à des professionnels de la santé ou des

---

contribution au paiement des primes des assurances collectives ; cela permet à l'employé et à sa famille de bénéficier d'une protection supérieure à celle qu'ils auraient si le même montant de prime était versé en salaire à l'employé et qu'il achetait lui-même une protection de son revenu ou une couverture des frais dans l'éventualité d'une maladie ou d'un décès.

[9]   Carole Barbeau, 2001, *Les garderies en milieu de travail au Canada*, Développement des ressources humaines Canada, Programme du travail, p. 34.

services sociaux pour consultation individuelle ou familiale aux frais de l'employeur. De la formation peut être offerte sur les lieux de travail pour montrer comment gérer les situations difficiles au sein de la famille, tels les conflits, la dépendance à l'alcool ou aux drogues, les comportements délinquants, etc. Ces programmes se sont développés et leurs noms ont évolué, reflétant une autre perspective, plus positive : santé-bien-être ou santé-mieux-être. On peut imaginer que dans l'avenir, l'accompagnement des salariés dans l'apprentissage des rôles et des comportements requis pour soigner des parents en perte d'autonomie sera aussi une composante de ces programmes. Devenir le « parent » de son père ou de sa mère est une expérience très différente de celle qui touche ses enfants.

c. La flexibilité du temps et du lieu de travail : modalités

On trouve dans cette catégorie des pratiques qui, bien qu'elles constituent des outils de conciliation importants, ont premièrement été introduites dans le milieu du travail plusieurs décennies plus tôt afin de faire face à des exigences économiques ou de production comme l'étalement des heures d'ouverture ou d'exploitation des entreprises pour répondre aux besoins des clients de même que la protection des emplois et la conservation des compétences dans un contexte de réduction des besoins en main-d'œuvre (Tega, 1975). La flexibilité du temps de travail est une pratique qui a augmenté pendant les années 1990 sous l'impulsion de la réduction des conflits travail-famille ou de celle des coûts reliés. On a vu apparaître l'horaire variable, le partage de l'emploi, la semaine comprimée, la réduction de la semaine de travail et la retraite graduelle. Dans un contexte de « conciliation ou d'équilibre », ce sont les besoins des employés qui sont les déclencheurs de l'usage de ces mesures et l'organisation qui s'ajuste, ce qui est un renversement de la situation antérieure.

Une autre forme de flexibilité s'organise sur des périodes plus longues. Il s'agit de celle du temps de travail dans la vie qui permet des ajustements du nombre d'heures travaillées pendant l'année, tels un horaire d'été réduit ou un long congé d'été (vacances annuelles complétées par un sans-solde pour couvrir la période des vacances scolaires), une sabbatique ou des périodes de congé (sans solde ou avec traitement différé) d'une durée plus ou moins longue pour des motifs variés : voyage, études, famille, santé, etc.

Quant à la flexibilité du lieu, les innovations technologiques font en sorte que le travail peut être réalisé n'importe où, incluant le domicile de l'employé, des bureaux satellites plus près des lieux de résidence ou, même, le lieu de travail du client. Si cette flexibilité permet notamment de réduire le temps de déplacement, ce qui est souvent très appréciable dans les grandes agglomérations, elle peut accroître l'isolement du travailleur et limiter le soutien social des collègues ou du supérieur, si utile à la conciliation. Ainsi, dans certaines circonstances, cette mesure peut avoir des effets pervers, contraires à l'intention initiale. Par contre, dans le contexte de soins aux personnes dépendantes, en particulier les parents, la flexibilité du temps et du lieu de travail peut être d'une importance majeure, car la mobilité professionnelle fait souvent que les salariés ne vivent pas dans la même région que les parents dont ils doivent s'occuper.

d. Les congés divers : maternité, paternité, convenance personnelle, compassion et vacances

Divers congés sont aussi offerts par les employeurs au père ou à la mère lors de la naissance ou de l'adoption d'un enfant, pour s'occuper d'un enfant ou d'un parent malade ou, encore, lors du décès d'un proche. Ces congés peuvent être payés ou non et d'une durée très courte (quelques heures) ou plus longue (plusieurs mois dans le cas d'un congé de maternité), variant beaucoup d'un employeur à l'autre et d'une industrie à l'autre. La durée témoigne, notamment, du degré de prise en compte des besoins de l'employé par l'entreprise. Par contre, elle est limitée au minimum exigé par la loi pour bon nombre de salariés, ce qui, encore une fois, témoigne du degré de prise en compte des besoins des employés par les entreprises et met en évidence un élément de la culture des affaires dans les sociétés nord-américaine et britannique.

Comme mentionné précédemment, ces programmes de conciliation sont apparus à divers moments au cours des dernières décennies pour des motifs de conciliation, mais aussi pour d'autres raisons ; ils se sont disséminés à des rythmes différents, sous l'influence de divers facteurs, de sorte que présentement, certains sont beaucoup plus répandus que d'autres. Il existe donc des écarts importants dans ce qui est accessible aux travailleurs et travailleuses, d'une entreprise à l'autre, mais également selon les statuts d'emploi.

De plus, les organisations varient grandement quant à l'étendue des programmes qu'elles offrent. Certaines ont des mesures plus ou moins généreuses pour chacune des catégories précitées, alors que d'autres se limitent à une seule. Quelques entreprises vérifient la pertinence de leurs programmes par rapport aux besoins de leurs employés et leur évolution, alors que d'autres n'ont pas cette préoccupation. On peut d'ailleurs s'interroger sur les réelles motivations de ces dernières. Ainsi, l'existence de politiques « d'équilibre ou de conciliation » est un élément pouvant faciliter une certaine conciliation, mais il est loin d'en être une garantie.

L'absence de politiques formelles ne veut pas nécessairement dire que l'entreprise est inflexible et que les préoccupations autres que professionnelles ne sont pas légitimes aux yeux de ses dirigeants. En effet, des employeurs attentifs aux besoins de leurs employés et soucieux de leurs relations avec eux peuvent accommoder des besoins particuliers de flexibilité de temps, de lieu de travail ou d'aménagement de la charge. Cependant, ces accommodements dépendent beaucoup du bon vouloir du gestionnaire et des capacités de négociation de l'employé. Ainsi, le degré auquel l'entreprise tient à ce collaborateur, en raison de services passés ou de besoins à court ou à moyen terme, sera un élément déterminant de cette négociation individuelle et l'accommodement risquera fort d'être considéré, tant par celui qui l'accordera que par celui qui le recevra, comme un privilège... et des privilèges, ça se mérite et ça se paie ! Cela limite grandement l'avantage de tels accommodements du point de vue des employés qui vivent des conflits travail-famille ou qui poursuivent d'autres projets de vie.

Ainsi, en l'absence de politiques ou de programmes de conciliation, des accommodements du travail en fonction des exigences de la vie personnelle ou familiale peuvent survenir, mais ils sont exceptionnels et limités (notamment dans leur durée et dans leur forme). De plus, leur informalité risque d'engendrer des conséquences négatives parmi lesquelles il faut noter les suivantes : a) une décision arbitraire du superviseur à qui la demande est faite et, par conséquent, une iniquité dans la façon dont sont reçues et traitées les demandes des employés d'un superviseur à l'autre ou d'un employé à l'autre, ce qui risque d'affecter le moral des employés ; b) de l'inefficacité parce que chaque superviseur, en l'absence de clarté quant aux paramètres à considérer, explore les façons de faire et qu'il y a peu d'apprentissage organisationnel quant aux façons de faire, aux modalités et à l'utilité de chaque adaptation ; c) une hésitation de la part des employés à formuler des demandes lorsqu'ils ont des besoins ; d) le maintien du peu de légitimité des préoccupations personnelles, familiales ou autres au sein de l'organisation.

3. La conciliation et l'équilibre : des politiques et des programmes mais, surtout, une culture

L'existence de politiques dans une organisation permet de légitimer son objet et de circonscrire « ce qui est possible » pour les acteurs. Ainsi, les comportements ou les aménagements possibles, acceptés ou exigés des uns et des autres, et les conditions à satisfaire sont clarifiées ; celles-ci peuvent même être négociées. Ce cadre permet, tant aux individus qu'à l'organisation, de comprendre, de planifier et de s'organiser. De cette façon, dans une entreprise dotée d'un programme de flexibilité du temps de travail, l'employé qui souhaite faire un réaménagement peut vérifier s'il y est éligible et, le cas échéant, il peut invoquer la politique, s'adresser à son superviseur pour explorer la faisabilité de l'idée et, même, proposer des plans d'action. La présence de politiques devrait faire en sorte que les assouplissements soient moins considérés comme des privilèges ou des récompenses exceptionnelles, mais plutôt comme une façon alternative de travailler.

Par contre, l'existence d'une politique de flexibilité ne garantit pas un droit. Le réaménagement dépend, notamment, de la capacité des acteurs à concevoir autrement l'organisation du travail, tant les tâches que la charge et le temps, et à gérer l'incertitude et les ambiguïtés inhérentes à de telles innovations ; il dépend aussi de leur volonté de le faire et des contraintes technologiques. Déjà, au début des années 1990, le Family and Work Institute identifiait la culture organisationnelle comme un facteur clé dans l'implantation des politiques de conciliation. On entend par culture organisationnelle les hypothèses implicites, les croyances et les valeurs qu'ont en commun les membres de l'organisation, en particulier celles reliées au travail, à la carrière, au succès, à la famille et à la vie personnelle (Nord, Fox, Phoenix *et al.*, 2002). Il prévoyait d'ailleurs comme première intervention d'implantation des politiques de conciliation des sessions de formation des cadres, en procédant systématiquement du haut vers le bas de l'organisation, pour présenter le « *business case* », déconstruire leurs hypothèses implicites quant aux caractéristiques des employés modèles et rendre acceptable les préoccupations familiales dans le contexte de l'organisation (Galinsky *et al.*, 1991).

De plus, l'existence de politiques ne garantit pas qu'elles seront implantées ou que les individus les invoqueront. Par exemple, la culture de l'organisation, ce qui y est défini comme modèle et désirable, peut constituer un obstacle important à l'implantation ou à l'utilisation de programmes. Voici quelques éléments à considérer.

a. Le soutien des gestionnaires et de la haute direction de l'entreprise envers les politiques et programmes de conciliation

Ce soutien exige que la direction de l'entreprise perçoive comme légitime les préoccupations pour la famille et le reste de la vie, dans le contexte de l'organisation, et qu'elle l'exprime clairement par l'allocation de ressources et par la cohérence entre ses affirmations et ses comportements. Alors que certains font valoir que ce soutien, pour être crédible, doit prendre la forme de l'usage des politiques de conciliation par les membres de la haute direction eux-mêmes, qui deviennent alors des modèles (Kossek *et al.*, 1999), d'autres font valoir que les hauts dirigeants n'ont pas besoin d'être des modèles d'équilibre dans leur vie. Ils sont crédibles dans leur soutien aux politiques de conciliation si en dépit de leur comportement de « boulomane ou *workaholic* », ils respectent et accommodent des choix de vie différents chez leurs collaborateurs (Friedman et Lobel, 2003). Ces auteurs arguent que de tels dirigeants sont alors des modèles d'authenticité et qu'ils incitent leurs collaborateurs à identifier leurs objectifs et à rechercher des façons de les atteindre pour être, eux aussi, authentiques. Il faut dire, cependant, que cette dernière position est nouvelle et que les écrits abondent sur l'incrédulité des employés et leurs craintes quant aux conséquences de l'usage des politiques. Je l'aborde plus loin.

b. La nature des relations avec les gestionnaires et les collègues

Si l'engagement et le soutien de la haute direction sont des éléments cruciaux à tout changement organisationnel, l'implantation réelle des pratiques de conciliation dépend de la capacité des cadres de tous les niveaux à revoir l'organisation du travail et leur relation avec leurs subordonnés. En effet, l'implantation des pratiques de conciliation et d'équilibre exige la transformation des échanges entre les employés et leur supérieur, d'une relation de contrôle à une relation de collaboration et de confiance pour la détermination et l'implantation des aménagements possibles. Elle exige aussi que soit revue l'organisation de la charge des autres collaborateurs pour ne pas l'alourdir – ou leur faire payer le prix de la flexibilité accordée à leur collègue. Elle exige finalement que l'organisation augmente sa compétence à gérer la charge et le rendement, ce qui est bien plus complexe que de gérer le temps et la présence. Ainsi, de nouveaux partenariats doivent être forgés entre les gestionnaires et leurs employés ; il faut aussi mettre sur pied des outils et des processus plus sophistiqués de gestion de la charge et du rendement tant pour les individus qui profitent d'une nouvelle flexibilité que pour ceux avec qui ils ont des interdépendances.

c. Les modèles, les héros célébrés, l'image ambiante du « travailleur idéal » ou du « collaborateur apprécié »

Dans bon nombre d'organisations, l'image qu'on a de l'employé apprécié ou modèle est celle de celui qui travaille sans compter ses heures, qui accepte d'en faire des supplémentaires et dont le rendement dépasse les exigences (William, 2000). Cet employé dédié met son travail et l'organisation qui l'emploie en priorité dans ses préoccupations et le reste de la vie doit s'ajuster ou, même, aller jusqu'à disparaître ! Cette image, bien que périmée et contestée, constitue une « toile de fond » dans bon nombre d'organisations. Le temps travaillé, le temps de présence et la disponibilité à en consacrer sont alors réinterprétés comme des preuves d'engagement et de productivité, bien que leur qualité soit très douteuse. De plus, d'autres systèmes de gestion des ressources humaines, tels ceux de rémunération au rendement et de « reconnaissance », renforcent ces représentations et rendent visibles dans leur milieu ces « modèles » qui dépassent de façon importante les attentes, augmentant d'autant le paradoxe entre les modèles proposés et le « nouveau discours » de l'équilibre ou de la conciliation.

d. Les politiques de conciliation sont vues comme des mesures destinées aux femmes en emploi

Parmi les facteurs qui ont entraîné la mise sur pied de politiques de conciliation dans beaucoup d'entreprises se trouvent les programmes d'équité en emploi. Ils examinent les obstacles au développement professionnel des femmes dans l'organisation et ils mettent en place des mesures de correction. Les responsabilités familiales des femmes dans la société nord-américaine étant souvent invoquées comme des contraintes à leur pleine participation sur le marché du travail et à leur progression professionnelle, les politiques de conciliation offertes sont alors premièrement destinées aux femmes et souvent caractérisées comme « familiphiles » ou « *family-friendly* ». Une telle caractérisation peut avoir pour conséquence négative de créer des « *mummy track* », des cheminements de carrière particuliers et « accommodants » pour les mères, qui deviennent des culs-de-sac lorsqu'il n'est plus possible pour elles de reprendre les cheminements usuels ou de « rattraper le retard » par rapport à leurs collègues.

Cette caractérisation peut aussi agir comme inhibiteur pour que les hommes réclament les assouplissements nécessaires (S. Lewis, 2001), renforçant ainsi les rôles sociaux traditionnels et le mythe des deux mondes séparés, le travail et le reste de la vie, le premier n'étant alors pas concerné par le second.

e. La définition de l'efficacité et le délai acceptable de réponse aux clients ou aux demandes

Certaines organisations tentent de se distinguer de leurs concurrents par la rapidité de leur réponse aux clients. Il se développe alors, dans ces milieux, une culture de l'urgence où les échéances se trouvent imposées à partir des demandes des clients, sans que ne soit testée l'utilité réelle de l'urgence et sans que ne soient prises en compte les répercussions de cette pression du temps sur l'employé. La tarification élevée est souvent offerte comme la justification de cette exigence de promptitude dans la réponse aux demandes des clients, en particulier dans les organisations professionnelles comme les bureaux d'avocats et de comptables. Dans d'autres entreprises, le rythme de travail est rapide parce que ces entreprises tentent continuellement de réaliser des gains de productivité, ou d'améliorer leur position concurrentielle. Dans d'autres, enfin, l'exploitation est en continu, sur un cycle de 7 jours sur 7 et de 24 heures sur 24, et la technologie permet les interactions constantes ; les membres de l'entreprise peuvent alors être joints en tout temps et soumis à des demandes incessantes, à moins que ne soient clairement énoncées des normes quant aux limites à respecter dans l'interpellation des collaborateurs. L'occasion rendue possible par la technologie risque alors de nourrir les exigences de disponibilité imposées aux personnes. Derrière ces arguments se cache souvent une crainte, la menace de la concurrence, qui est une justification « toute prête », maintes fois répétée, mais dont l'ampleur peut être réelle ou imaginaire.

f. Les conséquences anticipées de l'utilisation des politiques

Des recherches ont montré de façon répétée que les employés hésitent à profiter des mesures de flexibilité au travail, même lorsqu'ils en ont besoin, car ils craignent de compromettre leur carrière et d'être perçus comme accordant moins d'importance à leur travail (Fried, 1998 ; Lewis, 2001 ; Nord et al., 2002). Par exemple, une étude récente du Department of Trade and Industry (2004) démontre que dans le secteur des technologies de l'information, 75 % des employés craignent que d'utiliser les modalités de travail flexible nuise à leur carrière[10]. D'autres études démontrent que les employés qui ont fait usage des programmes de conciliation considèrent qu'ils ont moins de pouvoir et d'influence dans l'organisation qu'ils en avaient auparavant et que leur carrière a ralenti (Avery et Zabel, 2001 ; Bailyn, 1993 ; William, 2000).

C'est donc dire l'importance dans la culture organisationnelle actuelle de la centralité et de la priorité que le travail doit avoir dans la vie des employés. Les

---

[10]   *Daily Telegraph*, 25 mars 2004, p. A1, L'enquête a porté sur 1 000 salariés britanniques dans le secteur des technologies de l'information et des communications.

hésitations des employés sont donc compréhensibles et elles risquent de devenir des prophéties qui s'autoréaliseront à moins que des mesures ne soient prises pour que ces effets négatifs s'amenuisent et que la culture organisationnelle reconnaisse la légitimité d'investissements différents dans le travail, et ce, à divers moments de la vie des individus.

Ainsi, les pratiques et les mesures de conciliation travail-famille ou d'équilibre nécessitent une révision en profondeur de certaines croyances, valeurs et pratiques au sein de l'organisation ; leurs ramifications sont importantes. Il ne s'agit pas d'ajustements mineurs, mais bien de révision et de transformation profondes ; certains diraient même qu'il s'agit d'une révolution à opérer. De plus, ces transformations sont à contre-courant de l'évolution du temps de travail dans les organisations au cours des dix dernières années et de l'expérience que font les travailleurs de demandes toujours plus lourdes. Aux États-Unis, le National Study of the Changing Workforce (NSCW) a montré qu'entre 1977 et 1997, la semaine de travail s'était allongée de cinq heures en moyenne (Bond, Galinsky et Swanberg, 1997). Au Canada, Duxbery et Higgins (2001 et 2003) ont trouvé un alourdissement important du temps de travail entre 1990 et 2001, en particulier pour les professionnels et les cadres, et aussi une intensification du travail, celui-ci devenant plus exigeant.

Il ne faut donc pas s'étonner si les employés perçoivent un double discours dans l'organisation qui les emploie et dans le milieu des affaires. Ce double discours les amène à douter de la réelle volonté de prise en compte, par l'organisation, des besoins de conciliation ou d'équilibre de ses membres. D'autant plus que les gestionnaires avec lesquels les employés doivent explorer les accommodements possibles sont eux-mêmes soumis à des demandes professionnelles de plus en plus lourdes, ce qui risque d'accroître leur propre conflit travail-famille et leurs difficultés à accepter ou à concevoir ces accommodements pour leurs subordonnés.

Les transformations culturelles nécessaires pour l'équilibre travail-famille s'inscrivent dans la durée et nécessitent une diversité de renforcements pour que l'idée devienne réalité. Si les entreprises doivent être les premières artisanes de ces changements culturels, puisque c'est leur culture interne, leurs processus et leurs outils doivent être modifiés. Je crois que l'État a lui aussi un important rôle à jouer à cet égard. Ce rôle est développé dans la dernière section.

4. Les motifs invoqués pour introduire des pratiques de conciliation ou d'équilibre

Il existe une abondante littérature sur les conflits entre le travail et la famille[11] et leurs effets sur le rendement de l'employé, son engagement professionnel, sa santé,

---

[11]   Voir, notamment, S.A. Lobel, 1999, « Impacts of diversity and work-life initiatives in organizations », dans G.N. Powell (dir.), *Handbook of Gender and Work*, p. 453-474 ; voir

sa satisfaction au travail, ses attitudes envers l'organisation, la vie en général et son maintien en emploi. Cette documentation scientifique et professionnelle présente les différents motifs pour lesquels les entreprises se dotent de politiques de conciliation. Ils appartiennent à plusieurs logiques, économique, stratégique et de responsabilité sociale, que j'esquisse rapidement.

Les motifs économiques considèrent les coûts directs et indirects liés aux conflits travail-famille et au stress qu'ils engendrent : départ, erreurs, relations de travail difficiles, pertes de productivité, maladie, etc. Les politiques et programmes visent alors la recherche de l'efficience par la réduction du roulement, de l'absentéisme et des coûts qui leur sont associés, comme ceux de recrutement et de formation des recrues, de déstabilisation et des ajustements des équipes de travail, des pertes sur les investissements en formation, etc. C'est donc ultimement la réduction des coûts et l'augmentation de la profitabilité ou de la valeur de l'organisation qui sont recherchées (Arthur, 2003).

Les motifs stratégiques sont liés au souci qu'a l'organisation de présenter une image corporative « moderne » en ajustant ses pratiques à celles qui sont promues dans la société ou dans l'industrie comme étant innovantes. Ce souci est une tentative de réponse aux attentes des employés et à celles de la population en général. La mise sur pied de programmes vise alors, d'une part, à augmenter la capacité d'attraction de nouveaux employés et à se distinguer de ses concurrents sur le marché du travail ; elle vise, d'autre part, à se doter d'une bonne image publique et à se distinguer de ses concurrents sur le marché du produit ou du service.

Les motifs sociaux, quant à eux, réfèrent au désir de l'organisation de répondre aux attentes et aux besoins de ses employés qui éprouvent des conflits entre le travail et le reste de la vie[12], de même que de répondre aux attentes des nouveaux arrivants dont les aspirations et les valeurs incluent « du temps pour soi » et « avoir une vie à l'extérieur du travail » (PricewaterhouseCoopers, 1999 ; Burgaud, 2002). Ces motifs sociaux sont indirectement reliés aux motifs économiques, car il est postulé qu'en répondant bien aux attentes des employés, cela influencera l'absentéisme, le taux de roulement, l'attachement, la loyauté, la volonté de contribuer à la mesure du potentiel, et à la créativité plutôt que de se contenter de répondre aux exigences (Hilteibeitel *et al.*, 2000 ; Almer *et al.*, 2003). Mais les motifs sociaux peuvent aussi trouver leur fondement dans une conception de l'organisation comme devant répondre à la fois à une finalité économique et à une finalité sociale. De tels programmes sont alors une

---

aussi http://www.bc.edu/bc_org/avp/wfnetwork/ et un cadre d'analyse de la mesure des effets http://www.bc.edu/bc_org/avp/wfnetwork/rft/wfpedia/wfMOOent.html.

[12]   Des études canadiennes nationales révèlent que la moitié des salariés canadiens éprouvent des conflits entre leur vie professionnelle et leur vie personnelle. Voir *150 Statistiques canadiennes sur le travail, la famille et le bien-être*, 2001.

façon pour l'entreprise d'assumer ses responsabilités envers ses employés et la communauté où elle opère, à court, moyen et long terme. De telles entreprises mesurent leur performance à partir d'un triple bilan : économique, social et environnemental ; elles se préoccupent d'un développement durable à tous les points de vue.

Si la logique économique est celle qui est la plus invoquée et la plus documentée, elle comporte, toutefois, deux limites importantes. La première est liée à la qualité de la mesure des variables, tant celle des coûts que celle des économies (réduction de l'absentéisme, du roulement, augmentation de l'attraction, de la loyauté, de la créativité, etc.). Si la mesure des coûts directs présente un défi, celle des coûts indirects est d'autant plus difficile, puisqu'ils sont associés à des phénomènes subtils comme des variations d'attitudes (par exemple : satisfaction, engagement, loyauté, créativité). La seconde difficulté est celle de la relation de causalité qui est postulée entre le programme et les effets (réduction du stress, du conflit et de leurs effets délétères). L'introduction d'un programme de conciliation, comme la flexibilité du temps de travail, engendre une diversité de conséquences, à de multiples niveaux, notamment de l'organisation du travail, du réseau des relations sociales liées à la réalisation de la tâche, etc. ; ces conséquences doivent être anticipées et gérées. Ainsi, comment déterminer la part de l'effet qui est associée au programme *versus* celle qui est associée à ces conditions d'implantation ? Quel est l'horizon temporel pertinent pour mesurer les effets ? Comment s'assurer que le seul phénomène qui ait agi est l'introduction du programme et que rien d'autre n'est survenu pour influencer les variables dépendantes ?

Dans ces conditions, il n'est pas étonnant que la littérature qui porte sur la logique économique et qui présente les coûts-bénéfices contienne un grand nombre d'études de cas dont les conclusions ne convaincront pas les sceptiques, mais qui serviront d'arguments à ceux et celles qui font la promotion de ces mesures. Ainsi, les avantages économiques de certains programmes de conciliation sont documentés par des anecdotes, des études de cas et « du sens commun », mais la preuve quantitative et de causalité est encore à faire, notamment à cause de la complexité du phénomène, de l'effet « Hawthorne » et des résultats inconsistants à cause des problèmes de mesure ou de données.

Quant aux motifs stratégiques et sociaux, ce sont des réponses à des valeurs autres qu'économiques dans la société, d'autres conceptions du désirable. L'argumentation qui les soutient est souvent morale, liée aux devoirs et aux responsabilités des entreprises envers les diverses parties intéressées, notamment leurs employés et leur famille, la société où elles évoluent, l'environnement d'où proviennent les ressources qu'elles exploitent et où se trouvent des retombées diverses. Cette argumentation est souvent complétée par une argumentation économique comme si, dans le milieu des affaires, celle-ci était un passage obligé.

Ces motifs, économiques, sociaux et stratégiques, agissent à la fois comme moteur de l'initiative ou du programme de « conciliation » ou d'« équilibre » de l'organisation ou de l'entrepreneur, mais ils sont aussi utilisés par d'autres acteurs sociaux, comme les gouvernements, les associations d'employés et d'employeurs et divers groupes sociaux à titre d'arguments pour accélérer la diffusion et l'adoption de telles pratiques en réponse au constat de l'importance et de l'accroissement du conflit travail-vie dans notre société. Les écrits révèlent donc l'existence et l'importance d'un discours scientifique, professionnel et gouvernemental qui légitime la préoccupation pour la *conciliation* ou l'*équilibre*, qui incite au changement de pratiques dans l'organisation du travail et de la famille et qui propose des alternatives.

Il serait intéressant de revoir cette littérature pour déterminer jusqu'à quel point l'idée qui est légitimée et promue est celle de la *conciliation*, dans le sens de la réduction des conflits entre deux domaines, travail et famille, ou plutôt celle de la recherche d'un *équilibre* dans la vie, lequel peut prendre diverses formes selon les individus et la période de leur vie, mais qui n'est plus défini de façon normative dans une société donnée et qui ne donne plus au travail le seul rôle social important, valorisé et déterminant du reste de la vie. Selon que le modèle proposé est le premier ou le second, le degré de remise en question des pratiques de l'organisation est très différent, tout comme le défi de l'implantation. Ainsi, on pourrait imaginer que lorsque l'entreprise est mue par des motifs économiques, le doute des employés envers la légitimité des pratiques serait plus fort que lorsque l'entreprise justifie ses initiatives par des motifs sociaux. Par contre, lorsque l'entreprise est mue par des objectifs sociaux, la congruence des diverses pratiques de production, d'affaires et de relations avec ses employés, avec ses valeurs sociales, risque d'être un facteur de crédibilité des pratiques de conciliation.

5. L'évolution de la préoccupation depuis vingt ans – le rôle des acteurs

Lorsqu'on consulte la littérature professionnelle et scientifique nord-américaine sur la conciliation travail-famille, il est intéressant de constater la diversité des acteurs qui s'intéressent à ces questions : centres de recherche, médias, chercheurs, professionnels, agences gouvernementales, organisations d'employeurs, syndicats, etc. Il semble donc que les pratiques de conciliation travail-famille sont en voie de s'institutionnaliser. Dans les quelques lignes qui suivent, j'esquisserai à grands traits cette diversité des acteurs qui contribuent à cette institutionnalisation, de même que le rythme de la diffusion.

Tout d'abord, il faut noter l'accroissement récent des centres de recherche. En voici quelques-uns parmi les plus importants : Catalyst, fondé en 1962, qui établit, en 1980, le Career and Family Center ; le Family and Work Institute, créé en 1989 ; le

Boston College Center for Work and Family, fondé en 1990[13] ; le Center for Families, Work and Well-Being de l'University of Guelph, fondé en 1998 ; l'Institute for Women and Work (IWW), fondée en 1972 à la Cornell University ; et la Jarislowsky Chair in Families and Work, fondée à l'University of Guelph en juin 2003[14], la première chaire canadienne sur cette question. Le site Internet du Boston College Center for Work and Family présente le Sloan Work and Family Research Network[15] qui liste huit centres de recherches universitaires américains au sein de son réseau et plus de 58 centres de ressources sur les relations travail-famille, incluant des centres de recherche de neuf autres universités. Le Boston College Center for Work and Family offre même un programme de certification en collaboration avec l'Alliance for Work-Life Progress. Cette nomenclature met en évidence plusieurs éléments : on observe que les pionnières œuvrent depuis déjà plus de vingt ans dans le domaine et que leur action est à la fois la recherche et la transformation des milieux de travail ; on note aussi qu'au cours des dernières années, plusieurs centres sont nés, dont deux au Canada, ce qui suggère une légitimité grandissante de cette thématique de recherche et de l'effervescence récente sur le sujet. L'examen des bibliographies supporte cette affirmation.

Un autre type d'acteurs, une certaine presse écrite à large diffusion, a joué un rôle très important. Le magasine *Working Mother's* a participé en publiant annuellement, depuis plus de quinze ans, son palmarès des 100 meilleures compagnies américaines du point de vue des mères qui y travaillent. Cette initiative a permis la diffusion des pratiques de conciliation auprès des femmes, mais aussi auprès de la population et des organisations. Les magazines d'affaires *Business Week* et *Forbes* présentent eux-aussi leur palmarès des organisations accommodant les exigences familiales (Duxbery et Higgins, 2001). Au Québec, la revue *L'actualité* diffuse depuis deux ans le profil des entreprises gagnantes des prix *ISO-Famille*.

D'autres initiatives ont favorisé les interactions et les synergies entre divers acteurs. Ainsi, le Conference Board américain a organisé au cours des années 1990 de nombreuses conférences sur les côtes est et ouest afin de diffuser les « bonnes pratiques » de conciliation, mais aussi d'encourager leur adoption par les entreprises. En ce faisant, il accordait beaucoup de visibilité aux entreprises innovantes, ce qui engendrait une certaine émulation. Plus récemment, le Conference Board du Canada a fait de même.

Évidemment, de nombreuses conférences ont porté sur cette thématique, mais il importe d'en signaler une en particulier, celle organisée par l'Institute for Women and

---

[13]   Il offre un programme de certification en collaboration avec l'*Alliance for Work-Life Progress*, fondée en 1996.

[14]   http://action.web.ca/home/cfwwb/notices.shtml ?cat_name=New+at+the+Centre&AA_ EX_Session=9e771dbfa8d53e3b2282cf39d0e24b9d.

[15]   http://www.bc.edu/bc_org/avp/wfnetwork/links.html.

Work en 2001, qui regroupait vingt-six universitaires, activistes, représentants gouvernementaux de quatorze nations, dont la France, la Finlande, l'Inde et la Nouvelle-Zélande[16], et lors de laquelle des représentants gouvernementaux ont témoigné de leur engagement pour stimuler la diffusion de politiques de conciliation dans leur pays. Il s'agit d'un exemple de concertation de divers milieux pour stimuler le changement social à l'échelle internationale.

Des gouvernements se sont associés à d'autres acteurs pour mettre en place des mesures de diffusion, de promotion, de légitimation et d'émulation sur leur territoire. Mentionnons, pour le Canada, le *Prix Canada pour l'excellence – milieu de travail sain*, depuis 2001, et la mise sur pied au Québec, en 2001, du prix *ISO-Famille* grâce à la collaboration du Conseil du statut de la femme, du Conseil de la famille et de l'enfance et du Conseil consultatif du travail et la main-d'œuvre. Aux États-Unis, les deux prix suivants sont importants : l'*Innovative Excellence Award*, décerné par l'Alliance of Work-Life Professionals, et l'*Office of Personnel Management Director's Award for Outstanding Work-Life Programs*, décerné par le U.S. Office of Personnel Management (OPM), Office of Work-Life Programs. En Angleterre, Lloyds TSB et le Department for Education and Employment décernent, depuis 1990, le prix *Parents at Work* ; deux autres prix y sont aussi remis, l'*Employer of the Year National and Regional Awards* et le *Best Boss Competition*. Le gouvernement anglais a également facilité la création d'une alliance regroupant vingt-deux employeurs majeurs et quatorze organisations partenaires pour faire, de concert avec l'État, la promotion des « meilleures pratiques » de conciliation. En Australie, c'est l'Australian Chamber of Commerce and Industry (ACCI) qui décerne annuellement le *National Work and Family Awards*, alors qu'en Nouvelle Zélande, depuis 1990, la collaboration entre l'Equal Employment Opportunity Trust (EEOT) et le Department of Labour a donné lieu au Work-life Balance Project qui décerne annuellement les *Work & Life Awards*. Il faut noter que le Department of Labour est le maître d'œuvre et qu'il existe un comité d'orientation formé de représentants de diverses agences gouvernementales, du EEOT et du National Advisory Council on the Employment of Women.

Cet inventaire d'organismes engagés dans la création de concours permettant la dissémination des bonnes pratiques illustre le rôle central et récent que joue l'État dans la diffusion et la légitimation de ces politiques. Loin de faire appel à la contrainte et au pouvoir de légiférer pour engendrer un désirable, ces états ont préféré compter sur l'information entre les entreprises pour encourager le développement d'une nouvelle norme dans la société : la conciliation ou l'équilibre entre les activités professionnelles et les autres domaines de la vie. En proposant comme modèles les gagnants et les finalistes des concours, l'État multiplie les modèles proposés et encourage une certaine émulation et une certaine expérimentation au sein du milieu des

---

[16]   www.news.cornell.edu/releases/feb01/bellagio.post.conf.sm.html.

affaires. L'objectif est alors proposé, *conciliation* ou *équilibre*, et les moyens à prendre pour l'atteindre sont à être inventés par les entreprises, en fonction de leurs caractéristiques.

Certains gouvernements ont aussi complété cette approche par des incitatifs financiers, de sorte que pour renforcer l'attraction des mesures qu'il juge désirables et leur adoption par les entreprises, l'État offre des ressources pour aller dans la direction souhaitée. L'Angleterre, par exemple, a mis sur pied deux fonds, le *Challenge Fund* de £1,5 millions et le *Partnership Fund* de £5 millions sur cinq ans, pour soutenir financièrement les entreprises qui mettrent en place des programmes de conciliation travail-famille (European Foundation, 2003, p. 25).

6. Les entreprises : théâtres de nombreux paradoxes

Comme on vient de le voir, les entreprises sont traversées par divers courants dont les messages et les demandes sont souvent discordants. De plus, bon nombre de chercheurs s'entendent pour affirmer qu'au cours des vingt-cinq dernières années, les pressions contradictoires qui s'exercent sur les organisations se sont accrues de façon importante (Christensen, 1998 ; Tushman et O'Reily, 1997). Ces pressions sont de tous ordres. Mentionnons les suivantes à titre d'exemples : innovations technologiques permettant le travail à distance et accélérant le rythme du travail ; innovations dans les processus pour accroître l'efficacité et l'efficience (Qualité totale) ; accélération des changements ; exigences accrues de rentabilité économique, de productivité et de qualité (MacBride-King et Bachmann, 1999) ; changements démographiques – augmentation de la présence des femmes à tous les niveaux de l'organisation, notamment des mères de jeunes enfants, et vieillissement de la population ; alourdissement du « travail de soins » des travailleurs et travailleuses ; intensification du travail, en particulier pour les professionnels et les gestionnaires (European Foundation, 2003).

Depuis les années 1990, au nom de la concurrence internationale, de la compétitivité et de la gourmandise des investisseurs pour la rentabilité, les entreprises ont connu des restructurations, des réductions d'effectifs, des pressions à l'augmentation de l'efficacité et de la productivité qui ont accru l'incertitude des employés envers leur emploi, leur organisation et leur temps de travail. Les progrès en logistique et le souci d'économies ont amené bon nombre d'entreprises manufacturières à adopter le système du « juste-à-temps », ce qui limite les coûts des inventaires de pièces et de produits finis, mais augmente les défis logistiques, le stress des délais et les pressions sur le personnel liées à l'approvisionnement, à la production et à la livraison. Par contre, au cours de la même période, les discours sur l'importance des personnes dans l'organisation et sur la ressource stratégique qu'elles représentent ont eux aussi connu une vaste diffusion.

Un autre courant, celui de la responsabilité sociale des entreprises, amène certaines d'entre elles à revoir leurs objectifs et à se préoccuper de l'ensemble des effets

qu'elles engendrent. Constatant les effets négatifs de dix ans de capitalisme globali-
sant[17] et reconnaissant que le monde est très interconnecté, certaines entreprises mesurent désormais leur performance à partir d'un triple bilan[18], économique, social et
environnemental. Elles se préoccupent alors de l'usage efficace des ressources de
toutes natures – humaine, naturelle, financière – et elles évitent tant le gaspillage que
la surutilisation afin de ne pas épuiser les ressources dont elles ont besoin pour leur
avenir. Pour certaines, il s'agit d'une obligation morale ; pour d'autres, c'est la con-
formité aux obligations légales d'une société où elles désirent continuer d'opérer.
Pour d'autres, encore, c'est la logique économique traditionnelle qui les motive et
elles se préoccupent du triple bilan, car c'est le coût de faire des affaires dans « le
monde actuel et celui en préparation », c'est un « mal nécessaire » pour préserver leur
légitimité et leur droit d'opérer ou, même, c'est une occasion d'affaires ou une occasion de se faire valoir et de se démarquer des concurrents.

Ces quelques exemples de paradoxes organisationnels posent des problèmes dans
nos modèles qu'on voudrait simples et élégants. Par contre, ils sont le reflet de la
complexité, de la diversité et de l'ambiguïté[19] de la vie organisationnelle actuelle et
du milieu des affaires ; diverses tensions et cycles de renforcement sont au cœur de
l'organisation. Les tensions ont le double effet de ralentir et de stimuler le changement tel qu'illustré plus haut, tant au sein de l'organisation que dans son environnement ; toutefois, on peut s'inquiéter de la force relative des pressions pour ralentir le
changement par rapport à celles pour l'augmenter ou l'accélérer. La diversification
de la main-d'œuvre et l'évolution des valeurs dans la société contribuent à rendre
plus évidents ces paradoxes qui engendrent des demandes contradictoires, tant de la
part des individus que des groupes et de l'organisation elle-même, de même qu'un
tissu complexe d'interrelations entre ces demandes.

D'autres paradoxes sont liés aux effets durables de pratiques initiées en réponse
à une conjoncture économique particulière et qui se maintiennent au-delà de cette
période. Par exemple, durant les périodes économiques difficiles, les pressions pour
réduire les coûts et réaliser des gains de productivité sont fortes sur l'entreprise et ses
membres. La survie peut en dépendre. Or, ces pressions peuvent se maintenir au-delà

---

[17]   J. Stiglitz, 2002, *Globalization and Its Discontents*, New York, W.W. Norton ; voir aussi
      Jacques B. Gélinas, *La globalisation du monde – Laisser faire ou faire ?*, Montréal, Édi-
      tions Écosociété, 2000.

[18]   J. Elkington, 1994, « Toward the sustainable corporation : Win-win-win business strategies
      for sustainable development », *California Management Review*, vol. 36, n° 3, p. 90-100.

[19]   K.S. Cameron et R.E. Quinn, 1988, « Organizational paradox and transformation », dans
      R.E. Quinn et K.S. Cameron (dir.), *Paradox and transformation : Toward a theory of
      change in organization and management*, Cambridge, MA, Ballinger, p. 12-18 ; M.W.
      Lewis, « Exploring Paradox... », *Academy of Management Review*, vol. 25, n° 4, 2000,
      p. 760-776.

de cette période, en partie pour augmenter la profitabilité de l'entreprise et son attraction pour les investisseurs ou, même, pour augmenter les bonis des hauts dirigeants
ou ceux des employés de tous les niveaux, selon le programme de rémunération inci-
tative. Ceux qui souffrent de l'alourdissement de leur charge sont les mêmes qui tentent
d'atteindre des cibles de rendement toujours plus exigeantes pour se mériter une rémunération supplémentaire et une reconnaissance sociale. En ce faisant, ils alourdissent aussi la charge de leurs subordonnés et de leurs collaborateurs. Par ailleurs,
lorsque le marché du travail est difficile, les entreprises soucieuses d'attirer et de
retenir la main-d'œuvre dont elles ont besoin peuvent augmenter les salaires, mettre
sur pied des programmes de développement de carrière flexibles ou, encore, adopter
des politiques de conciliation travail-famille touchant les congés, le lieu et le temps
de travail. On peut se demander, cependant, si de tels programmes qui comportent des
coûts pour l'entreprise et qui bénéficient premièrement aux employés sont durables
ou conjoncturels ? On peut aussi se demander si ces programmes se « sédimentent »
avec autant de force et de rapidité que ceux qui visent à réduire les coûts ou à augmenter la productivité évoqués précédemment[20] ?

Ces éléments contradictoires mais interreliés sont autant de perspectives, de sen-
timents, de messages, d'intérêts et de pratiques[21] conflictuels au sein de l'organisation et du monde des affaires. Ainsi, il n'y a pas « un sens » mais une pluralité de
messages discordants qui débouchent sur des outils, des pratiques, des routines tout
aussi diversifiées, et en opposition. Il ne faut donc pas s'étonner de la lenteur de la
diffusion et de l'institutionnalisation d'une idée comme celle de l'équilibre travail-
famille. Pour qu'elle s'intègre à la culture organisationnelle, une telle idée aura besoin d'arguments de poids et d'une diversité de mesures visant autant à en réduire les
obstacles qu'à renforcer les éléments soutenant le changement. L'État peut jouer un
rôle important à cet égard. J'esquisse maintenant diverses formes que peut prendre
son intervention.

7. L'État ne peut se contenter d'informer et de subventionner le développement de mesures de conciliation par les entreprises !

Nous avons vu précédemment que l'action de l'État dans le domaine de la conciliation au sein des sociétés nord-américaine et britannique est très récente et qu'elle a
surtout pris la forme d'un soutien à des organismes de diffusion de politiques de

---

[20]   Peter Capelli suggère que la dynamique actuelle du marché du travail pourrait faire perdre
       ces avantages. Voir P. Cappelli, 1999, *The New Deal at Work*, Boston, MA, Harvard Busi-
       ness School Press, discuté dans S.D. Friedman et S. Lobel, p. 87.

[21]   M.W. Lewis, *op. cit.*, p. 761.

conciliation ou de promotion de telles pratiques par des campagnes[22]. De la sorte, l'État contribue à augmenter la conscience du problème et la connaissance des solutions organisationnelles possibles, tant dans la population en général que dans les organisations. Il contribue donc à la légitimation de ces pratiques, à l'évolution des mentalités et à l'augmentation des demandes en ce sens par les employés qui souffrent du conflit entre leur travail et le reste de leur vie. Il donne donc une voix à ceux et celles qui n'osaient pas ou ne pouvaient pas revendiquer et négocier des conditions de travail moins conflictuelles avec le reste de leurs obligations. Il alimente aussi toutes sortes de groupes de pression dont il légitime l'action, ou réduit l'illégitimité ! Déjà, au début des années 1990, Thompson et al. (1992) réclamaient que l'État exerce un leadership par l'établissement de politiques nationales autour des enjeux du travail et de la famille. Ils considéraient même que le manque de direction de l'État constituait une barrière sociétale à la dissémination des politiques de conciliation. Cependant, il a fallu près d'une décennie pour que leur message soit entendu et que certains États agissent en ce domaine. L'État, par ses actions d'information, de diffusion et d'émulation engendre donc un mouvement pouvant alimenter le changement social, mais il peut aussi augmenter le cynisme des employés selon la réponse des entreprises, puisque c'est leur comportement, à elles, que l'État tente de changer.

Nous avons vu que les organisations sont lentes à changer et que les conflits travail-famille se sont accrus au cours des dix dernières années, de sorte qu'actuellement, la majorité des travailleurs et des travailleuses les vivent. Cela m'amène à douter de l'efficacité et du caractère suffisant des stratégies d'information et d'incitation à la conciliation qu'ont privilégiées jusqu'à maintenant les gouvernements américain, canadien et britannique. La population, les syndicats et la société civile en général risquent fort d'exercer des pressions sur l'État pour qu'il se serve de ses domaines d'intervention et de ses pouvoirs de coercition pour forcer certains changements et accélérer tant la diffusion que l'adoption de politiques de conciliation ou d'équilibre par les organisations. Leurs arguments pourraient s'apparenter aux suivants :

a) la reconnaissance que les organisations (entreprises privées et publiques) sont le théâtre de nombreux paradoxes freinant l'adoption de politiques de conciliation et leur utilisation par les employés. Ainsi, l'insistance ou les mesures contraignantes de l'État permettent de faire contrepoids à la logique économique dominante, qui considère certains coûts mais en néglige d'autres, et la culture organisationnelle qui exige de plus en plus. L'État crée alors des conditions permettant une réelle prise en compte des besoins *d'équilibre ou de conciliation* des employés par leurs employeurs, soit en prescrivant des moyens ou des résultats à atteindre. Une analogie pourrait être faite ici avec les préoccupations de santé et de sécurité au travail et les interventions

---

[22]   http://www.dti.gov.uk/work-lifebalance/. Le gouvernement britannique a introduit la campagne Work-Life Balance en 2000. En 2003, il en a augmenté les efforts de promotion.

gouvernementales retenues dans divers secteurs pour en faire la promotion et le contrôle et engendrer des progrès en ce sens. Des recherches ont montré que l'autorégulation des entreprises en matière de santé et sécurité était plus grande lorsqu'elles craignaient les mesures coercitives de l'État qu'en l'absence de telles mesures[23].

b) la reconnaissance de la diversité et de la lourdeur des coûts sociaux engendrés par les conflits travail-famille, de même que le fait que ces coûts ne sont pas assumés par les organisations qui en sont à l'origine mais, surtout, par les individus, les familles et les systèmes publics de services sociaux et de santé. Une plus grande équité sociale nécessite de faire payer aux entreprises le coût de certaines externalités dont elles ne tiennent pas compte jusqu'à maintenant. De plus, l'intervention gouvernementale en ce domaine permet de traiter toutes les entreprises d'une industrie de la même façon, ce qui réduit la pénalité économique de celles qui paient ces coûts comparativement à leurs concurrentes qui auraient choisi, si elles avaient eu le choix, de les ignorer.

c) la nécessité d'une plus grande équité au sein de la société en rendant les pratiques d'équilibre ou de conciliation accessibles à ceux et celles qui en ont besoin, indifféremment du secteur industriel, du niveau occupationnel, du statut d'emploi ou du genre de l'employé. Brewer (2000) a montré que même dans les organisations qui ont des politiques de flexibilité du lieu ou du temps de travail, l'accès à ces programmes est limité à un sous-groupe d'employés. Selon les secteurs, les employés dits « atypiques », qui travaillent à temps partiel ou à titre de contractuel, ne sont pas éligibles aux protections sociales ni aux accommodements du temps et du lieu de travail. De surcroît, des employeurs « de choix » du point de vue des accommodements qu'ils accordent à leurs employés « réguliers » pourraient préserver leur propre flexibilité en faisant appel à des contractuels, des travailleurs autonomes et des travailleurs à temps partiel auxquels aucun accommodement ne serait consenti. De telles pratiques augmenteraient l'iniquité au sein des entreprises et du marché du travail, accroissant du même coup les écarts sociaux.

Des mesures adoptées par divers gouvernements européens pour contrôler le temps de travail ou mieux répondre au « travail de soins » requis dans une société peuvent inspirer les gouvernements nord-américains et les groupes revendiquant une réorganisation de la place du travail dans la vie, pour les individus et pour la société. Ainsi, l'État peut agir directement et indirectement pour accélérer l'implantation des mesures de conciliation. Son action directe concerne son pouvoir de légiférer, mais aussi les programmes et les politiques mis en place dans les domaines sous son contrôle :

---

[23] Voir D.H. Pederson, « Industrial Responses to Constrained OSHA Regulation », *AIHAJ*, vol. 61, mai-juin 2000.

son comportement comme employeur et ses choix de services à la population. L'État agit indirectement lorsqu'il facilite le travail des autres ou qu'il réduit les obstacles. Voici quelques exemples d'actions possibles.

Actions directes

L'État peut légiférer pour contraindre les organisations à réduire les conflits travail-famille en déterminant les moyens ou les résultats à atteindre et les échéances. Voici quelques exemples d'actions : a) limiter les heures de travail hebdomadaires ou annuelles[24] ou les heures supplémentaires exigées des employés ; b) forcer la compensation de toutes les heures supplémentaires réalisées et rendre visible ce travail invisible ; c) forcer la compensation en temps des heures supplémentaires des employés de tous les niveaux ; d) augmenter le nombre de jours « alloués » par année et compenser les congés liés au soin des personnes dépendantes ; e) allonger le congé de paternité compensé ; f) allonger la période de vacances annuelles et raccourcir le nombre d'années d'ancienneté à accumuler pour avoir droit à des congés plus longs ; g) revoir les provisions des programmes de retraite pour faciliter la réduction des heures de travail à la fin de la vie active et permettre le « temps partagé », sans pénalité dans la rente de retraite ; h) faire assumer par l'entreprise les coûts de santé liés au stress au travail et à l'épuisement professionnel.

L'État peut aussi contribuer directement à l'équilibre travail-famille en offrant des services qui permettent aux employés d'assumer certaines de leurs responsabilités sociales. Par exemple, pour la garde et le soin des personnes dépendantes (les enfants, mais encore plus pour le soin des personnes malades, âgées et handicapées), il peut s'assurer de l'existence à la ville comme à la campagne de services de garde et de soins dont les horaires et la forme tiennent compte de la diversité des horaires de travail et des besoins. Il peut offrir les services lui-même ou, encore, faciliter l'émergence et encadrer des entreprises pour le faire[25]. Il peut aussi limiter les conflits travail-famille en ajustant les horaires et le calendrier des services qu'il offre en fonction d'une famille où les deux parents occupent un emploi ou d'une famille monoparentale, ces deux modèles étant désormais les plus nombreux. On peut penser, par exemple, aux services d'éducation, sociaux, de santé, etc., tant pour les personnes qui y travaillent que pour la population desservie. Par exemple, l'horaire de l'école pourrait

---

[24]   Le gouvernement français a adopté en 2000 la Loi Aubry limitant la semaine de travail à 35 heures et permettant aux entreprises de négocier des ententes locales diversifiées. Ainsi, une des conséquences a été l'annualisation des heures de travail et l'augmentation des jours de congé. Source : European Foundation for the Improvement of Living and Working Conditions, 2003, p. 7.

[25]   Cet encadrement est nécessaire tant pour assurer la qualité des services que les conditions de travail des personnes les offrant.

être allongé pour inclure un temps de devoirs et de leçons ou de développement de compétences complémentaires (en art ou en sport) limitant ainsi la charge éducationnelle qui incombe aux parents-travailleurs.

On peut noter ici qu'en France et en Italie, notamment, des initiatives d'«aménagement des temps sociaux» sont mises sur pied dans certaines localités, sous l'impulsion de l'État, afin de comprendre et de revoir les contraintes de temps liées aux calendriers et aux horaires «usuels» des services publics et de diverses organisations. Hérités d'une autre époque, ces horaires et calendriers sont alors adaptés aux réalités actuelles, réduisant ainsi les conflits pour un grand nombre d'individus, sans égard à leur lien d'emploi. De telles interventions peuvent avoir une large portée, puisque la reconnaissance du «conflit» déborde, d'une part, le domaine du privé et des choix de vie des individus ou des ménages et, d'autre part, celui de la volonté d'une organisation particulière d'intervenir. Les initiatives d'«aménagement des temps sociaux» interpellent l'ensemble d'une communauté, incluant les employeurs et leurs associations, et l'invite à trouver des solutions.

Cependant, dans les provinces canadiennes au cours des dernières années, l'État, préoccupé d'équilibre budgétaire, a contribué au conflit travail-famille des travailleurs et, surtout, des travailleuses en réduisant certains services sociaux, tels ceux de santé, alourdissant ainsi le «travail de soins» des ménages aux prises avec la maladie d'un de leurs membres[26]. L'État peut lui aussi être paradoxal dans ses actions !

Il peut également reconnaître le travail de soin consenti par les individus au sein des familles et en tenir compte dans les régimes publics de retraite pour que ceux qui ont fait cette contribution sociale auprès d'enfants, d'handicapés ou de personnes dépendantes ne soient pas doublement pénalisés par leur retrait total ou partiel du marché du travail pendant une période et pour que leurs prestations de retraite soient ajustées en conséquence. Les pays scandinaves, en particulier la Suède, ont des mesures intéressantes à cet égard, bien que jugées insuffisantes là aussi (European Foundation, 2003).

Finalement, l'État peut devenir un accélérateur des pratiques de conciliation auprès des entreprises de son territoire en devenant un «employeur de choix». Étant lui-même actif dans une diversité de secteurs de l'économie et employant un très grand nombre de personnes de tous les niveaux, son action deviendrait alors structurante des conditions de travail pour l'ensemble des salariés.

---

[26] D. Côté, N. Thivierge et al., 1998, Qui donnera les soins ? Les incidences du virage ambulatoire et des mesures d'économie sociale sur les femmes du Québec, Ottawa, Condition féminine Canada, 133 p.

Actions indirectes

L'État peut aussi contribuer indirectement à la conciliation travail-famille en coordonnant sur un territoire particulier les activités des divers acteurs et en augmentant les synergies. Les gouvernements municipaux ont un rôle important à cet égard, de même que les instances régionales responsables des schémas d'aménagement. Puisque la vie des citoyens et des citoyennes se déroule sur un territoire donné, au travail et hors du travail, l'État peut faciliter la conciliation :

a) en augmentant les services de proximité et en intégrant mieux, dans le tissu urbain, différentes fonctions du territoire – résidentiel, entreprises de production, services divers ;

b) en établissant des priorités de gestion de la congestion urbaine qui tiennent compte non seulement des besoins des entreprises, mais aussi de ses conséquences sur la mobilité des familles et sur leurs contraintes de temps. Cela peut se faire en augmentant l'efficacité des transports en commun, mais aussi en revoyant les heures d'ouverture des diverses organisations pour les étaler, ce qui réduirait la congestion liée aux « heures de pointe » ;

c) en harmonisant les calendriers sociaux (notamment scolaires et les horaires des services publics) pour tenir compte des ménages où les deux parents travaillent et des familles monoparentales, qui sont désormais les deux types de famille les plus nombreux ;

d) en facilitant les échanges entre les groupes communautaires et les entreprises pour la mise en place de services de garde et de référence. L'État peut devenir une centrale d'informations « à jour » et « valides », en particulier sur les services de garde et sur les services d'urgence, à laquelle s'alimenteraient les entreprises et les ménages du territoire. Il peut aussi évaluer ces services et être garant de leur qualité, facilitant ici encore le travail de soin qui incombe aux travailleurs et aux travailleuses.

L'État joue de plus en plus un rôle important dans la diffusion et la légitimation des pratiques de conciliation travail-famille en utilisant principalement l'information, la formation d'alliances avec des partenaires et les concours. Toutefois, les changements requis dans les organisations pour qu'elles engendrent moins de conflits travail-famille chez leurs membres sont importants et complexes. Il faudra bien plus que de l'information pour les initier, les soutenir et les perpétuer. L'État risque fort de devoir recourir à des moyens plus coercitifs et plus structurants à la suite des pressions grandissantes des syndicats, des travailleurs et de la société civile en général. L'État employeur devrait aussi donner l'exemple !

Conclusion

J'ai tenté de montrer qu'au cours des dernières décennies, des individus et des organisations ont questionné le rôle central du travail dans la vie et ils ont proposé diverses pratiques de conciliation ou d'équilibre entre la vie professionnelle et la vie en général. Cependant, alors que le questionnement a gagné en visibilité, la portée de ces innovations sociales est plutôt limitée et la lenteur de leur dissémination suggère l'existence de nombreuses forces qui leur sont contraires au sein des organisations. Ainsi, un discours légitimant les pratiques de conciliation est de plus en plus entendu de la part de multiples acteurs sur diverses tribunes; par contre, le quotidien des travailleurs et des travailleuses s'en écarte de plus en plus. Ce paradoxe devient intenable en Amérique du Nord et il risque d'engendrer de nouvelles pressions sur les organisations et sur l'État pour que le discours de l'équilibre soit plus qu'un discours et que l'équilibre ou la conciliation deviennent des réalités.

Les organisations ont le loisir de prendre les mesures nécessaires pour aligner leur discours sur l'importance des ressources humaines et sur leurs politiques de conciliation et d'équilibre avec les autres pratiques organisationnelles afin de renforcer les politiques de conciliation pour qu'elles soient enfin utiles. En ce faisant, elles se donneront la chance de profiter de leurs avantages tout en ajustant leurs mesures à leur réalité particulière, réduisant de la sorte les risques de dysfonctions. Par contre, elles ignorent les contradictions entre les besoins des employés et les demandes organisationnelles, ce que beaucoup font actuellement, elles courront le risque que l'État, à la suite des pressions sociales, impose de nouvelles contraintes à leur action pour limiter les conflits travail-famille. Ces contraintes risquent fort d'être moins bien adaptées à leurs conditions que les mesures qu'elles pourraient elles-mêmes adopter pour réduire les conflits.

Les entreprises sont donc face à un dilemme : réduire leur flexibilité et augmenter leur complexité en accordant davantage de flexibilité à leurs employés, ce qui peut présenter des risques à court terme sur leur compétitivité ou, encore, attendre que les pressions pour changer soient telles que les changements soient imposés par l'État, ce qui uniformiserait les contraintes de toutes les entreprises, mais poserait des problèmes d'exploitation.

L'État fait lui aussi face à un dilemme. Il est un régulateur de la vie en société qui doit se préoccuper du court, du moyen et du long terme de même que des conditions de maintien et de reproduction de cette société. Il est aussi un acteur qui participe à la définition du « vivre ensemble », du projet que se donne une société. Or, il existe deux phénomènes démographiques majeurs qui commencent à poindre en Occident, mais qui sont négligés par les entreprises bien que leurs effets à long terme soient très importants : le faible taux de natalité et le vieillissement de la population. Les gouvernements, eux, commencent à s'y intéresser. Ces deux phénomènes vont accroître les pressions pour réorganiser la place du travail dans la vie. Déjà, on le voit, beaucoup de jeunes épousent d'autres valeurs que celles de leurs aînés et face à la précarité du marché du travail et aux lourdes demandes professionnelles, ils repoussent le moment de la naissance du premier enfant ; de plus, ils en ont peu. Le désir d'enfant et le projet de famille sont non seulement des « choix individuels », mais aussi des éléments constitutifs d'une société et lorsqu'ils sont fortement influencés par les exigences professionnelles, la société doit s'inquiéter.

L'État peut prévoir des pénuries sur le marché du travail, tant en nombre de travailleurs que dans toutes sortes de catégories de professionnels, en particulier dans le domaine des soins aux personnes. Il peut aussi prévoir une crise des finances publiques, car jusqu'à maintenant, ce sont les cotisations de la population active qui alimentent en bonne partie ses coffres et celle-ci diminue par rapport à la population générale. De plus, certaines charges sociales s'alourdissent comme les soins de santé liés à l'allongement de la vie et à l'augmentation de la proportion de personnes âgées, le paiement des pensions de retraite, etc. L'État peut être tenté de limiter ces coûts sociaux en faisant en sorte que les membres des familles assument une part plus importante du « travail de soins ». Mais pour cela, il faut du temps... et des savoir-faire ! Il faut aussi des « familles » ou des réseaux de solidarité tissés très serrés pour que leurs membres s'offrent les soins en question ! Et les membres de la société peuvent avoir une autre définition du « vivre ensemble ». Pour limiter la crise des finances publiques, mais aussi pour conserver la main-d'œuvre nécessaire, certains gouvernements européens proposent d'allonger la durée de la vie active et de repousser l'âge de la retraite ; d'autres limitent l'attrait des programmes de retraite anticipée et d'autres, enfin, font en sorte que le la retraite puisse se prendre à temps partiel.

L'État a donc intérêt à forcer une réorganisation majeure de la place du travail dans la vie. Les mesures éducatives et incitatives priorisées en Amérique du Nord donneront-elles des fruits, seront-elles suffisantes et agiront-elles assez rapidement pour éviter des mesures plus contraignantes ? Quant aux entreprises, attendront-elles que les tensions travail-famille deviennent intenables pour agir ? Quelles raisons invoqueront-elles pour justifier leurs actions ? S'agira-t-il de changements profonds dans la culture de l'organisation ou de modifications « à la marge », fragiles et temporaires, qui risqueront d'exacerber les tensions entre les divers groupes sociaux ?

Individuellement, et collectivement, il nous faut revoir la place du travail dans la vie et dans la société. C'est un défi auquel l'ensemble des corps constituant la société doivent contribuer.

BIBLIOGRAPHIE

ALMER, E.D., J.R. COHEN et L.E. SINGLE (2003), « Factors Affecting the Choice to Participate in Flexible Work Arrangement », *Auditing : A Journal of Practice and Theory*, vol. 22, n° 1.

ARTHUR, M.M. (2003), « Share prices reactions to work-family initiatives : an institutional perspective », *Academy of Management Journal*, vol. 46, n° 4, p. 497-505.

AVERY, C. et D. ZABEL (2001), *The Flexible Workplace : A sourcebook of information and research*, Westport, CT, Quorum Books.

BAILYN, L. (1993), « Patterned chaos in human resource management », *Sloan Management Review*, vol. 34, n° 2, 1993, p. 77-83.

BARBEAU, C. (2001), *Les garderies en milieu de travail au Canada*, Développement des ressources humaines Canada, Programme du travail.

BARDWICK, J.M. (1980), « The seasons of a woman's life », dans D. McGuigan (dir.), *Women's Lives : New theories, research and policy*, Ann Arbor, University of Michigan Center for Continuing Education of Women, p. 35-55.

BARDWICK, J.M. (1986), *The Plateauing Trap : How to avoid it in your career... and your life*, New York, AMACOM.

BOND, J., E. GALINSKY et J. SWANBERG (1997), *The 1997 National Study of the Changing Workforce*, New York, Family and Work Institute.

BREWER, A.M. (2000), « Work design for flexible work scheduling : barriers and gender implications », *Gender, Work and Organization*, n° 7, p. 33-44.

BURGAUD, D. (2002), *Le salaire ne fait pas tout*, Paris, Les Éditions d'Organisation.

CAMERON, K.S. et R.E. QUINN (1988), « Organizational paradox and transformation », dans R.E. Quinn et K.S. Cameron (dir.), *Paradox and Transformation : Toward a theory of change in organization and management*, Cambridge, MA, Ballinger, p. 12-18.

CAPPELLI, P. (1999), *The New Deal at Work*, Boston, MA, Harvard Business School Press.

CHRISTENSEN, C.M. (1998), *The Inovator's Dilemma : When new technologies cause great firms to fail*, Boston, Harvard Business School Press.

CONSEIL DE LA FAMILLE ET DE L'ENFANCE (2003), *Famille-travail, comment conciliez-vous ?*, Québec, Gouvernement du Québec.

CÔTÉ, D., N. THIVIERGE *et al.* (1998), *Qui donnera les soins ? Les incidences du virage ambulatoire et des mesures d'économie sociale sur les femmes du Québec*, Ottawa, Condition féminine Canada, 133 p.

DANDURAND, R. *et al.* (2001), *Les politiques familiales : comparaison des programmes en vigueur au Québec avec ceux d'autres provinces canadiennes, des États-Unis, de la France et de la Suède*, Montréal, INRS-Culture et Société.

DUXBERY, L. et C. HIGGINS (2001), *Work-Life Balance in the New Millenium. Where Are We ? Where Do We Need to Go ?*, Canadian Policy Research Network, Discussion Paper W/12.

DUXBERY, L. et C. HIGGINS (2003), *Work-Life Conflict in Canada in the New Millenium*, Health Canada.

EATON, S.C. (2003), « If you can use them : Flexibility policies, organizational commitment and perceived performance », *Industrial Relations*, vol. 42, p. 145-167.

ELKINGTON, J. (1994), « Toward the sustainable corporation : Win-win-win business strategies for sustainable development », *California Management Review*, vol. 36, n° 3, p. 90-100.

EUROPEAN FOUNDATION FOR THE IMPROVEMENT OF LIVING AND WORKING CONDITIONS (2003), *Working-time preferences and work-life balance in the EU : some policy implications for enhancing the quality of life*, http://www.eurofound.eu.int/publications/files/EF0342EN.pdf.

FRIED, M. (1998), *Taking Time : Parental leave policy and corporate culture*, Philadelphie, Temple University Press.

FRIEDMAN, D.E. (1990), « Work and family. The new strategic plan », *Human Resource Planning*, vol. 13, n° 2, p. 79-88.

FRIEDMAN, S.D. et H.J. GREENHAUS (2000), *Work and Family – Allies or enemies ? What happens when business professionals confront life choices*, Oxford, Oxford University Press.

FRIEDMAN, S.D. et S. LOBEL (2003), « The Happy Workaholic : A Role Model for Employees », *Academy of Management Executive*, vol. 17, n° 3.

GALINSKY, E., D.E. FRIEDMAN et C.A. HERNANDEZ (1991), *The Corporate Reference Guide to Work-family Programs*, New York, Families and Work Institute.

GÉLINAS, J.B. (2000), *La globalisation du monde – Laisser faire ou faire ?*, Montréal, Éditions Écosociété.

GLASS, J. et B. ESTES (1997), « The family responsive work-place », dans J. Hagan et K.S. Cook (dir.), *Annual Review of Sociology*, vol. 23, p. 289-313.

GOODSTEIN, J.D. (1994), « Institutional pressures and strategic responsiveness : Employer involvement in work family issues », *Academy of Management Journal*, vol. 37, p. 350-382.

GUTEK, B.A., S. SEARLE et L. KLEPA (1991), « Rational versus gender role expectations for work-family conflict », *Journal of Applied Psychology*, vol. 76, p. 560-568.

HILTEBEITEL, K.M., B.A. LEAUBY et J.M. LARKIN (2000), « Job satisfaction among entry level accountants », *The CPA Journal LXX*, n° 5, p. 76-78.

INGRAM, P. et T. SIMONS (1995), « Institutional and resource dependence determinants, to responsiveness to work-family issues », *Academy of Management Journal*, vol. 38, p. 1466-1482.

KOSSEK, E. et C. OZEKI (1998), « Work-family conflict, policies and the job-life satisfaction relationship : A review and directions for organizational behaviour – human resources research », *Journal of Applied Psychology*, vol. 83, p. 139-149.

KOSSEK, E.E., A.E. BARBER et D. WINTERS (1999), « Using flexible schedules in the managerial world : the power of peers », *Human Resource Management*, vol. 38, p. 33-46.

LAWRENCE, T.B., M.I. WINN et P.D. JENNINGS (2001), « The temporal dynamics of institutionalization », *Academy of Management Review*, vol. 26, n° 4, p. 624-644.

LEWIS, M.W. (2000), « Exploring Paradox : Toward a more comprehensive guide », *Academy of Management Review*, vol. 25, n° 4, p. 760-776.

LEWIS, S. (2001), « Restructuring workplace cultures : The ultimate work-family challenge ? », *Women in Management Review*, vol. 16, p. 21-29.

LOBEL, S.A. (1999), « Impacts of diversity and work-life initiatives in organizations », dans G.N. Powell (dir.), *Handbook of Gender and Work*, p. 453-474.

MacBRIDE-KING, J.L. et K. BACHMANN (1999), *L'équilibre travail-vie personnelle pose-t-il toujours un problème aux Canadiens et à leurs employeurs ? Et comment !*, Ottawa, Conference Board of Canada.

MacDERMID, S.M. et M.L. WILLIAMS (1997), « A within-industry comparison of employed mothers' experiences in small and large workplaces », *Journal of Family Issues*, vol. 18, n° 5, p. 545-567.

MARTINS, L.L., K.A. EDDLESTON et J.F. VEIGA (2002), « Moderators of the relationship between work-family conflict and career satisfaction », *Academy of Management Journal*, vol. 45, n° 2, p. 399-409.

MORGAN, H. et F.J. MILLIKEN (1992), « Keys to action : Understanding differences in organizations' responsiveness to work-and-family issues », *Human Resource Management*, vol. 31, p. 227-248.

NORD, W.R., S. FOX, A. PHOENIX *et al.* (2002), « Real-world reactions to work-life balance programs : lessons for effective implementation », *Organizational Dynamics*, vol. 30, p. 223-238.

OSTERMAN, P. (1995), « Work/family programs and the employment relationship », *Administrative Science Quarterly*, vol. 40, p. 681-700.

PEDERSON, D.H. (2000), « Industrial Responses to Constrained OSHA Regulation », *AIHAJ*, vol. 61, mai-juin.

POWELL, G.N. (1999), *Handbook of Gender and Work*, Thousand Oaks, CA, Sage Publications.

PRICEWATERHOUSECOOPERS (1999), *Second International Student Survey*.

STATISTIQUE CANADA (2001), *Recueil travail-vie personnelle 2001 : 150 statistiques canadiennes sur le travail, la famille et le bien-être*, Ottawa.

STIGLITZ, J. (2002), *Globalization and Its Discontents*, New York, W.W. Norton & Company.

TEGA, V. (1975), *Les horaires flexibles et la semaine réduite de travail : aspects théoriques et pratiques, implications*, Montréal, Guérin.

TENBRUNSEL, A., J. BRETT, E. MAOZ, L. STROH et A. REILLY (1995), « Dynamic and static work-family relationships », *Organizational Behaviour and Human Decision Processes*, vol. 63, p. 233-246.

THOMPSON, C.A., L.L. BEAUVAIS et K.S. LYNESS (1999), « When work-family benefits are not enough : The influence of work-family culture on benefit utilization, organizational attachment and work-family conflicts », *Journal of Vocational Behaviour*, vol. 54, p. 392-415.

THOMPSON, C.A., C.C. THOMAS et M. MAIER (1992), « Work-family conflict : reassigning corporate policies and initiatives », dans U. Sekaran et F. Leong (dir.), *Womanpower : Managing in times of demographic turbulence*, Newbury Park, CA, Sage.

TUSHMAN, M.L. et C. O'REILLY (1997), *Winning through Innovation*, Boston, Harvard Business School Press.

WHARTON, A. et M. BLAIR-LOY (2002), « The " overtime culture " in a global corporation : A cross-national study of finance professionals' interest in working part-time », *Work and Occupations*, vol. 29, p. 32-63.

WILLIAM, J. (2000), *Unbending Gender : Why work and family conflict and what to do about it*, New York, Oxford University Press.

AUTRES SITES CONSULTÉS

Alliance for Work-Life Progress : http://www.awlp.org/ (AWLP)
Boston College Center for Work and Family : http://www.bc.edu/centers/cwf/
European Foundation : http://www.eurofound.eu.int/publications/files/EF0342EN.pdf
http://www.rhdcc.gc.ca/asp/passerelle.asp ?hr=//pt/psait/ctv/
    13recherche_documents.shtml&hs=wnc
http://www.worklifecanada.ca/families2.shtml

Temps de travail et temps hors du travail: les nouvelles règles à établir et leur impact sur les relations de travail et la société

13

Marguerite BLAIS

J'aimerais saisir l'occasion qui m'est offerte pour échanger avec vous une partie des réflexions du Conseil de la famille et de l'enfance sur le thème de ce colloque. Quelles sont les règles que nous cherchons à établir concernant le partage des différents temps sociaux : temps de travail, temps pour la famille, temps pour l'engagement et pour la vie citoyenne? L'État, ni aucun des grands acteurs sociaux, ne peut rester neutre dans ce domaine, puisqu'il s'agit, de l'avis du Conseil, du principal défi à relever pour nos sociétés contemporaines.

Pour la D^{re} Maria De Koninck, nous vivons dans une société axée sur la production, la consommation et l'individualisme. Selon elle, au-delà de la question d'aménager les horaires, « la conciliation travail-famille nous parle du sens donné aux activités humaines[1] ». Ne devrions-nous pas nous arrêter un moment et discuter des valeurs souhaitables pour notre société? Ne devrions-nous pas poser des balises, des frontières à ne pas franchir, au travers du courant néo-libéral?

Tous conviendront que l'État a un rôle central à jouer dans l'établissement de règles communes pour la vie en société. Par ses législations et le développement de services aux citoyens, il possède des leviers importants pour influencer le cours des choses et atténuer les effets néfastes des mutations économiques successives. C'est d'ailleurs ce qu'a fait l'État québécois au cours des dernières années. Ainsi, la *Loi sur les normes minimales de travail* protège l'emploi lors des congés de maternité et des congés parentaux, prévoit des absences pour des raisons familiales et limite la durée du travail en accordant le droit de refuser de faire des heures supplémentaires pour pouvoir s'acquitter d'obligations familiales.

---

[1] M. De Koninck, La conciliation famille-travail : Vivre sous tension ? Osons rêver l'utopie ! Propos et échanges – Conférence annuelle 2002 de l'ASPQ, ASPQ Éditions, p. 70-71.

En outre, depuis 1997, le gouvernement a procédé au développement accéléré de services de garde à coûts minimes sur l'ensemble du territoire. D'ici 2006, 200 000 places y seront disponibles, ce qui devrait rencontrer les besoins estimés.

L'évolution de la politique familiale au Québec nous fournit une illustration du rôle décisif de l'État dans le développement des politiques sociales et l'amélioration de la qualité de vie de nos concitoyens. Bien entendu, nul ne peut nier l'écart entre les textes de loi et leur application effective, entre le développement de services et l'obtention d'une place en service de garde pour *son* enfant, dans *son* quartier. Cela dit, il n'en reste pas moins que la politique familiale québécoise, lorsqu'on la compare aux mesures en vigueur dans le reste du Canada ou en Amérique du Nord, demeure avant-gardiste[2]. Mais malgré ces progrès importants, nous sommes loin de l'équilibre emploi-famille-vie personnelle. Pour atteindre cet objectif, quelles seraient donc les nouvelles règles à établir ?

Quatre priorités

Pour s'approcher de ce but, le Conseil voit quatre priorités : atténuer les impacts du travail atypique ; adopter une politique gouvernementale en conciliation famille-travail soutenant les PME ; mettre en place un régime québécois de congés parentaux ; et, finalement, allonger la durée des vacances.

Atténuer les impacts du travail atypique

En premier lieu, le Conseil est d'avis qu'il faut examiner attentivement les impacts de la progression du travail atypique pour en atténuer les effets négatifs.

Parce que ce phénomène touche de plein fouet les jeunes et les femmes, et qu'il entraîne la précarité financière, nous croyons qu'il a des répercussions sur notre situation démographique. C'est pour cela que le Conseil trouve important de poursuivre la réflexion amorcée avec le Rapport Bernier[3] sur les besoins de protection sociale des

---

[2]   Voir à ce sujet l'article de Caroline Beauvais et Pascale Dufour, « Articulation travail-famille : le contre-exemple des pays dits " libéraux " ? », Réseau canadien de recherches en politiques publiques, novembre 2003.

[3]   Rapport du comité d'experts chargé en mars 2002 par le ministre québécois du Travail de se pencher sur les besoins de protection sociale des personnes vivant une situation de travail non traditionnelle. Le comité était formé de M. Jean Bernier, professeur au Département des relations industrielles de l'Université Laval et président du comité, de Mme Guylaine Vallée, professeure à l'École de relations industrielles de l'Université de Montréal et de Me Carol Jobin, professeur au Département des sciences juridiques de l'Université du Québec à Montréal. Voir : Québec, Ministère du Travail, *Les besoins de protection sociale des personnes en situation de travail non traditionnelle, synthèse du rapport final*, rédigé par Jean Bernier, Guylaine Vallée et Carol Jobin, Québec, janvier 2003, 42 p.

personnes en situation de travail non traditionnelle. Nous partageons la conviction, comme le comité d'experts, que les régimes de protection sociale doivent être accessibles au plus grand nombre de travailleurs possible et que la disparité de traitement fondée sur le statut d'emploi est socialement inacceptable. Le risque est de plus en plus grand de se retrouver avec deux catégories de travailleurs : ceux qui ont des emplois réguliers, avec des horaires standards et des droits protégés par des conventions collectives, et les autres, qui n'ont pas la possibilité d'améliorer leur sort.

Adopter une politique gouvernementale en matière de conciliation famille-travail

En deuxième lieu, il est nécessaire que le gouvernement adopte une politique de conciliation famille-travail. La course contre la montre est l'exercice quotidien le plus répandu dans les familles avec enfants ces dernières années. Mais au bout du compte, ce marathon imposé est-il vraiment bénéfique pour la société ? À long terme, n'a-t-il pas un impact négatif sur notre productivité, ou pire, sur notre bonheur collectif ?

Dans son récent *Rapport 2003-2004 sur la situation et les besoins des familles et des enfants : Les parents au quotidien*, le Conseil montrait l'urgence de s'arrêter pour arrimer les différents temps sociaux : travail, transport, famille, tâches domestiques, besoins physiologiques, temps libre, s'il en est. Aujourd'hui, nous agissons comme si toute l'activité humaine devait être subordonnée au temps de travail. Pour les parents, la difficulté d'agencer leurs multiples responsabilités aux impératifs du travail est amplifiée. Ils sont nombreux à éprouver un double sentiment de culpabilité : négliger son travail ou négliger sa famille ? Peu de travailleurs réussissent à atteindre l'équilibre.

Il faut continuer à sensibiliser le monde du travail et, en particulier, innover pour trouver des solutions applicables au contexte des petites et moyennes entreprises (PME). Il est, en effet, important de se rappeler que l'économie québécoise est caractérisée par la forte présence des PME. Au Québec, 98 % des entreprises comptent moins de 100 employés[4], ce qui représente environ 43 % de l'emploi total.

En revanche, le Conseil est d'avis qu'il serait inapproprié d'imposer des mesures uniformes à toutes les entreprises sans distinction. Obliger toutes les entreprises québécoises à adopter la même mesure serait une erreur. Nous souhaitons plutôt que le gouvernement statue sur les objectifs à atteindre et qu'il offre du soutien aux entreprises désireuses d'implanter des mesures concrètes de conciliation famille-travail. Une vaste campagne d'information et de sensibilisation, notamment sur les droits existants, aurait également un impact non négligeable, si on l'assortit de moyens d'action.

---

[4]   Source : Statistique Canada, *Registre des entreprises*, traitement réalisé par l'Institut de la statistique du Québec, juin 2002.

Afin d'améliorer la qualité de vie au travail, de permettre aux parents de remplir leurs responsabilités de travailleurs et de soutien de famille dans un cadre plus convivial, les entreprises devraient associer les employés à cette démarche. De leur côté, les syndicats et les associations d'employés devraient donner priorité aux dossiers de conciliation famille-emploi dans l'agenda syndical, stimuler les actions novatrices, diminuer la résistance à changer les façons de faire et poursuivre le travail de sensibilisation à l'intérieur de leurs instances. L'université, quant à elle, en tant qu'agent de changement, devrait épauler les PME et les aider à innover dans leurs pratiques de gestion.

De plus, nous sommes convaincus qu'un des points tournants de ce changement de mentalité serait de faire accepter, dans le monde du travail, les nouvelles responsabilités familiales assumées par les pères. En effet, écartelés entre leur engagement affectif et éducatif auprès de leurs enfants et le modèle plus ou moins suranné de pourvoyeur, ils font face, bien souvent, à des préjugés tenaces dans leur milieu de travail lorsque vient le temps d'assumer leurs responsabilités familiales. Cette attitude dépassée ne fait qu'amplifier et déplacer la problématique de la conciliation famille-travail du côté de la main-d'œuvre féminine.

Pourtant, les expériences positives commencent à se multiplier. Les prix ISO-Famille, créés il y a quelques années, récompensent des organisations qui ont fait des efforts en ce sens[5]. TeraXion, une entreprise de haute technologie présente à ce colloque, en est une.

Mettre en place le régime d'assurance parentale

En troisième lieu, nous ne pouvons qu'encourager le gouvernement du Québec à intensifier les négociations avec le gouvernement fédéral pour mettre en place un régime de congés parentaux plus généreux, accessible à un plus grand nombre de personnes et plus flexible que celui du programme fédéral d'assurance-emploi. Rappelons que ce dernier n'offre qu'un congé de 55 % d'un salaire maximum de 39 000 $, pendant 50 semaines, et qu'il n'est pas accessible aux travailleuses et travailleurs autonomes.

Ce projet demeure une pièce majeure du casse-tête. Il facilitera le retrait temporaire du marché du travail pour celles et ceux qui veulent donner naissance à un enfant ou en adopter un. De plus, et cela représente une innovation majeure, le régime québécois accordera cinq semaines de congé aux pères afin de favoriser leur participation dès le plus jeune âge de l'enfant.

---

[5]   La revue *L'actualité* s'est associée aux prix ISO-Famille et rapporte les initiatives des récipiendaires dans son numéro du 1er avril 2003, aux pages 36 à 50.

Allonger la durée des vacances annuelles

En quatrième lieu, le Conseil est d'avis qu'allonger la durée minimale des vacances serait une avenue à privilégier.

Actuellement, la *Loi sur les normes minimales de travail* prévoit que sans autre contrat de travail, les travailleuses et les travailleurs ayant cumulé entre un an et cinq ans de service continu n'ont droit qu'à dix jours de vacances payés annuellement.

Allonger la durée des vacances permettrait d'augmenter le temps de qualité passé avec les enfants. Qui plus est, le manque de repos a des conséquences néfastes sur la santé. D'ailleurs, le phénomène de l'épuisement professionnel a pris une ampleur sans précédent au pays. Nous croyons qu'une meilleure conciliation famille-travail profiterait autant aux entreprises qu'aux travailleurs. Elles bénéficieraient d'une plus grande productivité et d'une diminution des coûts liés à l'absentéisme.

C'est pourquoi le Conseil préconise que la loi accorde trois semaines de vacances payées dès qu'une personne cumule un an de service continu et quatre semaines après trois ans.

La mobilisation de l'ensemble des acteurs socioéconomiques pour adapter la société

Pour le Conseil, la recherche de l'équilibre famille-travail nécessite un véritable changement de mentalité et déborde le champ d'action du gouvernement. Elle fait appel à tous les grands acteurs socioéconomiques. Bien sûr, l'État québécois doit donner l'impulsion de ce changement à l'aide de tous les outils dont il dispose : ses législations, ses politiques, ses programmes, sa vision. Mais pour y arriver, il faut que l'ensemble des acteurs mette la main à la pâte. Les municipalités, les milieux scolaire, universitaire, communautaire, de la santé et des services sociaux, les employeurs, les syndicats et les associations d'employés : tous ont un rôle à jouer.

À ce propos, des expériences étrangères nous montrent les avantages d'une action concertée entre différents acteurs locaux. Les « bureaux du temps », initiés en Italie et adoptés par plusieurs localités européennes, nous tracent une voie intéressante. Réunissant à la même table les principaux acteurs de la collectivité, ils examinent des solutions pratiques pour venir à bout des problèmes. L'objectif visé est de favoriser une meilleure coordination des temps et des espaces pour leurs résidants.

Conclusion

Le défi de la conciliation famille-travail nous interpelle tous. À la base de cette préoccupation, il est impératif de se demander : quel genre de société veut-on se donner ? Quelles sont les valeurs fondamentales qu'on veut mettre en avant ? Est-ce uniquement la performance économique? La productivité à outrance? La réponse que nous adopterons collectivement à ce questionnement est d'autant plus importante qu'elle risque fort d'avoir un impact majeur sur notre situation démographique.

La conciliation famille-travail dans les milieux de travail : faut-il plus d'interventions publiques ?

14

Claudette CARBONNEAU

Objet de négociation et de revendications sociales, la recherche d'une meilleure articulation travail, famille et temps personnel constitue depuis de nombreuses années un axe d'intervention majeur pour la CSN. Ce moment d'échanges est donc pour moi une occasion privilégiée de partager des réflexions sur ce que pourraient être de nouvelles règles collectives permettant de favoriser davantage la conciliation famille-travail.

D'entrée de jeu, j'aimerais revenir à la question de fond posée par ce colloque : Existe-t-il une vie hors du travail ? Évidemment, la réponse s'impose à nous : il y a bel et bien une vie hors du travail. Mais en s'attardant un peu, cette question soulève aussi un paradoxe. Alors que de plus en plus de salarié-es réclament du temps et des aménagements afin de mieux concilier l'ensemble de leurs obligations et activités face à des emplois qui se transforment, un nombre important de personnes souhaitent travailler plus. Chômeurs et chômeuses, travailleuses et travailleurs à temps partiel involontaire, travailleuses et travailleurs saisonniers ou temporaires qui ne trouvent pas d'emploi de qualité à temps plein en sont autant d'exemples. Pour eux, il existe aussi une vie hors du travail. Mais celle-ci revêt un tout autre sens. Faut-il le rappeler, avoir un emploi ne procure pas qu'un salaire. Cela donne des droits sociaux, un statut et une reconnaissance sociale.

Nous sommes loin de la fin du travail annoncée il y a maintenant dix ans par Jeremy Rifkin. Le travail occupe toujours une place centrale dans nos vies ainsi que dans l'organisation économique et sociale de nos sociétés. Ce paradoxe soulève avec acuité la question de la régulation du temps de travail. Celle-ci est soumise à des enjeux qui font l'objet de luttes entre des acteurs au rapport de force souvent inégal. Réponses à des impératifs économiques pour les entreprises, solutions à des problèmes de chômage et de sous-emploi pour les travailleurs et travailleuses, la régulation du temps de travail est aujourd'hui partie prenante de débats sociaux larges sur la conciliation famille-travail et, plus globalement, sur le façonnement de nos modes de vie individuelle et collective[1].

La compatibilité de ces différents enjeux n'est pas simple. Une mesure favorable aux entreprises n'est pas nécessairement souhaitable pour les familles. C'est d'ailleurs une des leçons que l'on peut tirer de différentes expériences de réduction du temps de travail qui avaient comme principal objectif de développer l'emploi tout en soutenant la croissance des entreprises. Par exemple, permettre l'annualisation du temps de travail peut signifier des horaires de travail fort variables selon les périodes de l'année. Ce qui rend la planification des autres aspects de la vie familiale et sociale plus problématique.

L'enjeu est important. La mise en place d'aménagements porteurs d'avancées sociales suppose que l'on repense la place du travail. Il ne s'agit pas de remettre en question sa valeur comme facteur d'intégration sociale et d'autonomie. Par contre, il s'agit de refuser qu'il demeure l'élément central qui détermine et conditionne l'ensemble de toutes les autres activités. Autrement dit, il faut certes se préoccuper des contraintes des entreprises, mais certainement pas se limiter à adapter la société et la famille à celles-ci. Nous devons plutôt engager, comme le suggère l'auteure française Dominique Méda, des négociations larges « ayant pour objet non seulement de rendre compatibles à l'intérieur de l'entreprise, contraintes de la production et contraintes du salarié, mais plus généralement les différents temps à l'œuvre dans la société[2] ».

D'autant plus, et le présent colloque est là pour en témoigner, que les problèmes de conciliation famille-travail augmentent et ont des conséquences tant pour les individus que pour les entreprises et la société en général. Ces faits sont maintenant largement reconnus et documentés, comme en témoigne la stimulante présentation de madame Hélène Lee-Gosselin.

Mon propos d'aujourd'hui tiendra en trois points, qui rejoignent certaines conclusions de la présentation précédente. D'abord, l'articulation travail-famille est bien plus qu'un problème individuel, voire un problème de femme. Il s'agit d'un problème social qui fait appel à la responsabilité de tous les acteurs, dont les syndicats, les entreprises et l'État. Cependant, et c'est mon deuxième point, si les entreprises sont au cœur de cette problématique, les transformations nécessaires dans les milieux de travail peinent à se concrétiser. Finalement, pour que cet écart entre les besoins et les aspirations légitimes des travailleuses et des travailleurs et de leurs familles et la réalité des milieux de travail se referment, de nouvelles règles sont essentielles et l'État a un rôle majeur à y jouer.

---

[1]   Voir D. Méda, « Travail et temps sociaux : pour une nouvelle articulation », dans G. de Terssac et D.-G. Tremblay, *Où va le temps de travail ?*, Éditions Octares, 2000, p. 73.

[2]   *Ibid.*, p. 73.

Des évolutions sociales incontournables...

En fait, ce qui est en discussion aujourd'hui est l'aboutissement d'un lent mais incontournable processus enclenché il y a plus de quarante ans : la féminisation du marché du travail. La présence des femmes sur le marché du travail a provoqué d'importantes transformations et questionnements. À la CSN, nous en savons quelque chose. Nous avons favorisé et soutenu la syndicalisation des femmes, lesquelles comptent pour plus de la moitié de nos membres. Davantage concentrées dans le secteur public, elles y représentent près de 70 % de ses membres. Nous avons pris part, dans nos milieux de travail et sur la place publique, à tous les débats visant à améliorer les conditions de vie et de travail des femmes. Accès à l'égalité, équité salariale, violence et harcèlement, congés de maternité et parentaux, services de garde, etc., sont autant de thèmes qui ont fait l'objet de prises de position et de négociation, et de campagnes d'organisation.

La présence des femmes sur le marché du travail est là pour rester. Elles sont une majorité à détenir un emploi. Elles sont aussi de plus en plus nombreuses à demeurer sur le marché du travail avec des enfants en bas âge. À titre d'indication, le taux d'activité des femmes entre 25 et 44 ans atteignait 82,4 % en 2003, contre 48,4 % en 1976[3]. Il semble bien que les jeunes femmes veulent à la fois travailler et avoir des enfants. Elles ne veulent pas sacrifier l'un pour l'autre. Elles veulent bien faire leur travail. Mais elles désirent aussi assurer le bon développement de leur enfant avec tout ce que cela comporte d'attention et de disponibilité.

Les situations familiales se sont aussi modifiées. Dans la majorité des familles, les deux conjoints travaillent, renvoyant aux oubliettes l'image de l'homme pourvoyeur. Parallèlement, le nombre de familles monoparentales est en progression et de plus en plus de personnes doivent consacrer du temps à leurs parents vieillissants.

Évidemment, l'usage des temps hors du travail reste fortement différencié selon les sexes. Alors que les femmes se consacrent encore largement aux responsabilités familiales, les hommes utilisent davantage ce temps pour des motifs personnels (activités sociales, formation, maladie[4]). En ce sens, un meilleur partage des responsabilités familiales demeure un objectif à atteindre pour assurer une véritable égalité pour les femmes.

Cela dit, la conciliation du temps de travail et hors du travail interpelle de plus en plus les hommes. Dans des milieux de travail encore largement masculins, il n'est pas

---

[3]   Statistique Canada, *Enquête sur la population active*, données pour le Québec.

[4]   Dans une étude réalisée dans des milieux de travail syndiqués à la CSN, D.-G. Tremblay et C.-H. Amherdt ont bien fait ressortir une utilisation différenciée, selon les sexes, des temps « libres ». Voir D.-G. Tremblay et C.-H. Amherdt, *La vie en double. Les obstacles organisationnels et socioculturels à la conciliation emploi-famille des pères et des mères.*

rare de voir d'importantes discussions, voire des conflits, entourant le choix des horaires de travail. Surtout lorsque l'employeur décide d'ajouter des quarts de travail (le soir, la nuit, la fin de semaine) qui viennent bouleverser l'organisation de la vie familiale et personnelle. Le désir de consacrer du temps à la famille est de plus en plus exprimé, notamment chez les plus jeunes.

La conciliation famille-travail n'est pas un problème exclusivement féminin, pas plus qu'elle n'est une responsabilité individuelle. Elle concerne, et cela est largement reconnu depuis plusieurs années maintenant, l'ensemble de la société et elle exige des réponses sociales et collectives.

Avec le temps, comme l'a souligné madame Lee-Gosselin, les enjeux autour de la conciliation famille-travail sont devenus plus larges et plus inclusifs. D'un conflit à gérer, nous sommes passés à des équilibres et des aspirations à atteindre. Loin de remettre en cause l'importance d'avoir un emploi – n'oublions pas qu'il y a encore de nombreuses personnes en « déficit de temps de travail » au Québec et cela aussi doit demeurer une préoccupation sociale –, de plus en plus de personnes revendiquent une meilleure harmonisation de leur temps de travail et hors du travail. Certains vont même jusqu'à questionner la place du travail dans leur vie.

Pour répondre à cette nouvelle donne sociale et politique, trois changements majeurs m'apparaissent nécessaires. D'abord, il faut « déspécialiser les rôles », revoir le partage des responsabilités familiales et engager davantage les hommes dans la prise en charge des enfants. Ensuite, il faut repenser nos institutions sociales et nos services publics afin de soutenir encore plus les familles. Enfin, et j'insisterai sur ce point, il faut revoir l'organisation du travail et faire participer les milieux de travail[5].

Des structures et des organisations qui peinent à s'adapter

Je partage les propos de madame Lee-Gosselin selon laquelle la culture des organisations est peu perméable aux aspirations des familles et de l'ensemble des salarié-es. Les pratiques innovatrices en matière de conciliation famille-travail se diffusent lentement et difficilement dans les milieux de travail. En regard des besoins, elles demeurent encore beaucoup trop timides.

Plusieurs études ont démontré que les milieux de travail québécois sont encore peu adaptés à ces nouvelles réalités et préoccupations[6]. À la CSN, nous en mesurons

---

[5]	Voir D. Méda, *Le temps des femmes. Pour un nouveau partage des rôles*, Flammarion, 2001.

[6]	C'est aussi le constat auquel est arrivé le Conseil consultatif du travail et de la main-d'œuvre (CCTM) dans son plan d'action pour la conciliation famille-travail produit en 2001.

les conséquences de façon régulière. Stress, fatigue, démotivation, absentéisme, conflits entre collègues de travail n'en sont que quelques illustrations. Bien que certaines pratiques se développent, celles-ci demeurent marginales et trop souvent informelles avec tout ce que cela comporte d'iniquité et même d'inefficacité.

Les mesures de conciliation les plus fréquentes concernent essentiellement celles prévues par la *Loi sur les normes du travail*, à savoir les congés de maternité, les congés parentaux, les congés pour raisons personnelles ou familiales, les congés pour l'adoption d'un enfant et les vacances. Ainsi, plusieurs syndicats ont réussi à négocier des conditions plus avantageuses, telles que la rémunération des congés pour responsabilités familiales et l'ajout de semaines de vacances.

Ces gains sont importants. Par exemple, faute d'obtenir la rémunération des congés pour responsabilités familiales, ceux-ci demeurent, dans les faits, financièrement inaccessibles pour plusieurs familles.

Cela dit, ces mesures ne couvrent que des situations particulières et ponctuelles. Elles ne permettent pas d'équilibrer le travail et les obligations familiales sur le long terme. Elles devraient donc s'accompagner d'initiatives dans l'aménagement du temps de travail. Dans le secteur public, des percées intéressantes ont été réalisées (semaine de travail plus courte, semaine de quatre jours, vacances payées plus longues, etc.). Malheureusement, les avancées dans le secteur privé sont beaucoup plus minces, comme le rappelait d'ailleurs le CCTM dans son plan d'action sur la conciliation famille-travail rendu public en 2001.

Selon une enquête de D.-G. Tremblay et de C.-H. Amherdt, réalisée en collaboration avec la CSN, moins de 20 % des 250 entreprises privées étudiées offrent de la souplesse dans l'aménagement du temps de travail[7]. Pourquoi si peu ? Les explications relèvent autant de la culture organisationnelle (l'investissement total dans le travail demeure une valeur pour beaucoup d'organisations) que de motifs économiques (concurrence oblige), comme l'a mentionné madame Lee-Gosselin.

À la CSN, il y a longtemps que nous croyons que les pratiques informelles doivent être dépassées. Des règles conventionnées sont indispensables afin d'éviter l'arbitraire et permettre un accès équitable et uniforme pour tous. Or, qui dit mesure universelle ne dit pas nécessairement rigidité. Permettre l'accès à un téléphone ou permettre l'aménagement des horaires sont autant de façons d'améliorer la qualité de vie des salarié-es sans imposer des contraintes insurmontables pour les employeurs. Au contraire, ceux-ci y gagnent au change par une hausse de productivité, une réduction du stress et des accidents de travail, une baisse des coûts d'assurance salaire ainsi qu'une meilleure rétention de la main-d'œuvre[8].

---

[7]   D.-G. Tremblay et C.-H. Amherdt, 2000. *La vie en double...*, *op. cit.*

[8]   Voir J. Rodrigue, *Nouvelles CSN*, 1999.

Loin de moi l'idée d'ignorer nos propres difficultés syndicales. En effet, lorsque vient le temps de négocier, il arrive encore trop souvent que les revendications entourant la conciliation famille-travail soient reléguées au second plan. La composition de la main-d'œuvre (sexe, âge, statut matrimonial) n'est pas sans incidence sur la façon dont ce dossier est pris en charge. Cependant, il m'apparaît clair que le débat est bel et bien engagé dans nos syndicats et que cette préoccupation prend une place de plus en plus grande dans les discussions et dans les objectifs de négociation.

Toutefois, force est de constater que plusieurs employeurs semblent toujours sous-estimer les coûts engendrés par les difficultés de conciliation famille-travail et leurs responsabilités à cet égard.

Faut-il s'en remettre au « marché » ?

Sans transformations sensibles des milieux de travail, des secteurs public et privé, les solutions ne peuvent être qu'incomplètes. Or, rien ne semble encore acquis à ce chapitre. Devant l'urgence des besoins, faut-il laisser à chaque milieu de travail et aux acteurs qui y sont présents le soin de prendre la mesure des problèmes, de trouver et d'appliquer des solutions ? Faut-il davantage d'interventions publiques pour responsabiliser, soutenir, voire obliger, les entreprises à s'adapter ?

Pour la CSN, trois raisons majeures militent en faveur d'une intervention publique accrue. Premièrement, il y a le constat développé précédemment selon que les changements dans les entreprises sont encore beaucoup trop timides. Certes, des expériences intéressantes ont été réalisées et il est important de les diffuser[9]. Toutefois, l'expérience des dernières années questionne la pertinence de s'en remettre essentiellement à un processus « d'émulation » pour faire bouger les choses.

Deuxièmement, notre régime décentralisé de négociation collective, qui favorise des ententes locales, limite le développement et la diffusion des innovations organisationnelles. Plusieurs dossiers porteurs d'améliorations des conditions de vie et de travail, telles que la réduction du temps de travail, la formation et l'organisation du travail, sont là pour en témoigner. Ce constat n'est pas surprenant. Pourquoi une entreprise prendrait des risques, assumerait des coûts pour améliorer la qualité de vie de ses salarié-es lorsqu'elle ne sait pas si les retombées en termes de rentabilité seront positives et si ses concurrents en feront autant ?

Nombre d'études ont souligné qu'en renvoyant à chaque entreprise la prise en compte des besoins des travailleuses et des travailleurs sur le temps de travail, on alourdit les « coûts d'apprentissage ». À l'inverse, une prise en charge collective des besoins des travailleuses et des travailleurs permet de limiter ces coûts de deux façons.

---

[9] Le ministère du Travail, à la suite d'une recommandation du CCTM, réalise une recension de dispositions de conventions collectives favorisant la conciliation famille-travail.

D'un côté, cela favorise une mise en commun des expériences intéressantes et l'acquisition de connaissance[10]. D'autre part, cela permet de créer un environnement propice à l'innovation, lequel suscite de véritables changements organisationnels[11].

Troisièmement, plusieurs tendances ayant des effets négatifs pour la conciliation famille-travail (et pour le développement de l'emploi en général) sont présentement à l'œuvre dans les entreprises. Très sommairement, j'en mentionnerai trois qui m'apparaissent essentielles. Elles touchent le temps de travail (durée et horaire) ainsi que le temps au travail. Elles touchent donc la quantité de temps consacrée au travail et aussi sa qualité.

D'abord, les pressions de la concurrence et la volonté de réduire les coûts, qui incitent à rentabiliser au maximum les équipements et à réduire le capital immobilisé, poussent plusieurs entreprises à allonger leur temps de production et à étendre, dans le secteur des services, leurs périodes d'ouverture. Si cette augmentation des temps de travail (temps de production) peut, dans certains cas, avoir des effets bénéfiques sur le volume d'emplois, elle engendre aussi la multiplication des horaires atypiques et variables. Le nombre de salarié-es travaillant de soir, de nuit, les fins de semaine ainsi que sur différents quarts de travail est en nette progression, bien que le « 9 à 5 », du lundi au vendredi, demeure encore dominant. Elle suscite également de l'appétit pour un allongement de la durée hebdomadaire de travail.

Ensuite, le temps de travail est davantage utilisé comme mécanisme d'ajustement aux fluctuations de la demande, notamment dans les services. Résultat : les emplois atypiques et précaires sont en hausse. Le temps partiel, les horaires coupés, le travail sur appel ainsi que la sous-traitance et le travail autonome sont autant de situations vécues de plus en plus fréquemment, surtout par les femmes.

Enfin, l'organisation du travail subit d'importantes transformations. Le temps au travail est sous tension. Qualité totale, juste-à-temps, production à valeur ajoutée et amélioration continue sont autant de « façons de faire » qui modifient les milieux de travail et ajoutent des pressions sur le travail quotidien. Beaucoup de salarié-es se plaignent d'avoir du mal à réaliser leur travail dans le temps prescrit, de sentir une intensification de leur travail, de voir leur charge s'alourdir, de manquer d'autonomie, etc. Conséquemment, les problèmes de stress et de santé mentale sont en progression dans les milieux de travail.

---

[10] C'est d'ailleurs ce que cherche à faire un organisme comme le CCTM avec plus ou moins de succès.

[11] Voir J. Charest, *Rôle de l'État, décentralisation des relations industrielles et innovations en milieux de travail. Une analyse des cas canadien et québécois*, Communication présentée au 9ᵉ séminaire international sur le temps de travail, Paris, 26-28 février 2004. Voir aussi G. Bosch, « Le temps de travail : tendances et nouvelles problématiques », *Revue internationale du travail*, vol. 138, nᵒ 2, 1999.

De plus en plus de salarié-es vivent leur travail comme une contrainte et réclament davantage de souplesse et d'autonomie dans l'aménagement de leur temps de travail.

Évidemment, le développement d'emplois à temps partiel et du travail autonome peut, pour certaines familles et à certaines conditions, faciliter la conciliation famille-travail. Malheureusement, ces conditions font souvent défaut. Ces emplois sont généralement peu rémunérés, mal couverts au chapitre des avantages sociaux et très précaires. Il faut aussi se garder d'y voir l'expression d'une préférence généralisée des travailleuses et des travailleurs. Le travail à temps partiel involontaire est fréquent, même chez les femmes avec enfants.

Il ne faut pas se faire d'illusions. Dans nos économies de marché, ce sont essentiellement les entreprises qui déterminent la nature des emplois et qui prescrivent l'utilisation du temps de travail. Par ses batailles, le mouvement syndical a obtenu des gains sur la durée légale du travail et le recours aux heures supplémentaires, notamment. Or, ces normes n'empêchent pas le prolongement des heures de production. Il ne faut pas confondre durée du travail et horaires de travail. Si la durée du travail est encadrée juridiquement par la *Loi sur les normes du travail*, le choix des horaires relève davantage des modes d'organisation du travail et de l'entreprise. Les emplois et les horaires atypiques ne sont pas des revendications syndicales. Ce sont les entreprises qui les développent et qui en sont les principales bénéficiaires.

Par ailleurs, quand une entreprise refuse d'accorder de la souplesse dans les horaires de travail, quand elle décide d'ajouter un ou des quarts de travail ou qu'elle souhaite recourir à du temps partiel pour gérer sa demande, elle fait plus qu'imposer la routine de travail de ses salarié-es. Elle modifie, voire bouleverse, l'ensemble de leur vie familiale, sociale et personnelle. Elle impose sa gestion des temps de travail et hors du travail[12]. Elle soumet l'articulation des temps sociaux et la conciliation famille-travail à des considérations essentiellement économiques. Bref, les familles doivent s'adapter au travail et non l'inverse.

Pour contrer ces tendances fortes au sein des entreprises et favoriser une meilleure articulation des temps sociaux, certains observateurs, plus « optimistes », misent sur le vieillissement de la population et les pénuries appréhendées de main-d'œuvre. Les entreprises se verraient obliger de réagir favorablement à la conciliation famille-travail afin de retenir une main-d'œuvre mobile et en demande. Cette hypothèse est fort plausible. Mais il est loin d'être acquis qu'elle concernera l'ensemble des travailleuses et des travailleurs, toutes les catégories d'emplois et tous les milieux de travail[13].

---

[12]   Voir notamment D. Mercure et Michel Lallement ainsi que l'ensemble des études québécoises sur le thème de la conciliation famille-travail.

[13]   C'est d'ailleurs une des conclusions du Conseil de la famille et de l'enfance dans son document, *Comment conciliez-vous ? Enquête auprès de six entreprises*, publié en 2003.

D'où la crainte émise par d'autres chercheurs, plus « pessimistes », que se développe « un monde du travail à deux vitesses » avec, d'un côté, des travailleurs spécialisés et syndiqués bénéficiant d'une variété de mesures facilitant la conciliation et, de l'autre, tous ceux et celles qui doivent s'en remettre à la *Loi sur les normes du travail*[14].

Un choix de société qui demande de nouvelles règles collectives et davantage d'impulsions politiques

Le gouvernement a donc un rôle essentiel à jouer pour éviter qu'un fossé se creuse entre différents milieux de travail et différentes catégories de salarié-es. Il a aussi la responsabilité de faire évoluer l'ensemble des milieux de travail. Malheureusement, le gouvernement actuel semble faire le pari que l'adaptation des entreprises aux besoins des familles est possible sans contraindre les employeurs.

Quant à nous, à la CSN, il nous apparaît clair qu'au même titre que la formation, l'équité salariale, la santé et la sécurité au travail, l'incitation et la bonne volonté ne sont pas suffisantes. D'autres options doivent être explorées et mises en débat. C'est ce que nous avons entrepris de faire à la CSN.

Par exemple, les récentes modifications à la *Loi sur les normes du travail* (2002) ont permis des avancées en rehaussant le nombre de congés pour raisons familiales de cinq à dix. Cependant, nous ne pouvons ignorer que bon nombre de salarié-es, faute de ressources financières, ne peuvent se prévaloir de ce droit. Plusieurs familles québécoises, et notamment les familles monoparentales, vivent dans la précarité et ont une rémunération tournant autour du salaire minimum, sans compter le fait qu'elles occupent souvent des emplois à temps partiel. Il y a donc tout lieu de croire que ce droit à des congés demeure largement inaccessible ou, à tout le moins, très coûteux. Faut-il envisager une forme de financement ?

Autre piste possible : remettre à l'ordre du jour l'idée d'une loi cadre sur la conciliation famille-travail. Évidemment, cette option n'est pas une panacée. Tous les acteurs sont interpellés. Sans l'engagement de tous, les résultats attendus pourraient ne pas être au rendez-vous. Mais sans un signal législatif, sans intervention publique articulée, nous risquons de refaire les mêmes constats dans dix ans.

Une loi-cadre a l'avantage d'envoyer un message clair en établissant des valeurs et des principes. De plus, elle peut inclure des mesures concrètes et suffisamment flexibles pour s'adapter à la variété des milieux de travail. Par exemple, elle pourrait prévoir un soutien technique et financier aux employeurs, aux salarié-es et aux syndicats qui souhaitent élaborer et mettre en œuvre, de façon conjointe, des pratiques innovatrices d'aménagement du temps de travail (horaires comprimés, flexibles, etc.).

---

[14]   *Ibid.*

Quelle que soit la piste retenue, force est d'admettre que du côté de la main-d'œuvre, les besoins pour une plus grande souplesse et de nouvelles modulations dans l'aménagement du temps de travail sont criants. Comment amener les entreprises à s'y attaquer et à livrer des résultats tangibles tout en leur laissant une autonomie de moyens ? Peut-on penser à une forme d'« obligation d'accommodement » qui, tout en tenant compte de la réalité de chaque milieu de travail, responsabilise les parties concernées ? Le défi est important, mais il doit être relevé.

La « qualité » des réponses et des mesures en milieux de travail dépendra aussi d'une articulation serrée avec plusieurs autres politiques sociales. À cet égard, il faut poursuivre la bataille engagée avec le fédéral afin de négocier les transferts d'argent permettant la mise en œuvre de la *Loi québécoise d'assurance parentale*. En plus de favoriser un accès large à des congés payés, cette loi présente un avantage certain pour les pères qui pourront s'en prévaloir et jouer ainsi leur rôle auprès des enfants. Les changements de mentalité sont lents à s'imposer. Il est toutefois de la responsabilité publique d'y contribuer en accordant des conditions facilitantes.

Finalement, il faut, évidemment, poursuivre nos efforts afin d'assurer la pérennité, l'accessibilité et la qualité de notre réseau de services de garde. Il faut continuer à évaluer de nouvelles perspectives afin de répondre aux familles avec horaires atypiques.

Sur ce point, et avant de conclure, j'aimerais revenir sur un élément de la présentation de madame Lee-Gosselin touchant la prise en charge des soins aux personnes dépendantes, dont les services de garde. Il me semble que l'expérience québécoise en matière de services de garde mérite d'être soulignée davantage. Certes, elle ne s'est pas essentiellement déployée au sein des entreprises, comme cela semble avoir été le cas aux États-Unis. Et la taille de nos entreprises y est certainement pour quelque chose. Mais cela n'a pas empêché la CSN de contribuer au développement d'un véritable réseau de services de garde éducatifs, accessibles et de qualité depuis plus de trente ans.

Sans refaire l'histoire des garderies au Québec, il est bon de rappeler qu'à la suite du *Sommet sur l'économie et l'emploi* en 1996, la société québécoise s'est dotée d'un réseau de services de garde unique qui fait l'envie de plusieurs provinces canadiennes et de divers pays. Ces services répondent aux besoins des parents et des enfants d'âge préscolaire en se greffant sur des objectifs d'accessibilité, d'universalité et de qualité.

Cet engagement collectif envers une offre de service à caractère public, dont on peut mesurer les effets positifs, me semble tout à fait pertinent et indispensable à une meilleure articulation des temps sociaux et à une véritable politique familiale.

Conclusion

Il est possible d'expliquer le retard des milieux de travail à mettre en œuvre de nouvelles pratiques favorables à la conciliation famille-travail. Il est même possible de le comprendre. Mais pouvons-nous encore le justifier ? Pouvons-nous collective-ment justifier le fait que des « mères et des pères se plaignent de devoir structurer toute l'organisation de leur vie familiale autour des contraintes imposées par le monde du travail », comme l'a souligné le Conseil de la famille et de l'enfance dans son Rapport annuel 2003-2004 ? Je ne crois pas.

Pour la CSN, la nécessité d'un engagement accru des employeurs et du gouver-nement ne fait pas de doute. Cela dit, la question des moyens à privilégier reste ouverte.

Comment intervenir efficacement ? Comment concilier l'amélioration de la qua-lité de vie des familles, la création d'emplois et la lutte au chômage tout en soutenant la productivité et la flexibilité des entreprises ? Autant de questions auxquelles nous devrons collectivement répondre afin que les solutions reflètent nos choix de société.

Il n'y a pas de formule miracle ni de solution unique. Il faut innover et s'inspirer de politiques réalisées ailleurs. Pour que la conciliation famille-travail devienne une réalité dans l'ensemble des milieux de travail, nous avons l'obligation de voir le tra-vail et son organisation autrement.

BIBLIOGRAPHIE

BEAUVAIS, C. et P. DUFOUR (2003), *Articulation famille-travail. Le contre-exemple des pays dits « libéraux » ?*, Rapport de recherche F-34, Réseaux canadiens de recherche en politiques publiques.

BOSCH, G. (1999), « Le temps de travail : tendances et nouvelles problématiques », *Revue internationale du travail*, vol. 138, n° 2.

CHAREST, J. (2004), *Rôle de l'État, décentralisation des relations industrielles et innovations en milieux de travail. Une analyse des cas canadien et québécois*, Communication pré-sentée au 9e Séminaire international sur le temps de travail, Paris, 26-28 février.

CHAREST, J. et J.-M. THIBAULT, *La réduction du temps de travail et l'emploi : l'expérience de la Confédération des syndicats nationaux*, Document de recherche 98-04 de l'École de relations industrielles, Université de Montréal.

CONSEIL CONSULTATIF DU TRAVAIL ET DE LA MAIN-D'ŒUVRE (2001), *Concilier travail et famille : un défi pour les milieux de travail*, Plan d'action, CCTM.

CONSEIL DE LA FAMILLE ET DE L'ENFANCE (2004), *Rapport annuel 2003-2004*, CFE.

CONSEIL DE LA FAMILLE ET DE L'ENFANCE (2003), *Comment conciliez-vous ? En-quête dans six entreprises*, CFE.

DUXBURY, L. et C. HIGGINS (2002), *Work-Life Balance in the New Millennium : Where Are We ? Where Do We Need to Go ?*, Document de recherche W/12, Réseaux canadiens de recherche en politiques publiques.

LALLEMENT, M. (2003), *Temps de travail et modes de vie*, PUF.

LEHNDORFF, S. (1998), *Les nouvelles formes d'organisation du temps de travail. Entre réduction des coûts à court terme et arrangements sociaux solides*, Colloque IRIS, Chan-gement institutionnel et dynamique de l'innovation, décembre.

MÉDA, D. (2000), « Travail et temps sociaux : pour une nouvelle articulation », dans G. de Terssac et D.-G. Tremblay, *Où va le temps de travail ?*, Toulouse, Éditions Octares, p. 65-81.

MÉDA, D. (2001), *Le temps des femmes. Pour un nouveau partage des rôles*, Flammarion, 2001.

MERCURE, D. (2001), « Les mutations contemporaines des rapports entre le travail, l'emploi et la famille », dans Conseil de la famille et de l'enfance, *Démographie et famille. Les impacts sur la société de demain*, Actes du colloque, CFE, p. 74-86.

MINISTÈRE DE LA FAMILLE ET DE L'ENFANCE (2002), *Le Québec en amour avec la famille. Plan concerté pour les familles du Québec*, MFE.

TREMBLAY, D.-G. (2003), *Conciliation emploi-famille et temps de travail. De nouveaux enjeux sociétaux. Les résultats d'une enquête dans plusieurs secteurs économiques*, Note de recherche 2003-7 de la Chaire de recherche du Canada sur les enjeux socio-organisationnels de l'économie du savoir, Télé-Université.

TREMBLAY, D.-G. (2000), « Temps de travail et diversité des temps sociaux : l'importance de la question du genre dans les recherches québécoises et nord-américaines », dans G. de Terssac et D.-G. Tremblay, *Où va le temps de travail ?*, Toulouse, Éditions Octares, p. 163-184.

TREMBLAY, D.-G. et C.-H. AMHERDT (2000), *La vie en double. Les obstacles organisationnels et socioculturels à la conciliation emploi-famille des pères et des mères*, Rapport de recherche.

L'évolution du marché du travail et l'obligation de concilier travail et famille

15

Gilles TAILLON

Au cours des dix prochaines années, deux phénomènes vont se conjuguer pour rendre plus nécessaire la conciliation de la vie au travail et à l'extérieur du travail. D'une part, l'obligation pour les deux conjoints de travailler posera de façon toujours aiguë la capacité d'avoir une famille, de disposer de temps pour s'en occuper tout en poursuivant leur carrière. Bref, les jeunes parents vont revendiquer plus de temps à leurs employeurs pour leur vie hors du travail. D'autre part, le vieillissement de la main-d'œuvre et les besoins financiers des aînés, compte tenu du prolongement de l'espérance de vie et la faiblesse des régimes collectifs de pension – pour malheureusement une bonne majorité de la population –, vont exercer des pressions pour un retour des retraités ou un prolongement de la vie au travail de la main-d'œuvre plus âgée. Les plus vieux vont pouvoir donner du temps aux employeurs.

Les défis pour les travailleurs et les entreprises

Pour les individus, il est assez vraisemblable que les notions de *Liberté 55* ou *Liberté 60* sont à ranger du côté du mythe plutôt que de la réalité. Le besoin de travail à temps partiel de la main-d'œuvre plus âgée et moins bien nantie devrait augmenter au fil des ans. Le phénomène est déjà amorcé dans plusieurs secteurs.

Les entreprises, quant à elles, devront revoir leur politique de dotation, valoriser davantage le facteur âge et modifier l'organisation du travail pour marier harmonieusement les exigences des jeunes parents avec l'embauche de travailleurs plus âgés prêts à travailler à temps partiel.

Pour les employeurs et les syndicats, il faudra sans doute repenser, au sein de l'entreprise, les aménagements prévus aux conventions collectives pour tenir compte de ces nouvelles réalités.

En somme, le mariage des intérêts contradictoires des « jeunes » et des « vieux » entraînera l'organisation vers la recherche de solutions complémentaires. Et, dans plusieurs secteurs d'activité, l'informatisation, la présence d'outils mécaniques, l'organisation du travail *extra-muros* agiront comme accélérateurs et facilitateurs pour mettre en place des solutions avantageuses pour les parties.

Les défis pour les pouvoirs publics

Les gouvernements devront retoucher certaines réglementations. D'abord, rendre possible et alléchante la retraite progressive. Ensuite, ajuster les politiques publiques de rentes et pensions pour donner le goût de travailler plus longtemps en augmentant les avantages par la suite.

Ils devront aussi mettre en place des politiques d'aide à la famille plus universelles qui débordent l'offre des services de garde en vue de stimuler la hausse du taux de natalité. Certaines expériences étrangères obtiennent des résultats intéressants à ce chapitre, notamment celles qui combinent ingénieusement plusieurs approches (allocations familiales progressives, services de garde flexibles, etc.).

Finalement, les gouvernements devront tout faire pour favoriser tout au long de la vie l'adaptation de la main-d'œuvre avec une offre de formation continue améliorée.

Il faut se méfier, par ailleurs, des solutions faciles comme toutes celles qui réclament de décréter la conciliation travail-famille (les 35 heures ; la semaine de quatre jours ; les quatre semaines de vacances ; la banque de temps). Ces mesures, si elles étaient implantées « mur à mur » dans la *Loi sur les normes du travail*, par exemple, comporteraient un coût qui alourdirait les charges sociales des entreprises, particulièrement les plus petites et souvent les plus vulnérables. Elles encourageraient les entreprises qui doivent survivre à s'organiser autrement : à requérir moins de main-d'œuvre au profit des machines, accentuant du fait même les problèmes de chômage ou à fuir la fabrication locale pour produire à l'étranger, sacrifiant du coup la main-d'œuvre locale.

Conclusion

Nous croyons qu'il est possible de trouver un juste équilibre entre les initiatives individuelles et les mesures collectives. Il nous incombe de le faire. Et la conjoncture nous y pousse.

Articulation des temps sociaux: un enjeu politique majeur

16

Sylvie MOREL

L'exercice demandé aux panélistes de cette table ronde consiste à identifier des pistes de réflexion concernant les règles à établir en matière de régulation du «temps de travail» et du «temps hors du travail» – dénominations que nous remettrons en cause plus loin dans ce texte. En outre, ces pistes de réflexion doivent être dégagées en réaction au texte de Hélène Lee-Gosselin. Notre propos sera essentiellement centré sur l'assertion suivante: l'articulation des responsabilités professionnelles et des responsabilités familiales représente aujourd'hui un *enjeu politique majeur*. Cela est le cas, car ce problème: 1) concerne directement les rapports sociaux de sexe; 2) débouche sur une approche globale des «temps», avec la thématique des «temps sociaux»; 3) force à revoir des logiques économiques fondamentales actuellement à l'œuvre dans nos sociétés; 4) met en cause nos façons habituelles d'appréhender l'économie et son fonctionnement; et 5) conduit à ouvrir les perspectives sur les expériences étrangères novatrices. Ces points seront, dans les pages qui suivent, présentés successivement.

Un élément clé de la transformation des rapports sociaux de sexe

La question de l'articulation emploi-famille est un enjeu politique majeur, car premièrement, elle s'inscrit de plain-pied dans le processus historique de la promotion de l'égalité des sexes. En effet, elle constitue un élément clé de la transformation des rapports sociaux entre les hommes et les femmes qui, tel que la littérature féministe l'a montré, ont traditionnellement reposé sur une division inégalitaire du travail dans la société. Car on aurait tort de croire que l'articulation des responsabilités professionnelles et des responsabilités familiales est une nécessité nouvelle. En fait, les origines de cette question «remontent à la définition même des sociétés salariales» (Vandelac *et al.*, 1995: 74). Sauf qu'historiquement, les conflits potentiels pouvant être générés par l'imbrication des sphères de l'emploi et de la famille ont été désamorcés par une répartition sexuée du travail: aux uns, le travail officiellement reconnu et rémunéré, aux autres, le travail invisible et gratuit réalisé dans la famille. On voit bien que ce sont ces rapports sociaux inégalitaires qui ont été la clé de voûte d'une relative accalmie en matière d'articulation, puisqu'à l'inverse, c'est précisément la montée du travail salarié des femmes qui a été l'élément déclencheur des débats contemporains formulés en termes de «conciliation travail-famille». De fait, ce sont donc actuellement les termes du «contrat social» entre les sexes qui sont remis en cause et, conséquemment, reformulés. L'articulation emploi-famille s'inscrit donc au cœur d'une transformation historique fondamentale et irréversible, dont l'ampleur est énorme :

> L'un des mouvements forts du XXᵉ siècle aura été la dure lutte pour l'égalité des sexes, menée essentiellement par les femmes, mais soutenue par un nombre croissant d'hommes. Lorsque la victoire sera finalement remportée, et c'est une nécessité, elle constituera une grande avancée pour l'humanité[1]. En outre, chemin faisant, cette lutte aura bouleversé la plupart des principes sociaux, économiques et politiques en vigueur (PNUD, 1995 : 1).

Ce processus demeure ainsi toujours inachevé. La division du travail est toujours sexuée, que ce soit dans la sphère de l'emploi ou dans la sphère domestique. Comme le souligne le Programme des Nations unies pour le développement (PNUD) (1995 : 2-3) dans un rapport sur l'intégration de la dimension féminine dans le «paradigme du développement humain», «il n'existe pas une société dans laquelle les femmes bénéficient des mêmes opportunités que les hommes», de sorte que si «[t]ous les pays ont fait des avancées dans le développement des potentialités des femmes, [...] hommes et femmes vivent toujours dans un monde inégalitaire». Ainsi, les recherches s'accordent pour mettre en évidence l'existence du partage inégalitaire du travail entre les hommes et les femmes :

> Dans presque tous les pays, le temps de travail des femmes est supérieur à celui des hommes[2]. [...] Dans les pays industrialisés, sur le temps de travail total des hommes, environ deux tiers sont consacrés à des activités rémunérées, et le tiers restant à des activités non rémunérées. Pour les femmes, le rapport est inversé. Dans les pays en développement, plus des trois quarts du travail des hommes correspondent à des activités sur le marché. Ainsi, les hommes se taillent la part du lion des revenus et de la reconnaissance de leur contribution économique, alors que la majeure partie du travail des femmes ne donne pas lieu à rémunération, n'est pas reconnue et reste sous-évaluée (PNUD, 1995 : 5-6).

Les études sur l'emploi du temps menées en France et au Québec vont dans le même sens. Ainsi, en France, l'enquête Emploi du temps de l'INSEE de 1999 révèle que les femmes effectuaient les deux tiers du travail domestique, proportion s'élevant à 80 % quand on se limitait au «noyau dur» de la production domestique (courses,

---

[1]   « La reconnaissance de l'égalité des droits entre hommes et femmes ainsi que la détermination à combattre les discriminations fondées sur le sexe constituent des réalisations d'une importance comparable à celles de l'abolition de l'esclavage, de la fin du colonialisme et de l'instauration de l'égalité des droits pour les minorités raciales et ethniques » (PNUD, 1995 : 1).

[2]   « Les femmes supportent en moyenne 53 % de la charge de travail totale dans les pays en développement et 51 % dans les pays industrialisés » (PNUD, 1995 : 5).

cuisine, vaisselle, linge, soins matériels aux enfants) (Brousse, 2001 : 63[3]). Lorsqu'on tient compte plus particulièrement du temps consacré aux activités strictement paren-tales, comme le permet l'approche originale de Marie-Agnès Barrère-Maurisson (2003), et qu'on l'intègre aux catégories habituelles du travail non rémunéré et du non-travail, les données pour 1999 montrent que « les femmes consacrent au travail non rémunéré (comprenant également le travail domestique) une part de leur temps qui est plus du double de celle qu'y consacrent les hommes (24 % contre 11 %) (Barrère-Maurisson, 2003 : 109). Pour ce qui est du Québec, comme l'indique Gilles Pronovost (2005 : 35), les mères consacraient, en 1998, « près de sept heures de plus que les pères aux tâches domestiques et une heure de plus aux soins des enfants ; la consé-quence est qu'elles doivent encore diminuer le temps qu'elles consacrent au travail rémunéré[4] [...] ».

On prend la mesure du changement culturel, voire civilisationnel, que représente une issue plus égalitaire aux problèmes d'articulation emploi-famille lorsqu'on admet que c'est bien sur deux fronts distincts mais interdépendants que les solutions doivent être amenées : on doit « développer autant les actions en faveur de la prise en charge parentale et domestique de la part des hommes que les mesures concernant l'égalité professionnelle en direction des femmes. Il ne peut y avoir, socialement, de partage du travail que s'il porte à la fois sur le professionnel et le familial, sur le rémunéré et le non-rémunéré » (Barrère-Maurisson, 2003 : 44). L'un des défis actuels consiste donc « à inclure les pères dans la problématique de la « conciliation », à promouvoir une réparti-tion plus égalitaire des tâches domestiques et à favoriser l'émergence de nouvelles pra-tiques dans la sphère familiale » (Fagnani et Letablier, 2001 : 4[5]).

Cette orientation est celle qui a été choisie par l'Union européenne, où la « conci-liation » emploi-famille a reçu une attention particulière dans le contexte de la politique d'égalité des chances entre les hommes et les femmes (Vielle, 2001 : 300). Alors qu'en 1974, la Commission européenne se préoccupait de créer les conditions « permettant aux femmes de concilier vie familiale et vie professionnelle », la recommandation

---

[3]   On observe une spécialisation des tâches domestiques entre les hommes et les femmes, les activités « à domination masculine » étant surtout le bricolage et le jardinage (Brousse, 2001 : 64) ; selon cette auteure, les « activités à dominante féminine sont plus fréquem-ment considérées comme des tâches pénibles, par les hommes comme par les femmes [...] ».

[4]   Les pères consacraient 44,8 heures par semaine à l'emploi, 15,5 heures au travail domes-tique (travaux ménagers, achats et services) et 5,3 heures aux soins aux enfants ; pour les mères, les chiffres étaient respectivement de 37,1 heures, 23 heures et 6,4 heures ; voir, dans cet ouvrage, le texte de Gilles Pronovost, p. 33-36.

[5]   À partir d'une enquête menée en France, ces auteurs constatent qu'il y existe encore une forte prégnance des normes familiales « traditionnelles » en ce qui a trait à l'engagement des hommes dans les responsabilités parentales.

concernant la garde des enfants adoptée par le Conseil des ministres en 1992, consacre, pour sa part, le principe d'une meilleure répartition des responsabilités parentales, encourageant les États à développer des mesures notamment en matière de
« partage, entre hommes et femmes, des responsabilités familiales résultant de la garde
et de l'éducation des enfants » (Vielle, 2001 : 300, 301). En Suède, c'est dès les années soixante qu'un modèle de « contrat entre les sexes[6] » « où hommes et femmes
seraient égaux devant l'emploi et les charges parentales » est retenu (Daune-Richard,
1999 : 13). Ce « référentiel égalitaire » en est un dans lequel « pour chacun et chacune,
travailler est un droit et une obligation, et prendre soin de ses enfants fait partie de ses
droits et devoirs d'être humain » (Daune-Richard, 1999 : 14). Cela se traduit notamment, dans l'approche suédoise de l'« assurance parentale[7] », par ce que Nathalie Morel
appelle un renversement complet de perspective par rapport à la conception traditionnelle des droits associées à la maternité : « le droit des femmes à une citoyenneté
complète (y est présenté) non pas sous l'angle de leur droit à l'accès au marché du
travail, mais sous celui du droit à la maternité pour les travailleuses » (Morel, 2001 :
68). Le régime québécois de congés parentaux, qui vient de faire l'objet d'une entente
de principe entre le gouvernement du Québec et le gouvernement fédéral (Chouinard,
2004 : A1[8]), s'inspire d'ailleurs du modèle suédois (Gauthier, 1998 ; Lepage, 2000),
notamment en ce qu'il comporte un congé de paternité non transférable à la mère. En
somme, maintenant que le travail du « prendre soin » (le *care*), comme les féministes
appellent aujourd'hui les activités de prise en charge, réalisées dans la famille et dans
l'emploi, des personnes « dépendantes » (enfants, personnes très âgées, malades, handicapés, etc.), qui est au cœur de la question de l'articulation emploi-famille, doit être
assumé par les femmes et par les hommes, un « changement radical de perspective est
requis : les circonstances entourant ce travail dans la famille doivent être envisagées
dans l'optique d'un « risque social », nécessitant, par conséquent, un soutien du revenu « dû à une capacité de gains réduite pendant que les enfants, les personnes âgées
et les personnes handicapées sont à la maison » (Schmid et Shömann, 2004 : 5[9]). Cela

---

[6]   L'auteure renvoie à Y. Hirdman, 1994, *Women : from Possibility to Problem ? Gender
      Conflict in the Welfare State. The Swedish Model*, Stockholm, Arbetlivcentrum, Research
      Report No. 3.

[7]   Ce que l'on appelle le « congé parental » suédois est une assurance sociale : dès sa concep-
      tion, le congé parental a été considéré comme une assurance à part entière, une assurance
      parentale contre le « risque enfant ». « Le terme suédois *"föräldraförsäkring"* signifie
      d'ailleurs assurance parentale et non congé parental. L'assurance parentale est inscrite
      dans la loi sur l'assurance publique ; elle est considérée comme un des droits de base pour
      tous les citoyens » (Morel, 2001 : 69).

[8]   En février 2004, la Cour d'appel du Québec a statué que le gouvernement fédéral excédait
      ses pouvoirs constitutionnels en offrant un programme de congés parentaux à même
      l'assurance-emploi (Dutrisac, 2004 : B3).

[9]   C'est nous qui traduisons.

doit aller de pair avec des services publics de qualité en matière de garde et de soins à l'intention de ces groupes.

Deux mises au point terminologiques pour terminer. Poser la question de l'articulation des responsabilités professionnelles et familiales en prenant appui sur une vision intégrant les différentes formes de travail, comme nous le faisons ici, force à reconnaître le caractère trompeur de l'expression « travail/hors-travail », souvent utilisée dans ce contexte. Car ce dont il est question ici, c'est bien plutôt d'emploi et de « hors-emploi ». Il importe donc d'éviter d'utiliser une catégorie générique (la notion de travail) pour désigner ce qui n'est, en réalité, qu'une de ses formes (l'emploi ou le travail rémunéré), ce qui a notamment pour effet de gommer l'importance des autres contributions de travail réalisées dans la société :

> Pour tenir compte d'un des principaux acquis des recherches féministes des dernières décennies, à savoir l'analyse du travail domestique et l'analyse de la complexité de ses articulations avec le travail salarié ainsi qu'avec l'ensemble des autres formes d'activités rémunérées ou non, il convient d'abord d'éviter de confondre travail et emploi. Le terme de travail utilisé pour désigner l'emploi contribue en effet autant à exclure du champ de la pensée l'activité domestique et l'ensemble des activités non rémunérées que ne le fait l'usage dit générique du terme homme qui, prétendant alors désigner l'espèce humaine, a surtout pour effet de balayer, du revers d'un mot, la moitié féminine de l'humanité. [...] la clarté même de l'analyse exige [...] que l'on distingue l'emploi des autres formes de travail social (domestique, bénévole, communautaire, etc.), seul moyen d'ouvrir l'analyse de la conciliation sur l'articulation de l'ensemble des activités marchandes, non marchandes et institutionnelles (Vandelac et al., 1995 : 78-79).

Deuxième précision terminologique, la notion de « conciliation » de l'emploi et de la famille, couramment utilisée dans les textes de politiques publiques ou dans les débats sur cette question, est controversée. En effet, elle évoque l'idée d'une coexistence harmonieuse entre ces deux sphères : la part d'antagonismes et de conflits qui traversent ces relations tend ainsi à être niée, tout comme leur dimension collective (Junter-Loiseau, 2001 : 15). C'est pour contrer cette vision idéalisée et individualiste des rapports sociaux que plusieurs chercheures ont remplacé la problématique de la conciliation par celle de l'« articulation » (Barrère-Maurisson, 2003 ; Junter-Loiseau, 2001). Cette dernière permet davantage de montrer que ce dont il est question, dans ce lien entre responsabilités professionnelles et responsabilités familiales, ce n'est pas de choix individuels « volontaires », mais de structuration d'espaces sociaux où se conjuguent stratégies individuelles et déterminations collectives. Poser la question en termes d'articulation permet ainsi de rendre compte, d'un point de vue transversal, des dynamiques d'imbrication des diverses stratégies d'acteurs et du fait que ces dernières se modèlent les unes par rapport aux autres.

Du temps de l'emploi et de la famille aux « temps sociaux »

La deuxième raison pour laquelle l'articulation emploi-famille est un enjeu politique majeur est le fait qu'elle débouche aujourd'hui sur une approche globale des temps, celle dite des « temps sociaux ». Par temps sociaux, on entend « les temps individuels et collectifs consacrés ou non aux activités de travail » (Gauvin et Jacot, 1999 : 24). Ces auteurs proposent d'envisager les temps sociaux sur la base d'un classement des activités humaines en quatre catégories : 1) les activités de culture, de formation, d'éducation, de contemplation ; 2) les activités individuelles (familiales, amicales, amoureuses) ; 3) les activités collectives relationnelles de la vie en société (politique au sens large) ; 4) les activités collectives de production de biens matériels, de services et de biens sociaux (Gauvin et Jacot, 1999 : 24[10]). Ainsi, la thématique de l'« aménagement des temps sociaux » consacre une approche plus globale des agencements temporels entre les différentes sphères de l'existence que celle de l'articulation emploi-famille, car elle permet d'en reconnaître, premièrement, la diversité et, deuxièmement, l'imbrication complexe, puisque les temps sociaux s'enchevêtrent et s'organisent en « systèmes » (Gauvin et Jacot, 1999 : 24). Une perspective aussi intégrée permet une action plus fondamentale sur la synchronisation des temps dans l'entreprise, la famille et la cité (Gauvin et Jacot, 1999 : 14).

La prise en compte de la dimension spatiale de la cité est d'ailleurs tout à fait essentielle. Elle renvoie à une réflexion qui s'est développée sur ce que l'on appelle maintenant le « temps des villes », c'est-à-dire l'harmonisation des horaires des services publics avec la vie des citoyens. Depuis 1996, à la suite des expériences menées en Italie et en Allemagne[11], les politiques « des temps de la ville » se sont diffusées dans divers pays européens. Partant du constat de la désynchronisation croissante existant entre les horaires d'emploi et les services urbains (commerces, loisirs, soins, transports, etc.), ces politiques se traduisent notamment par la mise sur pied de « bureaux des temps », qui visent à offrir un lieu de débat « à tous ceux qui sont prescripteurs d'horaires ou qui les subissent », permettant ainsi une réflexion sur les horaires de la ville entre les usagers, les entreprises et les élus (Desjardins, 1991). Un enjeu démocratique incontestable émerge donc de ces nouvelles pratiques.

Mais la perspective de l'aménagement des temps sociaux est profondément novatrice aussi parce qu'elle force à réévaluer l'importance de cette dimension de la temporalité dans les arrangements sociaux. Avec le nouveau siècle, le temps est devenu une « préoccupation sociale majeure » : « le temps devient une valeur en soi,

---

[10]   Ce classement est repris de D. Méda, 1995, *Le travail, une valeur en voie de disparition*, Paris, Éditions Alto/Aubier.

[11]   Sur l'expérience pionnière du temps des villes en Italie, qui date du milieu des années quatre-vingt, voir S. Bonfiglioli, 1997, « Les politiques des temps urbains en Italie. Emplois du temps », *Annales de la recherche urbaine*, p. 77, cité dans Méda (2001).

valeur non seulement individuelle (avoir du temps pour sa famille ou bien pour ses loisirs), mais aussi sociale ; prenant d'une certaine façon le pas, peut-être sur celle de salaire ou de revenu » (Barrère-Maurisson, 2003 : 85). Il en découle une vision élargie de la « sécurité », comme invite à y réfléchir Pascale Vielle (2003 : 26) lorsqu'elle souligne que cette dernière n'est plus seulement une question financière, une question de perspectives de carrière, mais de manière tout aussi importante, une question de « sécurité temporelle » ou « le développement de la capacité des individus à jouir de leur temps familial à court, moyen et long terme » et, ajouterions-nous, des autres temps ; cette « sécurité temporelle » constituerait un « droit fondamental à reconnaître pour tous, hommes, femmes et enfants » (Vielle, 2003 : 26). Cela fait écho à la mise en garde de Dominique Méda (2001) contre la dérive actuelle de l'instrumentalisation des services collectifs, notamment en matière de garde des jeunes enfants, par une logique productiviste :

> Il y là une énorme question qui ne peut ni ne doit rester du domaine des arrangements individuels. Il y a là un choix de société, qui ne concerne pas seulement la frontière entre public et privé, mais plus largement le choix du type de société dans lequel nous voulons vivre. Il me semble aussi qu'il y aurait un risque majeur à vouloir adapter sans relâche et sans retard l'ensemble des institutions sociales aux horaires de travail, de plus en plus atypiques : que le rythme de la vie sociale soit déterminé exclusivement par les rythmes du système productif. Car, à multiplier sans compter les structures de garde à horaires atypiques (par exemple des crèches vingt-quatre heures sur vingt-quatre), les services de nuit ou les horaires extensibles, on n'incite en aucune manière les entreprises ou d'une manière générale le système productif à être économe dans sa consommation de la ressource-temps, du temps humain (on fait comme si celui-ci n'avait aucune valeur). Multiplier ces structures, c'est, d'une certaine manière, légitimer la multiplication des horaires atypiques et conforter le mode actuel de développement de nos sociétés, qui place au centre de la vie les contraintes du système productif et a pour conséquence que les autres rôles des individus, hormis le rôle de producteur, ne sont en aucune manière pris en compte (Méda, 2001 : 85).

Penser les différentes sphères d'engagement (professionnel, domestique, parental, éducatif, citoyen) comme étant « consommatrices de temps » (Méda, 2001 : 133) fait ainsi apparaître le temps comme une ressource rare, comme un « bien collectif », à « produire socialement » et à préserver. Cela conduit à questionner fondamentalement la logique de nombreuses interventions, pratiques d'entreprises et politiques publiques, qui, au nom de l'exigence toujours croissante d'un certain type de flexibilité, ont pour effet de déstructurer la temporalité familiale (Vielle, 2003) ou celle des autres espaces sociaux.

Le dépassement d'une profonde contradiction : les besoins des salariés et le travail comme variable d'ajustement

Cela nous amène au troisième point faisant de l'articulation emploi-famille, ou plus largement des temps sociaux, un enjeu fondamentalement politique : le fait que celle-ci force à revoir certains des paramètres de base du régime de croissance des économies contemporaines. Revenons tout d'abord au principal constat énoncé par H. Lee-Gosselin en conclusion de son texte, selon lequel, de façon générale, le fonctionnement actuel des entreprises est en pleine contradiction avec les diverses initiatives visant une meilleure articulation entre l'emploi et les autres temps sociaux :

> J'ai tenté de montré qu'au cours des dernières décennies, des individus et des organisations ont questionné le rôle central du travail dans la vie et ils ont proposé diverses pratiques de conciliation ou d'équilibre entre la vie professionnelle et la vie en général. Cependant, alors que le questionnement a gagné en visibilité, la portée de ces innovations sociales est plutôt limitée et la lenteur de leur dissémination suggère l'existence de nombreuses forces qui leur sont contraires au sein des organisations. Ainsi, un discours légitimant les pratiques de conciliation est de plus en plus entendu de la part de multiples acteurs sur diverses tribunes ; par contre le quotidien des travailleurs et des travailleuses s'en écarte de plus en plus (Lee-Gosselin, 2005 : 176).

Ainsi sont identifiés, dans ce texte, plusieurs phénomènes à l'œuvre dans la gestion des entreprises et, plus spécifiquement, de la main-d'œuvre, qui se soldent par des exigences de performance accrue pour les salariés, alors même qu'augmente l'incertitude de ces derniers face à l'emploi : accélération des changements technologiques, introduction du « juste-à-temps », restructurations d'entreprises, réductions d'effectifs et, conséquemment, intensification et alourdissement du travail, allongement du temps de travail (à tout le moins dans certains pays, comme les États-Unis), augmentation du stress, pressions pour la réduction des coûts salariaux, culture organisationnelle prônant la centralité de l'investissement professionnel dans la vie des employés, etc. Ces pratiques et valeurs, qui cohabitent avec « les discours sur l'importance des personnes dans l'organisation et sur la ressource stratégique qu'elles représentent » (Lee-Gosselin, 2005 : 168), renvoient à des réalités qui dépassent largement ce que l'auteure appelle des « paradoxes organisationnels » (Lee-Gosselin, 2005 : 169). Ce sont plutôt des logiques économiques globales qui sont à l'œuvre, dont la tendance, dans le capitalisme contemporain, à utiliser l'emploi comme variable d'ajustement, en prenant pour cible soit la masse salariale, soit la « ressource humaine ». Dans les deux cas, le résultat est le même : le transfert des risques économiques sur les salariés.

De cette façon, en premier lieu, il ressort clairement de l'étude économique des nouvelles modalités d'accumulation du capital et de la croissance dans les économies développées qu'un nouveau rapport de force a été institué au profit des actionnaires et au détriment des salariés et des gestionnaires (sauf lorsque ces derniers reçoivent une bonne part de leur rémunération sous forme d'actions). Ainsi, dans le cadre du « capitalisme à dominante financière », caractérisé par la montée du pouvoir actionnarial, les nouvelles méthodes de gestion des entreprises visent prioritairement la « création de valeur actionnariale », c'est-à-dire la valeur boursière de l'entreprise (Plihon, 2000a : 27). L'objectif de rentabilité financière des entreprises prend ainsi le pas sur le développement de l'activité productive ou de l'emploi (Plihon, 2000a : 26). Mais surtout, cette nouvelle logique imposée par les actionnaires (et les investisseurs institution-nels), outre d'accroître l'instabilité économique et financière, rend les salariés beau-coup plus vulnérables qu'auparavant aux pertes de pouvoir d'achat, car c'est sur la masse salariale que sont opérées les ponctions permettant de répondre à l'exigence de rémunération financière posée *ex ante* :

> Les salariés sont les premiers à subir ce transfert de risques (les risques économiques transférés par les actionnaires sur l'entreprise et ses partenaires). Car ils sont devenus le partenaire le plus faible du trio actionnaires-dirigeants-salariés. Les investisseurs exigent des rendements non seulement élevés mais également stables dans le temps. En phase de ralentissement conjoncturel, la masse salariale constitue alors la principale variable d'ajus-tement à la disposition des dirigeants pour assurer la stabilité des résultats de l'entreprise. Il apparaît ainsi que, au cours des dernières années, le salaire réel a augmenté en moyenne moins rapidement que la productivité du travail (Plihon, 2000a : 34).

En second lieu, l'emploi est souvent la variable d'ajustement relative, cette fois-ci, aux pratiques de gestion de la main-d'œuvre orientées vers des formes de flexibi-lité précarisantes (par opposition aux formes de flexibilité qui s'accompagnent d'une sécurité pour les salariés). Cela est particulièrement le cas dans le modèle d'État-social « de type libéral » (Esping-Andersen, 1990), comme celui auquel correspondent le Canada et aussi le Québec, où les protections collectives en emploi (droit du tra-vail, sécurité sociale, etc.) sont tellement faibles que les entreprises ont majoritairement tendance à vouloir baser leur compétitivité sur la réduction des coûts de main-d'œuvre et l'érosion des statuts d'emploi. Pour avoir une idée de la position relative occupée par le Canada en matière de protection de l'emploi, rappelons que sur la base de l'indicateur synthétique développé par l'OCDE pour évaluer la rigueur de cette pro-tection dans 27 des pays les plus développés, il se classe au troisième rang des pays les moins rigoureux ; sur une échelle allant de 0 à 6, il obtient un score de 0,6, derrière les États-Unis (0,2) et le Royaume-Uni (0,5) (Gislain, 2004 : 137).

En somme, l'ensemble de ces stratégies d'entreprises ont pour effet de contre-carrer les efforts visant à mettre au cœur de l'agenda politique la prise en compte des besoins des salariés, qui est l'enjeu fondamental du débat entourant l'articulation des temps sociaux. En d'autres termes, quand bien même plusieurs nouvelles initiatives seraient mises en place pour diminuer les conflits existant entre les divers types de responsabilités des salariés, ces dernières pourront difficilement porter leurs fruits tant que les logiques fondamentales à l'œuvre dans l'économie auront pour effet de profondément insécuriser les salariés face à leur emploi et au revenu qu'ils peuvent en tirer. La question de l'aménagement des temps sociaux doit donc déboucher sur un agenda politique beaucoup plus large qu'il n'y paraît de prime abord, luttant contre des problèmes qui se trouvent *en amont* des conflits enregistrés à ce chapitre, lesquels sont souvent les résultats en chaîne des difficultés que nous avons évoquées plus haut. Mais pour être en mesure de porter le débat à ce niveau, il faut absolument avoir en tête l'objectif du bien-être de la collectivité dans son ensemble, ou du « bien commun », que la perspective strictement individualiste empêche de prendre en compte convenablement.

Le pari d'un changement de représentations de l'économie

Envisager l'aménagement des temps sociaux dans une perspective de « bien commun » requiert un changement du mode de représentation habituel du fonctionnement de l'économie. Cela recouvre un enjeu politique évident, puisque ce qui est en cause, c'est la façon dont est conçue la relation existant entre l'intérêt individuel et l'« intérêt collectif ». L'apport des théories économiques est éclairant pour critiquer l'approche doctrinale libérale consacrant les intérêts individuels comme garants de l'« intérêt général », c'est-à-dire de l'intérêt de la société. Or, on méconnaît trop souvent cet apport en confondant théorie économique et doctrine libérale, comme si l'économie était une discipline unifiée ne laissant place à aucune controverse. Or, rien n'est plus faux. Point n'est besoin de faire appel à du « social » pour contrer le discours économique dominant[12]. Il n'y a qu'à se remémorer les enseignements des économistes qui, historiquement, ont mis en évidence le fait qu'intérêt individuel et « bien commun » ne sont pas nécessairement compatibles.

Plusieurs économistes nous ont appris, contrairement à ce qui ressort de la doctrine libérale de la « main invisible », que la poursuite des intérêts individuels ne mène pas nécessairement au mieux-être collectif. J.M. Keynes a montré, avec le « paradoxe de l'épargne » par exemple, que la logique d'un ensemble n'est pas réductible à celle de ses composantes ou, en d'autres termes, que ce qui peut sembler profitable lorsqu'envisagé du point de vue individuel peut se révéler catastrophique pour l'ensemble de l'économie. En effet, si épargner semble être un comportement responsable du point de vue d'un individu désirant améliorer sa situation financière, à l'échelle d'un pays, la diffusion des comportements d'épargne mène droit à la récession, puisque ce qui est épargné n'est pas consommé et ne peut, par conséquent, nourrir l'activité productive des entreprises, mue essentiellement par les perspectives de vente des biens et des services (ce que Keynes appelait la « demande effective »). Dans un autre registre, J.R. Commons (1934) a fait ressortir que la sécurité, base de la confiance et de la capacité d'entreprendre, est l'élément fondamental du capitalisme industriel. En effet, affirmait-il, la confiance est l'élément moteur de l'accumulation de la richesse et du développement économique : « le plus important facteur de production – la chose qui produit vraiment la richesse moderne –, ce ne sont pas les choses physiques, ce

---

[12]   Les contestations du discours économique dominant qui s'élaborent à partir du terrain de la théorie économique ont toujours existé, mais elles reviennent en force depuis une dizaine d'années ; voir à ce sujet le *Mouvement des étudiants pour la réforme de l'enseignement de l'économie* www.autisme-economie.org ; J. Généreux, 2001-2002, *Les vraies lois de l'économie I et II*, Paris, Éditions du Seuil – France Culture ; Les Éconoclastes, 2003, *Petit bréviaire des idées reçues en économie*, Paris, Éditions La Découverte.

n'est pas le travail, ce n'est pas le *management* ; c'est la confiance en l'avenir, c'est un système de crédit basé sur l'anticipation de la continuité industrielle, une anticipation selon laquelle les dettes seront payées. Le système capitaliste est la sécurité des anticipations» (Commons, 1921 : 8). Ainsi, indiquait-il, le capitalisme peut croître, car on a offert la sécurité à l'investisseur, parce que ce dernier a acquis l'assurance que les promesses de paiement formulées à son endroit seront honorées, qu'en d'autres termes, « son investissement lui sera retourné» (Commons, 1921 : 8). Si dans l'organisation industrielle, on a sécurisé les investissements, poursuivait-il, rien de tel n'a été fait pour le travail. D'une part, le capitalisme a introduit l'insécurité économique pour les ouvriers[13]. D'autre part, le « capitalisme est à blâmer parce que, à ce jour, il n'a pas offert au travail cette sécurité de l'emploi qu'il a offert aux investisseurs face à la sécurité de leurs investissements» (Commons, 1921 : 8). Ainsi Commons a-t-il démontré comment l'institution de la « sécurité économique» est un gage de développement économique dans le sens du « bien commun» et dont la réalisation ne peut être laissée à la bonne volonté des employeurs individuels. Plus de quatre-vingts ans après leur publication, ces écrits n'ont toujours pas été compris.

Pour mettre en évidence le hiatus existant entre les stratégies individuelles et le bien-être collectif, les économistes ont aussi forgé le terme « externalités» pour montrer que les entreprises ne supportent pas l'ensemble des coûts économiques que leur activité engendre. En effet, non seulement les entreprises profitent-elles de ressources collectives (main-d'œuvre formée et en santé, infrastructures physiques, aides financières, etc.) pour produire, mais elles reportent sur la collectivité de nombreux coûts de leur activité (on parle dans ce cas d'externalités négatives). Les dégâts causés par une mauvaise gestion de la main-d'œuvre en sont un parfait exemple (ceux qui sont causés à l'environnement en sont un autre). Les coûts de la précarité sont substantiels (pertes de productivité, de compétences, de motivation, d'innovation, pathologies sociales, etc.) ; on pourrait aussi parler des coûts liés au chômage, aux accidents du travail, aux maladies professionnelles, etc. En dilapidant les « ressources humaines» mises à leur disposition, les entreprises portent préjudice, certes à long terme à elles-mêmes, mais surtout à la collectivité, dont le développement dépend du renouvellement de ses ressources productives, au premier rang desquelles figurent le travail et la confiance en l'avenir. Une plus grande responsabilité des entreprises (privées, publiques et « d'économie sociale») est donc nécessaire pour en arriver à une situation préférable d'un point de vue collectif. C'est dans cette même optique que doit être envisagé le débat sur l'articulation des temps sociaux.

Dernier point concernant la nécessité de « penser autrement» l'économie : l'urgence de revoir la conception couramment véhiculée de l'intervention de l'État.

---

[13]   « [s]ous l'esclavage ou le féodalisme, les travailleurs manuels avaient de maigres moyens de subsistance, mais ils étaient sûrs de les avoir. Le capitalisme a multiplié la richesse du monde et accrû les revenus de toutes les classes, mais il a réduit la sécurité de revenu des ouvriers» (Lewisohn *et al.*, 1925 : 152).

En effet, nous qualifierions de « naïve » la manière dont sont souvent posés les termes du débat en la matière lorsqu'on demande, par exemple, « si l'État doit ou non intervenir » dans l'économie ou, par rapport à la question qui nous concerne ici dans l'articulation des temps sociaux. L'idée de la non-intervention de l'État dans l'économie est une vue de l'esprit, une pure fiction, qui est d'ailleurs la symétrique de la représentation tout aussi fictive du « marché », représenté par des « lois économiques », naturelles, immuables, universelles et harmonieuses, qui s'imposeraient de l'extérieur à la volonté des collectifs humains (Morel, 2003). Ces discours sont purement rhétoriques et doctrinaux : le « modèle simplificateur de l'économie de marché qui nous est le plus souvent présenté, basé sur des hypothèses très fortes pour ne pas dire irréalistes, est une fable destinée à promouvoir l'idéologie libérale » (Deblock, Élie et Marceau, 2004). Car l'intervention de l'État est consubstantielle à l'activité économique elle-même.

Ainsi, ce que l'on présente le plus souvent comme une opposition irréductible, « l'État » et le « marché », renvoie en réalité à des phénomènes institutionnels très étroitement articulés[14] : « (l'État et le marché sont) deux structures qui, tout en s'excluant au plan logique, sont interdépendantes historiquement. Il s'agit de systèmes de pratiques contradictoires qui pourtant coexistent, éventuellement même au sein d'une organisation unique, comme dans le cas d'une entreprise marchande assujettie à une mission non marchande de service public » (Théret, 1994 : 69). Historiquement, le « marché » est une création du pouvoir politique :

> le marché médiéval, la première véritable organisation qui mérite le terme de marché, est totalement créé, administré, réglé par le pouvoir local. Lieu de l'échange, le marché doit se conformer à la norme qui est édictée « politiquement », afin que le déroulement de la transaction corresponde au cadre limitatif qui lui est assigné. On voit d'emblée dans l'Histoire que le marché, dès son origine, s'entend comme une aire de relative liberté, encadrée, surveillée et balisée par les instances locales du pouvoir (Henoschsberg, 2001 : 42).

À bien des égards, le « marché » n'existe que par la force structurante de l'État : « l'économie de marché est fondamentalement institutionnalisée et [...] en conséquence, elle requiert un pouvoir fort pour faire respecter le fonctionnement de ces institutions » (Bellon et al., 1994 : 14). La monnaie, les réglementations prudentielles garantissant la stabilité du système financier, les politiques publiques (politiques industrielles, politique scientifique, politiques de l'emploi, politiques sociales, etc.), l'armature juridique nationale ou internationale – composante fondamentale de la

---

14   « Opposer l'État et le marché est à la mode. Pourtant, une telle opposition est mal fondée. Elle renvoie, en effet, en général non pas à la réalité des fonctionnements sociaux, mais seulement aux mythes que les économistes ont forgés et progressivement sophistiqués selon des processus autoréférentiels destinés à affirmer la puissance sociale de la profession » (Théret, 1994 : 68).

« vie économique[15] » –, la coordination des politiques aux échelons supranationaux (niveaux communautaire ou international), etc., toutes ces institutions « économiques » sont des émanations, sous des formes et à des degrés divers, du pouvoir de l'État. D'où, d'ailleurs, l'ambiguïté de la notion d'« intervention » de l'État :

> D'un côté, celle-ci évoque l'idée que les pouvoirs publics jouent un rôle dans le fonctionnement de l'économie, mais, d'un autre, elle suggère l'idée que l'État est un tiers, s'immisçant dans un monde, le marché, qui lui est étranger. Or, [...] il est difficile de considérer l'État comme exogène (Bellon *et al.*, 1994 : 16).

L'État est donc omniprésent, même quand l'ampleur de ses interventions semble être en voie de s'estomper. Donnons l'exemple tout simple de son intervention dans le domaine de la sécurité de la vieillesse. Lorsqu'il contribue au financement du système public de pensions, on reconnaît ouvertement son action structurante dans le champ de la sécurité sociale. Inversement, cette intervention n'est pas reconnue comme telle lorsqu'il agit pourtant tout aussi activement, au moyen des dépenses fiscales (déductions, exemptions, etc.), pour favoriser la constitution d'un capital individuel de protection privée pour la retraite (par exemple, par des régimes enregistrés d'épargne-retraite (REER), qui procurent à leurs titulaires des avantages fiscaux). On a ici une illustration claire d'un processus de structuration d'une « logique privée » de couverture contre les risques sociaux initiée et soutenue par l'État, au détriment de la consolidation de la protection sociale (les formes collectives de protection contre les risques sociaux). Ainsi, ce que l'on appelle le « moins d'État » signifie souvent simplement de « l'État autrement », modalités d'intervention autres qu'il est par ailleurs essentiel de bien cerner si l'on veut que la transformation des institutions soit intelligible. Deuxième exemple d'un mode de structuration étatique du secteur « privé », cette fois-ci des pratiques d'entreprises, celui des modalités de rémunération du travail sur le « marché du travail ». À l'heure actuelle se généralisent dans les pays de l'OCDE des mesures de « supplémentation du revenu », en vertu desquelles l'État finance une partie de la rémunération des bas salariés, au moyen d'aides directes ou fiscales. Tel est le cas du gouvernement du Québec, qui vient de donner un nouveau souffle à ce genre de politiques en remplaçant le programme APPORT par la « prime au travail ». Ce faisant, l'État contribue au maintien de faibles salaires par des politiques publiques permettant aux employeurs de se départir de leur responsabilité de bien rémunérer le travail (*to make work pay*) ; on ne peut s'empêcher, au passage, de

---

[15]   « L'élément stratégique de la vie économique est le contrôle légal plutôt que le contrôle physique. De ce point de vue, la vie économique peut être comprise en termes "processuels" comme étant constituée de suites ininterrompues de transferts légaux de droits de propriété [...]. Les règles définissant les droits de propriété structurent la production de même que les processus de distribution. Il n'y a rien de "naturel" dans le caractère concret de ces règles et dans les processus qu'elles effectuent » (Ramstad, 1998 : 311) ; c'est nous qui traduisons.

noter la contradiction que représente ce type de pratiques par rapport à l'idéologie de la responsabilité individuelle qui fait également florès et dont, curieusement, seraient exemptés certains employeurs[16]. Toujours est-il que nous sommes ici dans un cas de figure où la rémunération du travail, supposément déterminée par les mécanismes du « marché du travail », devient une fonction de l'État qui, de ce fait, pratique une forme d'« assistance sociale aux entreprises », beaucoup plus rarement dénoncée sur la place publique que ne le sont les formes d'assistance sociale traditionnelles. Une fois de plus, donc, l'opposition stricte entre le « marché » et l'« État » ne permet pas de prendre en compte l'existence de ces modalités d'interventions croisées des acteurs publics et privés.

L'État, par les multiples leviers d'action dont il dispose, est une force structurante de l'articulation des temps sociaux dans tous les pays. Seules les modalités de son action diffèrent. Par exemple, lorsque les pouvoirs publics laissent proliférer l'emploi à temps partiel, sans l'associer à des garanties de qualité, refusent de mettre en place en quantité suffisante les services collectifs permettant d'assurer la garde ou les soins aux personnes dépendantes ou de légiférer pour assurer un droit du travail et de la sécurité sociale qui viserait à mieux concrétiser un droit effectif à l'emploi, comme c'est le cas, à plusieurs égards, au Québec, un choix d'articulation des temps sociaux s'opère *de facto*. Ce choix est celui de l'option traditionnelle selon laquelle le partage de l'emploi est réglé, entre autres, par le sous-emploi des femmes (le temps partiel représente une forme de chômage partiel), permettant alors de reporter sur celles-ci la contrainte du soin aux personnes dépendantes effectué dans la famille[17] ; cela peut aussi se traduire par des arrangements à l'américaine, où la prise en charge des enfants est assumée par une main-d'œuvre immigrante clandestine sous-payée (McDonald, 2002 : 424). Ces choix de politiques publiques sont des interventions tout aussi structurantes sur l'emploi et la famille que ne l'est, par exemple, l'adoption d'une loi-cadre sur l'aménagement et la réduction du temps de travail. L'impact de ce type de politiques sur l'emploi dans l'économie de services est montré par Jean Gadrey

---

[16] C'est également ce que fait ressortir Bernard Gazier (2003 : 108) lorsqu'il affirme que les subventions à l'emploi à temps plein, qui permettent aux employeurs « de disposer indéfiniment d'un volant de main-d'œuvre mal payée », sont ainsi « en contradiction avec l'un des buts les plus constants de la société américaine, qui est de permettre à chacun de conquérir son autonomie complète sur le marché du travail ».

[17] Sur la manière dont, par exemple, la transformation du système de santé au Québec, avec ce que l'on a appelé le « virage ambulatoire », s'est traduite par un transfert de responsabilités de l'État vers le « milieu naturel », c'est-à-dire les personnes malades et leurs proches, majoritairement des femmes, voir N. Thivierge et M. Tremblay, 2003, « Virage ambulatoire et transfert des soins à domicile : comment sortir les femmes aidantes de l'ombre ? », dans F. Saillant et M. Boulianne, *Transformations sociales, genre et santé. Perspectives critiques et comparatives*, Québec et Paris, Les Presses de l'Université Laval et L'Harmattan, p. 121-141.

(2003), qui explique comment les « formes inégalitaires de conciliation » emploi-famille (faiblesse des services de garde des très jeunes enfants, des services de soins à domicile aux personnes âgées et des politiques familiales en général, statuts d'emploi de faible qualité pour les femmes, etc.) engendrent les caractéristiques de l'économie de services de type anglo-saxon, à laquelle est associé le Canada (poids relativement important des emplois de services de très mauvaise qualité, en termes de rémunération, de protection sociale, de taux de roulement et de conditions de travail en général ; dualisme élevé relatif à la qualification et à la formation professionnelle, écrasante domination de la fourniture privée de services). Opposant ce modèle anglo-saxon au modèle nordique, il montre qu'« une société très inégalitaire (inégalités de classes et de genres) ne peut pas avoir la même économie de services qu'une société égalitaire » (Gadrey, 2003 : 78).

Une meilleure ouverture aux expériences étrangères novatrices

Le caractère politique de l'enjeu de l'articulation emploi-famille ressort finalement de la nécessaire ouverture aux expériences étrangères dont il faut faire preuve pour élaborer des solutions novatrices à ce problème. Le détour par les comparaisons internationales permet, en effet, d'ouvrir les perspectives, et ce, à un double point de vue : il conduit évidemment à découvrir d'autres manières de faire, à élargir, autrement dit, « l'horizon des possibles », mais surtout, à approfondir, par effet de miroir, notre compréhension des limites et des points forts de nos propres pratiques. Une fois de plus, la théorie économique de J.R. Commons peut être sollicitée pour nous orienter dans cette démarche. Cet économiste qui, soulignons-le, était un réformiste, mettait en avant, en matière de réformes économiques, le principe éthique de « raisonnabilité ». Par ce dernier, Commons (1934 : 741) affirmait son adhésion à ce qu'il appelait l'« idéalisme pragmatique » (*Pragmatic Idealism*), le fait que l'objectif éthique de la société devait renvoyer, non pas à un idéal inaccessible, mais à une réalité observable dans les sociétés. Aussi, les réformes et, plus précisément, le processus collectif de résolution des conflits d'intérêts devaient être orientées vers un ordre social formé en référence aux pratiques jugées préférables, pour une société et une période données. La recherche et l'identification des meilleures pratiques, tout comme la délibération collective entourant leur applicabilité et leur adaptation à de nouveaux contextes nationaux, forment, dans cette perspective, un programme d'action concret pour améliorer l'organisation économique de la société. C'est dans cet esprit que nous évoquerons quelques-unes des différentes voies d'action qui peuvent être tracées pour s'atteler collectivement à la résolution du problème de l'articulation des temps sociaux.

Enjeu politique relatif au bien commun, l'articulation des temps sociaux met en cause, en premier lieu, le pouvoir politique, celui des autorités étatiques, mais également de l'ensemble des instances où se prennent les décisions déterminant nos conditions de vie. Conformément aux points soulevés précédemment, engager une réflexion globale sur les interventions qui transformeront les stratégies des entreprises face à l'emploi est une priorité absolue. Ainsi, d'une part, pour contrer les effets délétères de la logique du capitalisme financier sur la gestion de la main-d'œuvre, il a été proposé une action publique en matière de politique économique qui pourrait suivre les orientations suivantes : 1) « agir sur le partage salaires-profits pour le rééquilibrer en faveur des revenus du travail », réduisant ainsi le poids de la finance et favorisant une relance de la croissance sur des bases saines ; 2) « taxer le capital et des revenus dans le but d'augmenter le coût relatif du capital par rapport au travail et de décourager la spéculation financière » ; 3) « définir un nouveau cadre juridique pour le « gouvernement d'entreprise », assurant notamment une meilleure participation des représentants des salariés aux conseils des entreprises » (Plihon, 2000a : 35-37). Plus fondamentalement, cet auteur défend l'idée d'une « nouvelle régulation publique du système financier », avec des mesures comme le contrôle des mouvements de capitaux, la suppression des paradis fiscaux, la fixation d'un cadre de référence à l'évolution des taux de change, le renforcement de l'imputabilité des acteurs internationaux (banques et fonds d'investissement) (Plihon, 2000b). D'autre part, pour faire sortir les actions des entreprises de l'orbite exclusive des intérêts individuels s'impose également un débat collectif sur la « responsabilité économique » (et non pas simplement la « responsabilité sociale ») des entreprises (privées, publiques et « d'économie sociale ») et les façons de renforcer leur responsabilité face à leurs pratiques précarisantes de gestion de la main-d'œuvre.

Plus spécifiquement, la stratégie à promouvoir relève, pour employer les termes de O. Girard (2004), d'une véritable « politique publique de la conciliation ». C'est donc tout un ensemble de droits de l'emploi, garantissant en particulier l'égalité professionnelle des femmes, de droits de la sécurité sociale, de mécanismes incitant au partage du travail domestique entre les hommes et les femmes et de services publics, qu'il est indispensable de mettre en place pour changer la coutume et trouver une issue égalitaire au problème de l'articulation des temps sociaux. Parmi l'éventail des politiques publiques concernées, la politique familiale, c'est-à-dire l'arsenal plus ou moins fourni des mesures destinées aux familles ou, à travers elles, aux personnes, est particulièrement sur la sellette ; en font partie des transferts monétaires directs aux parents (comme les allocations familiales ou les congés parentaux), des dispositions fiscales (comme les crédits d'impôt pour enfant) ou, encore, des aides en nature (comme les services collectifs, tels que ceux de garde d'enfants ou de soins aux autres personnes dépendantes). L'intervention publique dans ce domaine varie considérablement d'un pays à l'autre, non seulement en intensité, mais aussi en qualité (Fagnani et Letablier, 2001 ; Gauthier, 1996, 1998, 2002). La réflexion doit être menée, comme nous l'avons souligné plus haut, dans la perspective de l'émergence de nouveaux risques sociaux nécessitant des prestations de remplacement du revenu de haut niveau pour les parents salariés qui s'occupent des personnes dépendantes (comme l'assurance parentale), conformément aussi à l'optique de la « sécurité temporelle » invoquée déjà. La « prise en charge par la collectivité d'une partie de la fonction parentale et domestique », au moyen de services collectifs ou de services à domicile, dans l'optique du modèle suédois, est aussi un trait du modèle égalitariste d'articulation entre la vie professionnelle et la vie familiale (Barrère-Maurisson, 2003 : 52). Dans l'optique féministe, le congé parental, lorsqu'il est conçu de manière à inciter les hommes à s'en prévaloir, est une mesure à développer, parallèlement toutefois aux services de garde, qui sont « complémentaires et non pas opposés », puisque, chacune à sa manière, ces deux mesures « permettent aux parents de maintenir leur participation au marché du travail » (Moisan, 1995 : 119). À cet égard, le Québec est particulièrement progressiste, étant à l'avant-garde en Amérique du Nord en matière de services de garde et d'assurance parentale. La politique familiale engagée en 1997 faisait une large place à la « conciliation » emploi-famille, de sorte que, et depuis les années quatre-vingt, le Québec est, par sa politique familiale, en rupture avec certaines prémisses du modèle d'« État-providence libéral » (Beauvais et Dufour, 2003) auquel, pourtant, il est généralement rattaché. Autre voie de réflexion à explorer, l'approche par le développement des « droits de l'enfant », comme fondement pour légitimer des structures d'accueil et d'éducation de bonne qualité pour les petits, laquelle renvoie, une fois de plus, à l'exemple de la Suède :

> En Suède, l'enfant est au cœur des préoccupations et des politiques familiales[18]. L'enfant est, dès le jeune âge, un citoyen qui, même s'il n'est pas en mesure d'exercer ses devoirs, a des droits : droit au bien-être, à être entouré et éduqué. La responsabilité des soins et de l'éducation est partagée, de façon complémentaire et différenciée, entre les parents et l'État mais les droits de l'enfant sont garantis par l'État. Ainsi, la loi garantit-elle l'intégrité physique des enfants [...], le droit à être accueilli dans un service public de garde pour tout enfant de plus d'un an (âge en dessous duquel la grande majorité des enfants suédois est gardée par un parent en congé parental) dont les deux parents ont un emploi ou font des études, ains que la qualité du service offert (Daune-Richard, 1999 : 10).

Il est à noter que cet accent sur la figure de l'enfant dans le cadre des politiques sociales est observable dans d'autres pays. La France, par exemple, se trouverait, depuis le début des années quatre-vingt-dix, à l'étape du « parentalisme », qui se traduit par l'accent mis sur l'enfant comme objet de risque où il « devient l'unité de référence du droit de la famille et des politiques familiales » (Barrère-Maurisson, 2003 : 86-187). D'autres auteurs, dont Jane Jenson et Denis Saint-Martin (2003), évaluent qu'au Canada et dans certains pays européens, dont la Grande-Bretagne, la montée des préoccupations concernant les enfants caractérise l'évolution récente des politiques sociales.

Agir sur les temps représente cependant un front d'action large, qui touche, bien au-delà des politiques sociales (comme les congés parentaux), les politiques de l'emploi, même s'il devient de plus en plus difficile d'établir une coupure tranchée entre

---

[18]   L'auteure renvoie notamment à Birgit Arve-Parès, 1996, « Entre travail et vie familiale. Le modèle suédois », *Lien social et politiques – RIAC*, 36, p. 41-48.

ces deux domaines des politiques publiques (Barbier et Gautié, 1999 ; Gislain, 2004). Dans cette perspective, la voie de « l'aménagement et de la réduction du temps de travail » doit être explorée de manière plus approfondie que cela n'a été le cas jusqu'à présent au Québec. Le débat, engagé dans l'improvisation générale lors de la dernière campagne électorale québécoise, avec la proposition du Parti québécois de la « semaine de quatre jours » pour les jeunes parents, doit être mené dans la perspective de la compensation salariale (pleine ou partielle) et avec le souci d'en mesurer l'impact différencié sur les femmes. Car cette mesure suscite l'intérêt de la population : une enquête de Diane-Gabrielle Tremblay (2003 : 372) révèle que 30 % des répondants accepteraient une réduction du temps de travail avec une baisse proportionnelle du salaire, 33 % l'accepteraient avec une baisse moins que proportionnelle et 36 %, sans baisse de salaire.

Le débat doit aussi être recadré dans la problématique plus complexe de la « sécurisation des trajectoires professionnelles », qui est en discussion notamment dans plusieurs pays européens, avec le projet des « marchés transitionnels » (Gazier, 2003). Ceux-ci représentent une nouvelle perspective de régulation du marché du travail visant à structurer et à dynamiser les politiques de l'emploi élaborées par les entreprises et les pouvoirs publics. Leur principal objectif est la gestion des risques sociaux par la négociation d'une nouvelle norme d'emploi conciliant mobilité et sécurité, flexibilité et sécurité (la « flexicurité », inspirée des expériences hollandaise et danoise). Cela rejoint le programme de « travail décent » mis en avant par l'Organisation internationale du travail, qui fait la promotion de normes de qualité dans les domaines des principes et des droits fondamentaux au travail, de l'emploi, de la protection sociale et du dialogue social (OIT, 1999).

Conclusion

Les conflits engendrés par le caractère tentaculaire de la vie professionnelle et son empiètement sur les autres temps de l'existence sont tout sauf une question technique ou strictement « organisationnelle ». Tel que nous l'avons affirmé au cours de ce texte et comme l'indique également H. Lee-Gosselin (2005 : 162), il ne « s'agit pas d'ajustements mineurs mais bien de révision et de transformations profondes ». L'enjeu, affirmons-nous, est du domaine du « bien commun ». En effet, l'ampleur des défis que cette question soulève est d'ordre politique et appelle une stratégie globale, une politique « à large portée », comprenant un ensemble diversifié de mesures puisant à différents registres des politiques publiques et des stratégies d'acteurs, qui doit être envisagée dans une perspective comparative et dynamique. Car étant donné que « l'efficacité des politiques dépend de leur contexte au sens le plus large » (McDonald, 2002 : 452), il y a là également un principe de cohérence. À ce dernier, et cela est fondamental, doit s'ajouter un principe démocratique : pour mener à bien un tel chantier, il est nécessaire aussi de se donner les moyens d'un véritable débat social.

BIBLIOGRAPHIE

BARBIER, Jean-Claude et Jérôme GAUTIÉ (dir.) (1999), *Les politiques de l'emploi en Europe et aux États-Unis*, Presses universitaires de France, coll. « Les Cahiers du CEE ».

BARRÈRE-MAURISSON, Marie-Agnès (2003), *Travail, famille : le nouveau contrat*, Paris, Gallimard.

BEAUVAIS, Caroline et Pascale DUFOUR (2003), *Articulation travail-famille : le contre-exemple des pays dits « libéraux »* ?, Rapport de recherche F-34, Réseau de la famille, Réseaux canadiens de recherche en politiques publiques, novembre.

BELLON, Bertrand *et al.* (1994), « Introduction », dans B. Bellon *et al.* (dir.), *L'État et le marché*, Paris, ADIS et Economica, p. 7-21.

BROUSSE, Cécile (2001), « La répartition du travail domestique entre conjoints reste très largement spécialisée et inégale », dans J. Fagnani et M.-T. Letablier (dir.), *Famille et travail : contraintes et arbitrages. Problèmes politiques et sociaux*, La documentation française, p. 63-67 ; extraits repris de : INSEE, *France, portrait social*, Paris, p. 135-150.

CHOUINARD, Tommy (2004), « Congés parentaux : l'entente reste muette sur la part d'Ottawa. Le nouveau programme entrera en vigueur le 1er janvier 2006 », *Le Devoir*, jeudi 20 mai 2004, p. A1 et A8.

COMMONS, John R. (1921), « Industrial Relations », dans J.R. Commons (dir.), *Trade Unionism and Labor Problems*, Second Series, Boston, Gin and Company, p. 1-16.

COMMONS, John R. (1934), *Institutional Economics. Its Place in Political Economy*, New Brunswick et London, Transaction Publishers, 1990, 2 vol.

CONSEIL DE LA FAMILLE ET DE L'ENFANCE (2003), *Famille-travail. Comment conciliez-vous ? Enquête dans six entreprises*, Québec, septembre.

DAUNE-RICHARD, Anne-Marie (1999), « La garde des jeunes enfants et la notion de référentiel : une comparaison France-Suède », document imprimé, 27 p. ; publié dans *Recherches et prévisions*, Caisse nationale des allocations familiales, 56.

DEBLOCK, Christian, Bernard ÉLIE et Nicolas MARCEAU (2004), *Les interventions de l'État dans l'économie et l'encadrement des marchés*, texte écrit pour la Centrale des syndicats du Québec (CSQ), mars ; http://www.csq.qc.net/societe/econo/economie.pdf.

DESJARDINS, Marion (1991), « Les temps de la vie quotidienne. Le temps des villes sur l'agenda politique », Dossier Ville : Le temps des villes, DIV, 20 juin 2001 ; www.ville.gouv.fr./info/dossiers/temps.html.

DUTRISAC, Robert (2004), « Une victoire qui pourrait faire boomerang », *Le Devoir*, 31 janvier-1er février, p. B3.

ESPING-ANDERSEN, Gösta (1990), *The Three Worlds of Welfare Capitalism*, Cambridge, Polity Press.

FAGNANI, Jeanne et Marie-Thérèse LETABLIER (2003), « S'occuper des enfants au quotidien : mais que font donc les pères ? », *Droit social*, 3, p. 251-259.

FAGNANI, Jeanne et Marie-Thérèse LETABLIER (2001), « Avant-propos », dans J. Fagnani et M.-T. Letablier (dir.), *Famille et travail : contraintes et arbitrages. Problèmes politiques et sociaux*, La documentation française, p. 3-6.

GADREY, Jean (2002), « Modèle nordique *vs* modèle anglo-saxon », *L'économie politique*, 19, p. 72-89.

GAUTHIER, Anne-Hélène (2002), « Les politiques familiales dans les pays industrialisés : y a-t-il convergence ? », *Population-F*, vol. 57, n° 3, p. 457-484.

GAUTHIER, Anne-Hélène (1998), « Trois, quatre ou cinq modèles de politiques familiales au sein des pays européens et néo-européens », dans Renée B. Dandurand, Pierre Lefebvre et Jean-Pierre Lamoureux (dir.), *Quelle politiques familiale à l'aube de l'an 2000 ?*, Paris et Montréal, L'Harmattan, p. 299-317.

GAUTHIER, Anne-Hélène (1996), *The State and the Family : A Comparative Analysis of Family Policies in Industrialized Countries*, Oxford University Press, Clarendon Press.

GAUVIN, Annie et Henri JACOT (dir.) (1999), *Temps de travail, temps sociaux, pour une approche globale*, Paris, Groupe Liaisons SA.

GAZIER, Bernard (2003), *Tous « Sublimes ». Vers un nouveau plein emploi*, Paris, Flammarion.

GIRARD, Olivier (2004), *Vers l' émergence d' une politique publique de la conciliation*, Union nationale des associations familiales (UNAF), 22 mars 2004 ; http://www.unaf.fr/article.php3 ?id_article=440.

GISLAIN, Jean-Jacques (2004), « Les politiques publiques », dans J. Boivin (dir.), *Introduction aux relations industrielles*, Montréal, Gaëtan Morin éditeur.

HENOCHSBERG, Michel (2001), *La Place du marché*, Paris, Denoël.

JENSON, Jane et Denis SAINT-MARTIN (2003), « New Routes to Social Cohesion ? Citizenship and the Social Investment State », *Canadian Journal of Sociology*, p. 77-99.

JUNTER-LOISEAU, Annie (2001), « La notion de conciliation de la vie professionnelle et de la vie familiale. Révolution temporelle ou métaphore des discriminations ? », dans J. Fagnani et M.-T. Letablier (dir.), *Famille et travail : contraintes et arbitrages. Problèmes politiques et sociaux*, La documentation française, p. 14-16 ; extraits de : *Cahiers du genre*, GEDISST, Paris, L'Harmattan, n° 24, 1999.

LEE-GOSSELIN, Hélène (2005), « Quelle est la place de l'entreprise privée et celle de l'État dans le développement des politiques de conciliation ? », *Le travail tentaculaire. Existe-t-il une vie hors du travail ?*, 59ᵉ Congrès des relations industrielles de l'Université Laval, Québec, Les Presses du l'Université Laval, p. 151-182.

LEPAGE, Francine (2000), *Mémoire sur le projet de loi 140, loi sur l'assurance parentale, et sur le projet de règlement*, Conseil du statut de la femme.

LEWISOHN, S.A., E.G. DRAPER, J.R. COMMONS et D.D. LESCOHIER (1925), *Can Business Prevent Unemployment*, New York, Alfred A. Knopf.

McDONALD, Peter (2002), « Les politiques de soutien de la fécondité : l'éventail des possibilités », *Population-F*, vol. 57, n° 3, p. 423-456.

MÉDA, Dominique (1995), *Le travail, une valeur en voie de disparition*, Paris, Éditions Alto/Aubier.

MÉDA, Dominique (2001), *Le temps des femmes. Pour un nouveau partage des rôles*, Paris, Flammarion.

MOISAN, Marie (1995), « Le congé parental comme mesure de conciliation travail-famille : quelques enjeux », dans F. Descarries et C. Corbeil (dir.), *Ré/conciliation famille-travail : les enjeux de la recherche*, Actes du colloque Section Études féministes, 62ᵉ Congrès de l'ACFAS, Les Cahiers Réseau de recherches féministes, IREF-UQAM, p. 115-130.

MOREL, Nathalie (2000), « Politique sociale et égalité entre les sexes en Suède », *Recherches et prévisions*, Caisse nationale des allocations familiales, 64, p. 65-79.

MOREL, Sylvie (2003), « La notion de " marché " : un piège pour la pensée critique », Notes de la communication présentée au Colloque international *L'accès des femmes à l'économie à l'heure de l'intégration des Amériques : quelle économie ?*, Montréal, 23-26 avril 2003, http://www.unites.uqam.ca/arir/Morel.pdf.

MOSS, Peter et Fred DEVEN (2001), « Le congé parental et son contexte », dans J. Fagnani et M.-T. Letablier (dir.), *Famille et travail : contraintes et arbitrages. Problèmes politiques et sociaux*, La documentation française, p. 41-43 ; traduction d'extraits de « Parental leave in context », dans P. Moss et F. Deven (dir.), 1999, *Parental Leave : Progress or Pitfall ?*, La Haye et Bruxelles, NIDI et CBGS Publications, p. 1-4.

OIT, Organisation internationale du travail (1999), *Rapport du Directeur général. Un travail décent*, Bureau international du travail, Gevève ; http://www.ilo.org/public/french/standards/relm/ilc/ilc87/rep-i.htm.

PLIHON, Dominique (2000a), « L'économie de fonds propres : un nouveau régime d'accumulation financière », dans Appel des économistes pour sortir de la pensée unique, *Les pièges de la finance mondiale. Diagnostics et remèdes*, Paris, Syros, p. 17-37.

PLIHON, Dominique (2000b), « Et maintenant ? Quelques pistes de réflexion et propositions de réformes », dans Appel des économistes pour sortir de la pensée unique, *Les pièges de la finance mondiale. Diagnostics et remèdes*, Paris, Syros, p. 207-225.

Programme des Nations unies pour le développement (PNUD) (1995), *Rapport mondial sur le développement humain 1995*, Paris, Economica.

PRONOVOST, Gilles (2005), « Les exigences du temps pour la famille, la collectivité et pour soi », *Le travail tentaculaire. Existe-t-il une vie hors du travail ?*, 59e Congrès des relations industrielles de l'Université Laval, Québec, Les Presses de l'Université Laval, p. 31-44.

RAMSTAD, Yngve (1998), « Commons's Institutional Economics : A Foundation for the Industrial Relations Field ? », dans P.B. Voos (dir.), *Industrial Relations Research Association Series. Proceedings of the Fiftieth Annual Meeting*, vol. 1, Madison, IIRA, p. 308-319.

SCHMID, Günther et Klaus SCHÖMANN (2004), *Managing Social Risks Through Transitional Labour Markets : Towards a European Social Model*, TLM.NET Report No. 2004-01, Amsterdam, SISWO/Institute for the Social Sciences ; http://www.siswo.uva.nl/tlm/root_files/seminalpaper.PDF.

THÉRET, Bruno (1994), « Le salariat comme forme d'interdépendance entre l'État et le marché », dans B. Bellon *et al.* (dir.), *L'État et le marché*, Paris, ADIS et Economica, p. 68-79.

TREMBLAY, Diane-Gabrielle (2003), « À la recherche du temps perdu. Pour une politique des temps sociaux », dans Michel Venne (dir.), *L'annuaire du Québec 2004*, Éditions Fides.

VANDELAC, Louise (1995), « Concilier travail et maternité : une expression piégée ? », dans F. Descarries et C. Corbeil (dir.), *Ré/conciliation famille-travail : les enjeux de la recherche*, Actes du colloque Section Études féministes, 62e Congrès de l'ACFAS, Les Cahiers Réseau de recherches féministes, IREF-UQAM, p. 73-90.

VIELLE, Pascale (2003), « Le renforcement des assurances sociales », dans S. Morel *et al.* (dir.), *Actes de l'atelier La sécurité économique des femmes : les critiques féministes du discours économique dominant et les nouvelles avenues de politiques sociales*, tenu à Québec les 3-4 octobre 2002, Montréal, IREF-Relais-Femmes, p. 22-27.

VIELLE, Pascale (2001), *La sécurité sociale et le coût indirect des responsabilités familiales. Une approche de genre*, Bruxelles, Bruylant.

Collection

CONGRÈS DES RELATIONS INDUSTRIELLES

Les relations industrielles dans le Québec (Iᵉʳ congrès 1946)

L'évolution des relations industrielles au Canada, Gérard TREMBLAY — *L'apprentissage*, Léonce GI-RARD — *Fatigue industrielle et productivité*, Dʳ Lucien BROUHA — *Conciliation, arbitrage et tribunaux du travail*, Mᵉ Louis-Philippe PIGEON — *Les relations industrielles dans l'État moderne*, Jeff RENS.

Convention collective — Sécurité syndicale (IIᵉ congrès 1947)

Convention collective — Préparation et technique préliminaire, J. O'CONNELL-MAHER — *Du règlement des griefs sous le régime de la convention collective*, Mᵉ Donat QUIMPER — *Des vices généraux des conventions collectives*, Mᵉ Philippe ROUSSEAU — *Clauses de sécurité syndicale — Définitions — Aspect moral*, Gérard DION — *La sécurité syndicale et l'employeur*, Arthur DROLET — *La sécurité syndicale et le syndicat*, Gérard PICARD — *Le travail*, Mᵍʳ Joseph GUÉRIN.

Formes de collaboration patronale-ouvrière (IIIᵉ congrès 1948)

La convention collective, Mᵉ Paul LEBEL — *La formation professionnelle*, Gabriel ROUSSEAU — *Les comités d'entreprises*, Raymond GÉRIN — *La sécurité du travail, la médecine et l'hygiène industrielle*, Dʳ Wilfrid LEBLOND — *Théologie du travail*, Georges-H. LÉVESQUE, o.p.

Techniques des relations de travail (IVᵉ congrès 1949)

Techniques de conciliation et de l'arbitrage, Mᵉ Louis-Philippe PIGEON — *Technique d'organisation patronale*, Louis BILODEAU — *Structure du mouvement ouvrier et organisation syndicale*, Jean MAR-CHAND — *Aspect patronal de la négociation de la convention collective*, Hector CIMON — *Aspect ouvrier de la négociation de la convention collective*, Rémi DUQUETTE — *Application de la convention collective et administration du personnel*, L.-A. LYONS — *Aspect ouvrier de l'application de la convention collective*, René GOSSELIN — *Le salariat est-il nécessaire ?* Esdras MINVILLE.

Structure des salaires (Vᵉ congrès 1950)

Les éléments de contrôle de la rémunération du travail au sein de l'entreprise, Walter DELANEY — *Techniques et rémunération du travail : salaire au temps ou à la pièce*, L.-G. DAIGNEAULT — *Techniques de rémunération du travail : salaire avec primes au rendement*, René BRETON — *Critères sociaux et moraux de la détermination du salaire*, Gérard PICARD — *Études des variations des salaires entre unités d'une même industrie*, Marcel E. FRANCO — *Étude des variations des salaires entre industries différentes sur le plan local, régional et national*, Eugène FORSEY — *Le processus de fixation des salaires*, Maurice LAMONTAGNE — *Notre critique du communisme est-elle bien fondée ?* Charles DE KONINCK — *Le communisme et les chrétiens*, Georges-H. LÉVESQUE, o.p.

Sécurité de la famille ouvrière (VIᵉ congrès 1951)

Position du problème et principes de solution, Maurice TREMBLAY — *Le plein emploi, élément fondamental de la sécurité de la famille ouvrière*, René TREMBLAY — *La retraite des travailleurs*, Mᵉ Jean LESAGE — *Le risque de maladie au point de vue social*, Mᵉ René PARÉ — *La sécurité de la famille ouvrière par la présentation sociale de la maladie*, Dʳ Jean GRÉGOIRE — *Les accidents du travail et les maladies professionnelles*, Clément BROWN — *La sécurité familiale par la propriété*, Rodolphe LAPLANTE — *Vers la stabilité de la famille ouvrière*, Gonzalve POULIN, o.f.m. — *Un mouvement des familles*, Georges-Henri LÉVESQUE, o.p.

Salaires et prix (VIIᵉ congrès 1952)

L'inflation : nature, causes et espèces, Roger DEHEM — *Effets de l'inflation sur les salaires, les prix et les profits*, Émile GOSSELIN — *Fixation des salaires d'après le coût de la vie*, Jean-Paul FERLAND — *La position des unions ouvrières vis-à-vis l'inflation et leur programme d'action*, Eugène FORSEY — *La position des patrons vis-à-vis l'inflation et leur programme d'action*, T. TAGGART SMYTH — *Salaires variant avec la productivité*, Gérard DION — *Arbitrage volontaire des prix et des salaires*, Gérard PICARD — *Contrôle étatique des prix et des salaires*, René TREMBLAY.

Problèmes humains du travail (VIIIᵉ congrès 1953)

La structure sociale de l'entreprise, Émile GOSSELIN — *L'autorité dans l'entreprise*, Roger CHARTIER — *Le syndicat dans l'entreprise*, Marc LAPOINTE — *La direction du personnel et ses responsabilités*, T. P. DALTON — *Rationalisation du travail et facteur humain*, Camille BARBEAU — *L'aspect physiologique du travail*, Bertrand BELLEMARE — *Adaptation du travailleur dans l'entreprise*, Louis-Philippe BRIZARD — *Les relations humaines dans l'industrie*, Noël MAILLOUX, o.p.

Le règlement des conflits de droit (IXᵉ congrès 1954)

Nature et source des conflits de droit individuels ou collectifs, Mᵉ Marie-Louis BEAULIEU — *La juridiction des commissions administratives*, Mᵉ Jacques PERREAULT — *Les juridictions civiles, pénales et criminelles sur certains conflits de droits*, Mᵉ Théodore LESPÉRANCE — *Les conflits de droit qui naissent de l'interprétation ou de l'application des conventions collectives : procédure interne ou contractuelle*, Mᵉ Jean-H. GAGNÉ — *Les rôles futurs de l'arbitrage statutaire et de l'arbitrage conventionnel*, Mᵉ Louis-Philippe PIGEON — *Les tribunaux du travail*, Mᵉ Émile COLAS — *Tendances du droit anglo-américain dans le règlement des conflits de droits*, H. D. WOODS — *Le règlement des conflits de travail*, Yves URBAIN.

Problèmes d'autorité au sein de l'entreprise (Xᵉ congrès 1955)

Évolution dans les structures d'autorité, Jacques ST-LAURENT — *Évolution du champ de négociation de la convention collective*, Gaston CHOLETTE — *Évolution de la fonction personnel et du service de relations industrielles*, J.-J. GAGNON — *Rôle et responsabilité du contremaître dans l'entreprise*, R. R. GRONDIN — *Rôle et responsabilité du délégué d'atelier dans le syndicat*, René GOSSELIN — *Contacts et conflits entre contremaître et délégué d'atelier*, F. D. BARRETT — *Crise d'autorité*, Mᵍʳ Alphonse-Marie PARENT, P.D., V.G.

La stabilité de l'emploi (XIᵉ congrès 1956)

Prospérité économique et paradoxe de l'emploi, Charles LEMELIN — *Le chômage structurel et frictionnel*, Jean-Marie MARTIN, Jacques ST-LAURENT — *Implications sociologiques de l'instabilité de l'emploi*, Fernand DUMONT — *L'expérience canadienne : l'État*, Pierre HARVEY — *L'expérience canadienne : le secteur privé de l'entreprise*, Eugène FORSEY, R.-B. MACPHERSON, W.-M. BERRY — *Aspect normatif de la stabilité de l'emploi*, Maurice TREMBLAY.

Changements économiques et transformations syndicales (XIIᵉ congrès 1957)

Interdépendance entre l'économie, le social et les structures syndicales, Émile GOSSELIN — *Structures économiques et transformations syndicales*, Harry C. EASTMAN — *Transformations sociales et transformations syndicales*, Guy ROCHER — *Tendances vers l'uniformité des règles juridiques*, Mᵉ L.-P. PIGEON — *Le régionalisme syndical est-il désuet ?* Émile GOSSELIN, Roger PROVOST, René BÉLANGER, Philippe VAILLANCOURT, Raymond PARENT, Gérard DION — *Syndicalisme et culture*, Gérard DION.

Le règlement des conflits d'intérêts en relations du travail dans la province de Québec (XIIIᵉ congrès 1958)

Exposé des régimes contemporains dans la province de Québec, Jean-Réal CARDIN — *Exposé des régimes contemporains dans d'autres États*, Gilles BEAUSOLEIL — *Équivoques du régime québécois*, Roger CHARTIER — *Corrections à apporter au régime québécois*, Guillaume GEOFFRION, Gérard PICARD — *Le règlement des conflits collectifs de travail dans les services publics et dans les entreprises d'intérêt général*, René H. MANKIEWICZ—*Corrections à apporter au régime québécois*, Guy MERRILL-DESAULNIERS — *Les remèdes proposés — Proposed remedies*, H. D. WOODS — *L'intervention de l'État dans le règlement des conflits d'intérêts*, Adolf STURMTHAL.

Bénéfices sociaux et initiatives privées (XIVᵉ congrès 1959)
Perspectives liminaires, Gérard DION — *La notion de bénéfices marginaux*, Jacques ST-LAURENT — *Bénéfices sociaux et entreprise*, Jean-Marie MARTIN—*Attitudes patronales*, T.-H. ROBINSON — *Conséquences pour le travailleur*, Roland PARENTEAU—*Attitudes syndicales*, Eugène FORSEY — *Conséquences économiques et sociales*, Monteath DOUGLAS — *La propriété dans la société nord-américaine*, Edward DUFF.

Droits de gérance et changements technologiques (XVᵉ congrès 1960)
Présentation, Émile GOSSELIN — *Nature et importance des changements technologiques*, Jean-Paul DESCHÊNES—*Propriété, responsabilité et droits de gérance*, Gérard DION—*Efficacité, science, participation à la gestion et droits de gérance*, Roger CHARTIER—*Changements technologiques et négociations collectives*, Jean-Réal CARDIN—*Arbitrabilité des griefs et changements technologiques*, Jean-Jacques GAGNON—*Négociabilité et arbitrabilité des changements technologiques*, Marius BERGERON —*Négociation et arbitrage dans le domaine des changements technologiques*, Marcel PEPIN, W. Gordon DONNELLY, Yvan LEGAULT, Jean SIROIS — *Le syndicalisme ouvrier face aux changements technologiques*, Lewis A. COSER.

Les tribunaux du travail (XVIᵉ congrès 1961)
Un peu d'histoire, Gérard DION — *Nature et raisons d'être des tribunaux du travail*, Émile GOSSELIN — *Expériences étrangères*, René H. MANKIEWICZ — *Juridiction des tribunaux du travail*, Gérard PICARD — *Composition et règles de procédure des tribunaux du travail*, André DESGAGNÉ — *La place des tribunaux dans l'ensemble de l'organisation judiciaire*, Marc LAPOINTE — *Le particularisme et l'esprit propre du droit du travail*, Jean-Réal CARDIN—*Discussion-synthèse*, Jean GIROUARD, Benoît YACCARINI, Jean-Paul GEOFFROY, Mᵉ Marie-Louis BEAULIEU, Jean-Marie BUREAU, Yvan LEGAULT —*Annexes : Projet de loi des tribunaux du travail*, Mᵉ Marie-Louis BEAULIEU.

La fonction de conseil dans le processus de décision et de contrôle (XVIIᵉ congrès 1962)
Position du problème, Émile GOSSELIN—*Structure classique de l'organisation*, Jean-Paul DESCHÊNES — *La fonction de conseil dans le secteur de l'entreprise privée*, Gaston FOURNIER — *La fonction de conseil dans le secteur du syndicalisme*, Marcel PEPIN — *La fonction de conseil dans le secteur du syndicalisme*, Eugène FORSEY — *La fonction de conseil dans le secteur de l'État*, Paul PELLETIER — *Conséquences du rôle de spécialiste sur les décisions et sur le contrôle*, W. A. HUNTER—*Un nouveau concept intégrant les notions de fonction hiérarchique (line) et de fonction de conseil (staff)*, Roger CHARTIER — *La fonction de conseil dans la société moderne*, Roger GRÉGOIRE.

Socialisation et relations industrielles (XVIIIᵉ congrès 1963)
La socialisation : caractère et signification, Gérard DION—*L'entreprise privée face à la socialisation*, Raymond GÉRIN—*Le syndicalisme en contexte socialisé : fonction et responsabilité nouvelles*, Louis-Marie TREMBLAY — *Le rôle de l'État en relations du travail : essai de réévaluation*, Jean-Réal CARDIN —*L'État-employeur et la fonction publique*, S. J. FRANKEL—*Discussion*, Albert GINGRAS, Yvon CHARTRAND, Michel HARRISSON—*La négociation collective dans les secteurs privés subventionnés par l'État. Point de vue patronal*, Paul DESROCHERS —*Point de vue syndical*, Jacques ARCHAMBAULT —*Discussion*, Gilles GAUDREAULT, Léopold GARANT, J.-R. GAUTHIER — *Planification, entreprise privée et syndicalisme libre*, Paul NORMANDEAU.

Politiques de salaires : exigences nouvelles (XIXᵉ congrès 1964)
Conditions et implications d'une politique de salaires, Jacques ST-LAURENT—*Politiques de salaires : expériences étrangères*, Gilles BEAUSOLEIL — *Évaluation de la réglementation gouvernementale des salaires au Québec : le salaire minimum*, Gérald MARION — *Évaluation de la réglementation gouver-*

nementale des salaires au Québec : les décrets, Gérard HÉBERT — Les programmes gouvernementaux, l'emploi et les salaires, Pierre HARVEY — Les politiques de salaires dans les secteurs étatisés, socialisés et privés — représentants patronaux, André DÉOM, Roger CHARTIER — représentants syndicaux, Robert SAUVÉ, André THIBAUDEAU — Après vingt ans, Gérard DION.

Le Code du travail du Québec (XXᵉ congrès 1965)

La genèse du présent Code du travail, Gérard HÉBERT — Le droit d'association, son extension, ses limites, Jean-Réal CARDIN — La Commission des relations de travail, André ROY — La Commission des relations de travail et l'accréditation syndicale, Gérard VAILLANCOURT — Le nouveau Code du travail et la convention collective, Fernand MORIN — La procédure de négociation et le recours à la grève ou au lock-out, Marius BERGERON — Le règlement pacifique des conflits, Robert AUCLAIR — Points de vue sur le nouveau Code du travail — Services privés, Roger THIBAUDEAU, Louis LABERGE, Denis GERMAIN, Jean-Pierre DESPRÉS — Services publics, André DÉOM, Laval GRONDINES, Raymond PARENT, Louis-Claude TRUDEL — Le nouveau rôle du ministère du Travail, Hon. CARRIER FORTIN — Code du travail — Bill 55 — Loi de la fonction publique.

Une politique globale de la main-d'œuvre ? (XXIᵉ congrès 1966)

Les objectifs d'une politique de main-d'œuvre, André RAYNAULD — Nature et contenu d'une politique globale de main-d'œuvre, Roland PARENTEAU — Discussion, Jean-Gérin LAJOIE, François CLEYN — Mise en œuvre d'une politique globale de main-d'œuvre, Laurent BÉLANGER — Discussion, Marcel PEPIN, Jean BRUNELLE — Politique de main-d'œuvre et négociation collective, Pierre-Paul PROULX — Politique fédérale et politique provinciale de main-d'œuvre, Pierre F. CÔTÉ, Yves DUBÉ, Marcel GUAY — Croissance économique et politique de main-d'œuvre, Louis COUILLARD.

Le travail féminin (XXIIᵉ congrès 1967)

Évolution de la participation des femmes au monde du travail, Jean-Pierre DESPRÉS — La réglementation du travail féminin, Réjeanne COLAS — Aspects sociologiques du travail féminin, Gérald FORTIN — Aspects économiques de la participation des femmes au marché du travail, Jacques ST-LAURENT — Le travail féminin — témoignages, Kathleen FRANCOEUR, Yolande BOISSINOT, Louise MARCIL, Dorothy PERTUISET, Charles LEBRUN, Jacques VILLENEUVE, Claude DUHAMEL, Jean SIROIS — Participation des femmes aux mouvements syndicaux, Yvette CHARPENTIER, Lucie DAGENAIS — La femme dans le monde du travail d'aujourd'hui, Pierrette SARTIN.

Le syndicalisme canadien : une réévaluation (XXIIIᵉ congrès 1968)

Introduction, Gérard DION — Les objectifs syndicaux traditionnels et la société nouvelle, Jean-Réal CARDIN — Les structures syndicales et objectifs syndicaux, Stuart JAMIESON — La démocratie syndicale, Gérard DION — Les rivalités syndicales : force ou faiblesse, Évelyne DUMAS — Le syndicalisme et les travailleurs non syndiqués, Léo ROBACK — L'extension de la formule syndicale à des secteurs non traditionnels, Shirley B. GOLDENBERG — Le syndicalisme et la participation aux décisions économiques, Bernard SOLASSE — Les syndicats et l'action politique, Vincent LEMIEUX — Le syndicalisme, la société nouvelle et la pauvreté, Hon. Maurice LAMONTAGNE — Bilans et horizons — Annexe I : Le syndicalisme au Canada, Gérard DION — Annexe II : La concurrence syndicale dans le Québec, Gérard DION.

Le public et l'information en relations du travail (XXIVᵉ congrès 1969)

Introduction, Gérard DION — L'information et le public, Gérard DION — L'information en relations du travail et le public, Pierrette SARTIN — Servitudes et difficultés de l'information, Tom SLOAN — L'employeur et l'information du public, Ghislain DUFOUR — Les syndicats et l'information du public, Richard DAIGNAULT — L'État-employeur et l'information du public, B. M. ERB — L'État-gouvernement et l'information du public, Jean BERNIER — Les médias et l'information du public : la presse électronique, Georges LAHAISE — La Presse et le 24ᵉ congrès annuel des relations industrielles de Laval, Jacques RIVET, Marcel GILBERT.

Pouvoirs et « Pouvoirs » en relations du travail (XXVᵉ congrès 1970)

Introduction, Gérard DION — *Pouvoir et « Pouvoirs » dans les relations du travail,* Vincent LEMIEUX, Gérard DION — *Pouvoir et « Pouvoirs » dans l'entreprise privée,* Hugues LEYDET — *Pouvoir et « Pouvoirs » chez l'État-employeur,* Jean COURNOYER — *Pouvoir et « Pouvoirs » dans les syndicats,* Gérard HÉBERT — *Pouvoir et action syndicale,* Daniel VIDAL — *Pouvoir syndical,* Bernard SOLASSE — *Documents de travail.*

Le français langue de travail (XXVIᵉ congrès 1971)

Introduction, Jean-Paul DESCHÊNES — *Les incidences psycho-sociologiques de la langue de travail sur l'individu,* Jacques BRAZEAU — *Le français, langue d'adoption au Québec,* Léon DION — *Les comportements linguistiques des entreprises multinationales,* André DÉOM, Owen M. NESS, André DESPRÉS, Jean-Paul GAGNON, Jacques VASSEUR — *Table ronde,* Gaston CHOLETTE, Gilles TRUDEL, Ghislain DUFOUR, Fernand D'AOUST, Jean BRUNELLE, Bernard RABOT, Guy GAGNON — *Annexe I : Sondage mené par la division du Québec de l'Association des manufacturiers canadiens — Annexe II : Déclaration du Conseil du patronat sur une politique de la langue au Québec.*

Politiques de main-d'œuvre : évaluation de l'expérience québécoise (XXVIIᵉ congrès 1972)

Introduction, Jean-Paul DESCHÊNES — *Les politiques de main-d'œuvre et le développement socio-économique,* Pierre HARVEY — *Les programmes de main-d'œuvre et leur évolution,* Émilien LANDRY, Louis LEMIEUX — *La convention collective et les politiques de main-d'œuvre,* Yves DUBÉ, Jean-Paul DESCHÊNES — *Les politiques de main-d'œuvre et la formation professionnelle des adultes,* Pierre PAQUET — *Le maintien du revenu,* Gilles BEAUSOLEIL — *L'évaluation des programmes de main-d'œuvre : résultats et pertinence,* André RAYNAULD — *La coordination des politiques de main-d'œuvre,* Claude MÉRINEAU.

La politisation des relations du travail (XXVIIIᵉ congrès 1973)

Introduction, Gilles LAFLAMME — *Les formes historiques de politisation du syndicalisme au Québec,* Léo ROBACK — *L'évolution socio-économique et le déplacement des centres de pouvoir,* Bernard SOLASSE — *L'impact des secteurs public et para-public sur la politisation des relations du travail,* Jean BOIVIN — *La philosophie du Code du travail,* Jean-Réal CARDIN — *Les limites du négociable et le débordement des conflits,* André THIBAUDEAU — *Positions des partis politiques devant la politisation des relations du travail,* Robert BURNS, André DÉOM, Michel BELLAVANCE — *Conséquences de la politisation des relations du travail,* Gérard DION — *Annexe : Négociation collective dans un monde en évolution.*

L'aménagement des temps de travail :
l'horaire variable et la semaine comprimée (XXIXᵉ congrès 1974)

Introduction, Jean BOIVIN, Jean SEXTON — *Les formes d'aménagement des temps de travail,* Laurent BÉLANGER — *L'horaire variable : anarchie ou désordre organisé,* Marie-Claire BOUCHER — *L'horaire variable : quelques conséquences,* Jean-Pierre HOGUE — *L'horaire variable : quelques expériences vécues,* Gérard LEDUC, Jean-Claude BEAULIEU — *La semaine comprimée de travail : progrès ou anachronisme,* Bernard TESSIER — *Les horaires comprimés et l'adaptation du travail à l'homme,* Florian OUELLET — *La semaine comprimée : quelques expériences vécues,* Paul DEAMEN, Jean MERRILL — *Réactions gouvernementales et syndicales,* Jean BEAUDRY, Jean-Louis HARGUINDEGUY, Réal MIREAULT, L. P. LEVAC — *Prendre le temps de vivre,* Jacques DE CHALENDAR — *Bibliographie — Annexes : A) Terminologie et technique de l'horaire variable. B) L'enregistrement du temps par la méthode du totalisateur. C) Mémoire du Congrès du travail du Canada à la Commission d'enquête sur la modification ou la compression de la semaine de travail, 26 septembre 1972, Ottawa.*

Inflation, indexation et conflits sociaux (XXXᵉ congrès 1975)

Introduction, Bertrand BELZILE, Jean BOIVIN, Gilles LAFLAMME, Jean SEXTON — *L'inflation : bienfait pour certains — malaise pour d'autres,* Claude MASSON — *L'impact de l'inflation sur la négociation collective*, Gérard HÉBERT—*Inflation et conflits sociaux*, Bernard SOLASSE—*Commentaires*, Ghislain DUFOUR, Vincent DAGENAIS—*Indexation : remède à la mode*, Louis ASCAH, Sydney INGERMAN—*Les solutions oubliées*, Jacques PARIZEAU — *L'inflation et le pouvoir réel des travailleurs*, Jacques DOFNY — *Les partenaires sociaux face à l'inflation*, Hon. Guy SAINT-PIERRE, Norbert RODRIGUE, Charles PERREAULT, François DAGENAIS.

Les relations du travail au Québec : la dynamique du système (XXXIᵉ congrès 1976)

Introduction, Jean BERNIER, Rodrigue BLOUIN, Gilles LAFLAMME, Alain LAROCQUE — *Où s'en va notre système de relations du travail ?* Jean BERNIER — *L'injonction en relations du travail : recours inapproprié ou abusif ?* Henri GRONDIN — *Commentaires*, Jean BEAUVAIS, Philip CUTLER—*Médiations politiques, commissions parlementaires et lois spéciales : nouveaux modes de gestion des conflits ?* Fernand MORIN—*Interventions accrues du judiciaire et du politique : leur signification pour les partenaires sociaux*, Marcel PEPIN, Ghislain DUFOUR, Jean BOIVIN — *Y a-t-il encore place dans notre système de relations du travail pour l'arbitrage des différends ?* Rodrigue BLOUIN — *La détermination des services essentiels ; un préalable nécessaire à l'exercice du droit de grève ?* René LAPERRIÈRE — *Commentaires*, Léo ROBACK, Douglas MCDONALD — *Le fonctionnement de notre système de relations du travail peut-il encore reposer sur la volonté des parties ?* Claude RYAN — *Commentaires*, Paul-Gaston TREMBLAY, Fernand D'AOUST—*La paix industrielle : une utopie ?* Léon DION.

Participation et négociation collective (XXXIIᵉ congrès 1977)

Avant-propos, Laurent BÉLANGER, Jean BOIVIN, Gilles DUSSAULT, Alain LAROCQUE—*Au-delà de la négociation collective... La participation ?* Laurent BÉLANGER — *Quelle participation ?* Bernard SOLASSE—*Une expérience européenne de participation : la cogestion allemande*, Klaus BOHR—*La participation : considération sur la signification des expériences européennes*, Robert COX — *Syndicats et démocratie industrielle*, Adolf STURMTHAL—*Quelques expériences québécoises de participation : en milieu hospitalier*, Paul PLEAU — *en milieu industriel*, Jean-Guy FRENETTE—*Les expériences québécoises de participation sont-elles viables ?* Guy ST-PIERRE—*Peut-on concilier négociation collective et participation à la gestion ?* Gilles LAFLAMME — *Les incidences juridiques de la participation des employés à la gestion de l'entreprise*, André C. CÔTÉ—*Quelques moyens de développer la participation au Québec*, Ghislain DUFOUR, Borek ZOFKA, Gilles JOBIN — *La participation des travailleurs à la gestion a-t-elle un avenir au Québec ?* Hon. Jacques COUTURE.

La sécurité d'emploi (XXXIIIᵉ congrès 1978)

Introduction, Rodrigue BLOUIN, Jean-Paul DESCHÊNES, Gilles LAFLAMME, Jean SEXTON — *Quelle sécurité d'emploi ?* Bernard SOLASSE—*L'État et la sécurité d'emploi*, Yves DELAMOTTE — *Peut-il exister une même sécurité d'emploi pour tous ?* Jacques MERCIER, Claude RONDEAU — *L'impact des clauses de sécurité d'emploi du secteur para-public sur la structure de négociation dans le secteur privé*, Jean-Louis DUBÉ, Alphonse LACASSE — *Peut-on être contre la sécurité d'emploi ?* Léopold LAROUCHE, Serge LAPLANTE—*Les fermetures d'établissement au Québec : nécrologie optimiste ou optimisme nécrologique ?* Jean SEXTON — *Commentaires*, Fernand D'AOUST, Hubert PITRE — *Le travail : privilège, droit ou obligation*, Gosta REHN—*La sécurité d'emploi et le droit au travail*, Ghislain DUFOUR, Réal MIREAULT, Marcel PEPIN—*La sécurité d'emploi et la politique des services de main-d'œuvre*, Pierre-Marc JOHNSON—*Bibliographie sommaire*, Jean-Pierre AUGER.

Le Code du travail du Québec : 15 ans après... (XXXIVᵉ congrès 1979)

Préface, Rodrigue BLOUIN—*Introduction*, Rodrigue BLOUIN, Jean-Paul DESCHÊNES, Jean SEXTON, Alain VINET — *Le Code du travail du Québec : 15 ans après...*, Rodrigue BLOUIN — *Le droit à l'accréditation : la majorité est-elle toujours absolue ?* Robert GAGNON — *Commentaires*, Louise MAILHOT, Colette MATTEAU—*La liberté syndicale : les droits collectifs et les droits individuels*, Jean BERNIER — *Commentaires*, Louise MAILHOT, Colette MATTEAU—*L'exercice du droit de grève et de lock-out est-il encore possible ?* Pierre VERGE—*Panel : Secteur public, secteur privé*, Norbert RODRIGUE, Réjean LAROUCHE, Ghislain DUFOUR—*Le processus de la négociation collective et l'arbitrage obligatoire d'une première convention collective,* Jean-Paul DESCHÊNES — *Commentaire,* Marc LAPOINTE — *Le système d'arbitrage de grief est-il désuet ?* Jacques DUPONT — *Commentaires,* Michel DROLET, Robert PAQUET — *Le Code de 1964 a-t-il été trahi dans son économie fondamentale ?* Fernand MORIN, Marcel PEPIN, Gérard DION, Charles PERREAULT.

La détermination des conditions minimales de travail par l'État — Une loi :
son économie et sa portée (XXXVe congrès 1980)

> *Préface,* Rodrigue BLOUIN — *Introduction,* Laurent BÉLANGER, Jean BERNIER, Gilles FERLAND, Gilles LAFLAMME — *La loi sur les normes du travail : continuité, modernisation ou rupture ?* Jean BERNIER — *L'économie générale de la nouvelle loi : une mise à jour de la Loi du salaire minimum ?* Michel POIRIER — *Commentaires,* Léonce E. ROY, Jacques DAIGLE — *Les conditions minimales de travail : une réponse aux besoins des non-organisés ?* Michel PELLETIER — *Les recours en exécution : accessibilité et réalisme ?* André C. CÔTÉ — *Commentaires,* Jean-Guy FRENETTE, Théodore GOLOFF — *Les conditions minimales de travail : leurs conséquences économiques ?* Pierre FORTIN — *Le nouveau régime : une alternative à l'option syndicale ?* Bernard SOLASSE — *Commentaires,* Ghislain DUFOUR, Marcel PEPIN — *Table ronde : Le droit nouveau : en deçà ou au-delà des attentes ?* J.-Marc BÉLIVEAU, Eileen SHEA, Roger CARBONNEAU, Claire BONENFANT — *Les sociétés néo-libérales et la transformation du rôle de l'État dans la détermination des conditions de travail,* Jean-Daniel REYNAUD.

La réduction de la durée du travail (XXXVIe congrès 1981)

> *Préface,* Rodrigue BLOUIN — *Introduction,* René BOULARD, Jean-Paul DESCHÊNES, Alain LAROCQUE, Claude RONDEAU — *La réduction du temps de travail : un droit ou un privilège ?* Alain LAROCQUE — *La signification du travail en 1980 : émergence de valeurs nouvelles ?* Jean-Paul MONTMINY — *Commentaires,* Ghislain DUFOUR, Norbert RODRIGUE — *Le temps libéré : à quels coûts ?* Kimon VALASKAKIS — *Commentaires,* Lise POULIN SIMON, Bernard FORTIN — *Table ronde : Sommes-nous tous égaux face à la diminution du temps passé au travail ?* Gilles FERLAND, Jean-Marie HAMELIN, Pierre-Paul PROULX — *Le temps passé au travail : un élément encore négociable ?* Gilles MASSE — *Commentaire,* Jean-Paul DESCHÊNES — *La législation : consolidation ou innovation ?* Gilles BEAUSOLEIL, Hervé GAUTHIER — *Commentaires,* Luc-M. LOCKWELL, Pierre LORTIE — *La technologie : un substitut à la durée du travail ?* Monique FRAPPIER-DESROCHERS — *Table ronde : La réduction du temps passé au travail : un moyen de lutte contre le chômage ?* Fernand D'AOUST, André DÉOM, Pierre HARVEY — *La diminution du temps de travail : un phénomène inéluctable ?* Michel CROZIER.

Les régimes de retraite (XXXVIIe congrès 1982)

> *Préface,* Rodrigue BLOUIN — *Introduction,* Jean-Paul DESCHÊNES, Gilles FERLAND, Jacques ST-LAURENT, Jean SEXTON — *La retraite : votre problème !* Bernard SOLASSE — *Des solutions aux problèmes de la retraite,* Michel BENOÎT — *Les principaux régimes de retraite et leur contenu,* Jacques FAILLE — *Les aspects économiques de la réforme des pensions,* Gérard BÉLANGER — *Commentaire,* Raymond DÉPATIE — *Table ronde : La protection du revenu à la retraite : une responsabilité partagée ?* Claire BONENFANT, Yves GUÉRARD, Réal LAFONTAINE, Martial LAFOREST — *Table ronde : Qui doit administrer les régimes de retraite : l'employeur ou le syndicat ?* Hervé HÉBERT, Jacques PERRON, Lise POULIN SIMON — *Les politiques gouvernementales en matière de retraite,* Monique BÉGIN — *Les politiques gouvernementales en matière de retraite,* Jacques PARIZEAU — *Réflexions sur les problèmes de la retraite dans les années 80,* John Kenneth GALBRAITH — *Commentaire,* Maurice LAMONTAGNE.

La syndicalisation dans le secteur privé au Québec (XXXVIIIe congrès 1983)

> *Préface,* Gilles FERLAND — *Introduction,* Jacques BÉLANGER, Jean BOIVIN, Claude RONDEAU, Jean SEXTON — *Le syndicalisme dans l'entreprise : tendances récentes et analyse,* Claude RONDEAU, Jacques BÉLANGER — *La syndicalisation dans le contexte économique québécois,* Sidney INGERMAN — *Commentaire,* Bernard BONIN — *L'impact du régime de relations du travail sur la syndicalisation,*

Gilles LAFLAMME — *Commentaires,* Hélène LEBEL — *Les idées de réforme sur la syndicalisation au Québec depuis 1964,* Jacques DESMARAIS — *Table ronde : Organisation syndicale : difficultés et motifs de résistance,* Pierre MERCILLE, Bertin NADEAU, Madeleine OLIVIER — *Pourquoi et comment accroître la syndicalisation dans le secteur privé ?* Monique SIMARD, Raymond SLIGER — *Commentaire,* Gérard DION — *L'entreprise peut-elle se passer d'un syndicat ?* Charles PERREAULT — *Commentaires,* Fernand GAUTHIER, Paul-Marcel ROY — *La politique gouvernementale en matière de syndicalisation,* Raynald FRÉCHETTE — *Table ronde : Les réactions du milieu,* Claire BONENFANT, Ghislain DUFOUR, Jean-Paul HÉTU — *Syndicalisme, nouvelles technologies et incertitudes économiques,* Guy CAIRE.

Régimes de santé et sécurité et relations du travail (XXXIXe congrès 1984)

Préface, Gilles FERLAND — *Introduction,* Rodrigue BLOUIN, René BOULARD, Jean-Paul DESCHÊNES, Michel PÉRUSSE — *Régimes de santé et sécurité et relations du travail,* Michel PÉRUSSE — *Priorités en santé et sécurité du travail : secteur public et secteur privé,* Marcel SIMARD — *Commentaires,* Jean-Guy LEDUC, Maurice LEMELIN, Alain VINET — *Concertation et participation : mythe ou réalité ?* Florian OUELLET — *Commentaires,* Anne-Chantal DUMAS, Monique SIMARD — *Table ronde : La santé et la sécurité dans l'entreprise,* Robert BOUCHARD, Pierre-R. CLÉMENT, Étienne GIASSON, Michel GUILLEMETTE — *L'impact de la Loi sur les conventions collectives,* René BOULARD — *Droit de refus et retrait préventif : succès ou échec ?* Marie DE KONINCK, Roy HEENAN — *La prévention : une utopie ?* Fernand TURCOTTE — *Commentaires,* Claude DROUIN, Denise PLAMONDON — *Santé et sécurité du travail : une affaire de professionnels ?* Jacques BRUNET — *Les coûts et bénéfices du régime,* Gilles BEAUSOLEIL — *Table ronde : Déceptions et espoirs,* Ghislain DUFOUR, Frank FAVA, Jean-Paul HÉTU, Louis LABERGE, Gérald LAROSE, Robert SAUVÉ.

Le statut de salarié en milieu de travail (XLe congrès 1985)

Préface, Gilles FERLAND — *Introduction,* Jacques BÉLANGER, Rodrigue BLOUIN, Fernand MORIN, Jean SEXTON — *Le statut de salarié en milieu de travail : la problématique,* Rodrigue BLOUIN — *Les notions de salarié en droit du travail,* Jean Denis GAGNON — *Commentaires,* René DOUCET, Louise PARENT — *Évolution des conditions de travail des salariés établies d'autorité,* André C. CÔTÉ — *Commentaire,* Guy PIUZE — *L'institutionnalisation des rapports collectifs du travail,* Fernand MORIN — *Commentaire,* Robert P. GAGNON — *Table ronde : Le régime actuel de travail des salariés : où en sommes-nous ?* Claude DUCHARME, Monique SIMARD, Laurent THIBAULT — *Évolution du statut du salarié en raison des nouvelles formes d'emploi,* Colette BERNIER — *Commentaire,* Esther DÉOM — *Nouvelles formes d'organisation du travail, nouveaux modes de gestion et leur incidence sur le statut du salarié,* Laurent BÉLANGER — *Commentaire,* Marcel CÔTÉ — *Le salarié et la gestion générale de l'entreprise,* Harold BHÉRER — *Commentaire,* Clément GODBOUT — *Les rapports collectifs du travail : rétrospective et perspectives,* Jean MARCHAND — *Annexe : La participation des travailleurs aux décisions dans l'entreprise,* Jacques BÉLANGER — *Supplément : Quarante ans au service des relations industrielles,* James THWAITES, Mario LAJOIE, Hélène BOIS-BROCHU.

La mobilisation des ressources humaines : tendances et impact (XLIe congrès 1986)

Préface, Laurent BÉLANGER — *Introduction,* Michel AUDET, Laurent BÉLANGER, Jean BOIVIN, Esther DÉOM, Jacques MERCIER — *PREMIÈRE PARTIE : TENDANCES RÉCENTES EN GESTION DES RESSOURCES HUMAINES — Émergence d'une réalité nouvelle en relations industrielles,* Jean BOIVIN — *La mobilisation des ressources humaines — orientations récentes,* Viateur LAROUCHE — *La stratégie des ressources humaines chez Abitibi Price,* Jean-Claude CASAVANT — *La communication directe chez Cascades,* Alain LEMAIRE — *Le projet d'entreprise de Culinar,* Roger NÉRON — *Les limites des nouvelles approches en gestion des ressources humaines,* Lysette BOUCHER — *L'entreprise du troisième type,* Hervé SÉRIEYX — *Les travailleurs seront-ils du troisième type ?* Thierry WILS — *Le conflit : la gestion au banc des accusés,* Yves DULUDE — *Commentaire,* Pierre LAMARCHE — *L'expérience de la compagnie Gaz Métropolitain,* Serge LALANDE — *DEUXIÈME PARTIE : IMPACT SUR LES ORGANISATIONS SYNDICALES ET SUR LA NÉGOCIATION COLLECTIVE — Ressources hu-*

maines et défis du syndicalisme, Gérard DOCQUIER — Le syndicalisme et le nouveau travail, Jean FRANCOEUR — La nouvelle gestion des ressources humaines — mythe ou réalité ? Jean-Paul HÉTU — Les préalables à une réorientation des relations du travail au Québec, Louis LABERGE — L'adaptation du syndicalisme — un phénomène de continuité, Gérald LAROSE — L'avenir de la négociation collective, Thomas A. KOCHAN.

Les lésions professionnelles (XLIIᵉ congrès 1987)

Préface, Laurent BÉLANGER — Les lésions professionnelles — une problématique, Michel PÉRUSSE — Synopsis sur le nouveau régime, Denis-Émile GIASSON — Les lésions professionnelles méconnues — le cas des opératrices de l'industrie du vêtement, Alain VINET, Michel VÉZINA et Chantal BRISSON — Les lésions professionnelles : point de vue d'un médecin, Michel LESAGE — La sous-estimation des atteintes à la santé causées par les mauvaises conditions de travail, Charles PRÉVOST — La reconnaissance d'une maladie professionnelle est-elle négociable ? André ARSENAULT — Commentaires, Pierre DUGUAY, Robert BOUCHARD — Lésions et maladies professionnelles — un objet de négociation ? Gilles LAFLAMME et Alain LAROCQUE — La comparaison en matière de systèmes de santé et de sécurité du travail, Guy J. TRUDEAU et Lionel OUELLET — Le régime des accidents du travail — le cas de l'Ontario, Alec FARQUHAR — Le régime actuel d'indemnisation des lésions professionnelles — accessibilité et efficacité, Fernand MORIN — Commentaires, Raymond LEVASSEUR, Marie-Claire LEFÈBVRE — Équité, indemnisation des victimes des lésions professionnelles et coûts à l'entreprise, Lionel BERNIER — Commentaires, Claude GINGRAS, André DUCHESNE — Le processus de gestion des risques, les lésions professionnelles et la CSST, Jean-Marc SURET, Michel GENDRON et Gilles BERNIER — Commentaires, Jean-Louis HARGUINDEGUY, Bernard BRODY — Table ronde : Financement de la santé et paritarisme, Edmund TOBIN, Gérald LAROSE, Ghislain DUFOUR, Louis LABERGE — La politique québécoise en matière de lésions professionnelles à un point tournant, Monique JÉRÔME-FORGET — Annexe A, Loi sur les accidents du travail et les maladies professionnelles.

Les Chartes des droits et les relations industrielles (XLIIIᵉ congrès 1988)

Préface, Laurent BÉLANGER — Introduction, Rodrigue BLOUIN, Gilles FERLAND, Gilles LAFLAMME, Alain LAROCQUE, Claude RONDEAU — Les fondements de la société libérale, les relations industrielles et les Chartes, Guy ROCHER — Droits collectifs et droits individuels : les situations française, américaine et anglaise, Jacques ROJOT — La gestion de l'embauche, de la promotion et du licenciement revue et corrigée par les Chartes, Jean-Louis BERGERON — Commentaires, Claude DUCHARME, Dominique LECLERCQ, Juanita WESTMORELAND-TRAORE — À travail équivalent, salaire égal : un droit difficile à appliquer, Ginette DUSSAULT — Le Canadien National : un cas riche d'enseignements, Suzanne P. BOIVIN — Commentaires, Monique SIMARD, Marie TELLIER — Le régime des rapports collectifs et les Chartes, Alain BARRÉ — Les moyens de pression : les Chartes en redéfinissent-elles les limites ?, Jacques DESMARAIS — Commentaires, Gilles DULUDE, Catherine LOUMÈDE, Jean-Claude PARROT — L'actualisation du mouvement syndical, Marcel PEPIN — Commentaires, Mona-Josée GAGNON, Ernest LEBEAU, Raymond JOHNSTON — Statut et pouvoirs des organismes du travail au regard des Chartes, Patrice GARANT — Table ronde : Les Chartes impliquent-elles un réalignement des politiques syndicales et patronales ?, Ghislain DUFOUR, Louis LABERGE, Gérald LAROSE.

Acquisition ou fusion d'entreprises et emplois (XLIVᵉ congrès 1989)

Préface, Gilles LAFLAMME — Introduction, Laurent BÉLANGER, Carla LIPSIG, Fernand MORIN, Michel PÉRUSSE — Acquisition ou fusion d'entreprises et emplois : la problématique sous-jacente, Fernand MORIN — Rappel de quelques expériences vécues, Marc BÉLANGER, Lola LE BRASSEUR, Paul L'ITALIEN, Marius MÉNARD — Aspects et implications juridiques des restructurations, André C. CÔTÉ, Claude FONTAINE, Paul LESAGE — Le droit et le devoir à l'information, Georges ANGERS, Normand GAGNON, Jean SIMARD — Les conditions de travail au lendemain d'une fusion ou d'une réorganisation, André LAMARCHE, Michel GAUTHIER, Michel BLAIS, Denise GAGNON — Fusion d'entreprises publiques, Astrid GAGNON, Sylvain BLANCHETTE, Pierre QUINTAL — Les acteurs d'une fusion ou d'une prise de pouvoir, Alain GOSSELIN, Jean-Guy FRENETTE, Denis DIONNE — Le libre-échange *canado-américain et le marché du travail*, Clément GODBOUT, Claude RIOUX — *Annexe : Acquisitions, fusions, offres publiques d'achat : notions de base et facteurs considérés*, Léontine ROUSSEAU.

Le défi de la gestion des emplois (XLVᵉ congrès 1990)

Préface, Gilles LAFLAMME — *Introduction*, Jean BOIVIN, Esther DÉOM, Jean-Paul DESCHÊNES, Jacques MERCIER, Lise POULIN SIMON — *La problématique*, Jacques MERCIER et Lise POULIN SIMON — *Gestion des emplois et sécurité économique des employés*, Claude BÉLAND — *Le défi de la gestion des emplois : pourquoi le relever ?*, Michel BLONDIN — *Les pratiques de gestion des ressources humaines dans les entreprises*, Monique FRAPPIER-DESROCHERS — *Négocier la flexibilité* — *Reconversion des heures de la liste de rappel en postes à temps complet*, David LEVINE ; *Le travail à temps partiel*, Kenneth R. GOBEILLE ; *La sous-traitance*, Michel GODIN ; *La polyvalence des emplois*, Terrence LISTON ; *Réaction syndicale aux stratégies patronales*, Normand BROUILLET ; *La recherche d'équité par la négociation*, René MATHIEU — *Les emplois atypiques et l'efficacité de la gestion des ressources humaines*, Jean-Yves LE LOUARN — *Commentaires*, Pierre BOUDREAULT, Jacques GARON, Lorraine PAGÉ, Pierre PAQUETTE — *Les emplois de l'avenir et les défis de la société*, Diane BELLEMARE — *Commentaires*, Diane LAVALLÉE, Gaston CHARLAND, Brigitte LEPAGE, Henri MASSÉ, Jean MERCIER.

Vieillir en emploi (XLVIᵉ congrès 1991)

Préface, Gilles LAFLAMME — *Présentation*, Claude RONDEAU — *Vieillir en emploi : un choix inscrit dans l'avenir démographique du Québec*, Jacques LÉGARÉ, Nicole MARCIL-GRATTON et Yves CARRIÈRE — *Les incidences du vieillissement au travail : une perspective écologique*, Hélène DAVID — *Les pratiques de gestion en matière de vieillissement*, Gilles GUÉRIN — *Les relations employeurs-syndicats : les responsabilités ignorées... un lourd passif*, Jean CARETTE — *Pratiques en matière de gestion de la main-d'œuvre vieillissante*, Pierre-Marc BÉDARD, Maurice FORTIN, Marcel BERNARD — *Commentaires*, Marcel CÔTÉ, Claude GINGRAS, Claude RIOUX — *Les perspectives syndicales relatives à la main-d'œuvre vieillissante*, Lorraine PAGÉ, Yves PARÉ, Lise POULIN — *Commentaires*, Michel BLAIS, Michel DÉCARY, Lise POULIN SIMON — *Table ronde : Le rôle de l'État et les politiques étatiques*, Ghislain DUFOUR, Gérald LAROSE, Gaston CHARLAND — *Le défi politique du vieillissement de la main-d'œuvre au Québec*, André BOURBEAU.

Les défis de la rémunération (XLVIIᵉ congrès 1992)

Préface, Gilles LAFLAMME — *Introduction*, Gilles FERLAND — *La rémunération : un art ou une science ?*, Thierry WILS et Christiane LABELLE — *Les facteurs d'évolution de la rémunération*, William BROWN — *Commentaires*, Gilles PAQUET — *Les tendances en matière de rémunération*, George T. MILKOVICH — *Les pratiques de rémunération flexible : quelques expériences*, Jean FULLER, Jean THIVIERGE — *Commentaires*, Jean-Guy FRENETTE — *Quatre défis particuliers pour la rémunération. Le libre choix*, Claude MARIER — *Les entreprises en démarrage*, Normand RHEAULT — *L'équité au travail*, Esther DÉOM — *Les stratégies syndicales*, Claude RIOUX — *Pratiques de rémunération et capacité concurrentielle*, Diane BELLEMARE, Lise POULIN SIMON — *Le rôle et l'importance de la rémunération dans la gestion de ressources humaines et la gestion des relations du travail*, Roland THÉRIAULT et Joanne BERGERON — *Commentaires*, Clément GODBOUT.

La négociation collective du travail : adaptation ou disparition ? (XLVIIIᵉ congrès 1993)

Préface, Gilles LAFLAMME — *Introduction*, Gregor MURRAY — *PREMIÈRE PARTIE : OÙ EN SOMMES-NOUS DEPUIS 1944 ? — La négociation collective selon le modèle de 1944 est-elle périmée ?*, Fernand MORIN — *Nouveaux modèles de négociation collective aux États-Unis et ailleurs*, Michael J. PIORE — *DEUXIÈME PARTIE : LES LIMITES, CONTRAINTES ET ADAPTATIONS DU RÉGIME ACTUEL DE LA NÉGOCIATION COLLECTIVE — Les structures de négociation : une adaptation nécessaire ?*, Michel GRANT — *La coordination syndicale de la négociation dans le secteur des services*, Lise POULIN — *La coordination des relations du travail chez Desjardins*, Gilles SAVARD — *L'objet de la négociation collective : adaptation ou innovation*, Reynald BOURQUE — *Négociation et coopéra-*

tion face au défi de la restructuration des tâches chez Inglis, Jean-François BOULET — Élaboration d'un programme de formation en pétrochimie, Jean-Yves CHARLAND — Comment négocier l'adaptation au changement ?, Claude RONDEAU — La franchise et l'ouverture : une recette de succès de la négociation..., Gilles LAVALLÉE — L'expérience des Aciers inoxydables Atlas, Pierre ST-MICHEL — Bilan de la négociation collective dans les secteurs public et parapublic québécois, Jean BOIVIN — La gestion de la qualité : un support à la négociation, Claude A. BOUTIN — Une approche contemporaine de la négociation collective dans les secteurs publics, Bernard DODDRIDGE — TROISIÈME PARTIE : QUE NOUS RÉSERVE L'AVENIR ? — Le contrat social en pleine évolution. Perspectives américaines, Charles HECKSCHER — Perspectives québécoises, Marius DAGNEAU, Clément GODBOUT, Jean-Claude SAVARD, Pierre PAQUETTE et Jean DES TROIS MAISONS — Annexe : Questions des congressistes.

La représentation : miroir ou mirage de la démocratie au travail ? (XLIXᵉ congrès 1994)
Préface, Gilles LAFLAMME — *Introduction*, Michel AUDET, Esther DÉOM, Anthony GILES et Alain LAROCQUE — La représentation en relations industrielles : perspectives et prospective, Gregor MURRAY — PREMIÈRE PARTIE : BILAN ET EXPÉRIENCES DE REPRÉSENTATION AU QUÉBEC — La démocratie et son application en milieu de travail, Rodrigue BRILLANT — Comment les organisations syndicales ont-elles vécu la représentation ?, Claude DUCHARME — L'accréditation et la négociation sectorielles, Robert SAUVÉ — La représentation démocratique au sein de l'administration publique du Québec, Fernand MORIN — La concertation nécessaire : deux expériences québécoises, Jean-Guy FRENETTE — De la confrontation au partenariat, Michel GIRARD et Bertrand HARVEY — DEUXIÈME PARTIE : L'AVENIR DE LA REPRÉSENTATION — Forum — Qui va parler en notre nom ?, Claudette CARBONNEAU — La représentation : véhicule de la démocratie au travail, René BEAUDRY — Les systèmes institutionnel et non institutionnel de représentation, Ghislain DUFOUR — L'administration Clinton et la réforme du droit du travail, Elaine BERNARD — Les relations industrielles mexicaines et la démocratie dans le contexte de l'ALENA, Maria Lorena COOK — Les structures de représentation en Amérique du Nord et le nouveau contexte économique et politique, Anthony GILES — Division du travail, relations professionnelles et implication du personnel, Benjamin CORIAT.

La réorganisation du travail : efficacité et implication (Lᵉ congrès 1995)
Préface, Esther DÉOM — *Introduction*, René BOULARD — La réorganisation du travail : continuité, rupture et diversité, Paul-André LAPOINTE — Le Québec en chantier : six expériences de réorganisation du travail (vidéo), Paul-André LAPOINTE — Des expériences québécoises : synthèse et questionnement, Luc FAVREAU — Le secteur de la production de biens. Le cas de l'usine Saint-Maurice, Câble Alcan, Claude BELLEMARRE — L'approche de la CSD, Bernard LABELLE — L'exploitation forestière, Éric GIRARD — Vers de nouveaux rapports de coopération, Denis HARRISSON — Le secteur des services. Le cas de l'entreprise Sécur, Paul L'ITALIEN — La CSN et la réorganisation du travail dans les services privés, Lise POULIN — Un programme de motivation, de productivité et de performance, Michel CÔTÉ — Commentaires, Roch LAFLAMME — Les administrations publiques. Les nouvelles formes d'organisation du travail dans le réseau hospitalier québécois, Pierre JORON — Le SCFP et la réorganisation du travail dans le secteur public, Carol ROBERTSON — Problèmes et défis à l'hôpital, Léonard AUCOIN — Changer l'organisation du travail dans le secteur public : quelques éléments de synthèse, Christian PAYEUR et Colette BERNIER — Les impacts de la réorganisation au travail sur les personnes : une question de reconnaissance des activités de travail et d'identité, Jean-Pierre BRUN — L'ergonomie et la participation des travailleurs : pour la définition d'une organisation du travail fonctionnelle, Fernande LAMONDE — Table ronde — Productivité et redistribution des pouvoirs. Mondialisation, productivité, redistribution des pouvoirs, Paul R. BÉLANGER — La cogestion chez Produits Chimiques Expro, Christian BOUGIE — Réalité ou fiction ? Denis CÔTÉ — Productivité et démocratie dans l'entreprise, Michel DORÉ — Un modèle démocratique au sein de l'État, Danielle-Maude GOSSELIN — De la réorganisation du travail au partenariat régional, Danièle LEBORGNE — Les interventions de l'État québécois en matière d'organisation du travail, Louise HAREL.

Innover pour gérer les conflits (LIᵉ congrès 1996)

Préface, Esther DÉOM — *Introduction*, Jean BOIVIN — *Conflit et coopération dans les rapports de travail*, Jean BOIVIN — *La dynamique du changement négocié*, Joel CUTCHER-GERSHENFELD, *Résultats des échanges interactifs sur la conférence de Joel Cutcher-Gershenfeld — Les stratégies de changement à bénéfices mutuels au Québec*, Marc BÉLANGER, *Résultats des échanges interactifs sur la conférence de Marc Bélanger — La formation professionnelle : un objet de concertation patronale-syndicale ?* Colette BERNIER, *Résultats des échanges interactifs sur la conférence de Colette Bernier — L'impact de la formation sur les pratiques de la négociation raisonnée*, Jean-Guy BERGERON et Reynald BOURQUE — *La négociation raisonnée chez Mines et exploration Noranda à Matagami*, Alain DORÉ et Alain GILBERT — *La négociation raisonnée à la Société de transport de la Communauté urbaine de Montréal*, Yves DEVIN et Pierre LEBOUC — *Nouvelles modalités de règlement de grief*, Rodrigue BLOUIN — *Bilan d'expériences de règlements de griefs dans le réseau de la santé et des services sociaux*, Michel FORGET — *L'expérience de la procédure d'arbitrage accélérée à la Société canadienne des postes*, Claude LÉVEILLÉ — *L'innovation dans la gestion des problèmes humains au travail*, Lise CHRÉTIEN — *Le programme d'aide aux employés : un outil dans la gestion des problèmes humains au travail*, Jean GOSSELIN — *Le syndicat : un acteur indispensable dans la gestion des problèmes humains au travail*, Jean SYLVESTRE — *Table ronde : L'avenir des nouvelles approches de résolution de problèmes au travail et de la coopération patronale-syndicale*, Sophie FORTIN, Roger LECOURT, Michael MCDERMOTT, Marcel PEPIN.

La crise de l'emploi : de nouveaux partages s'imposent (LIIᵉ congrès 1997)

Préface, Esther DÉOM — *Introduction*, Alain LAROCQUE — *Remise du prix Gérard-Tremblay — Remerciements — De quelques méprises sur l'état de la crise !* Fernand MORIN — *Comment les gens vivent-ils la crise de l'emploi au quotidien ? La situation des jeunes adultes*, Michel PHILIBERT — *La pauvreté et les assistés sociaux*, Vivian LABRIE — *Les personnes à la retraite*, Gisèle BÉRUBÉ — *Les femmes et l'emploi*, Thérèse SAINTE-MARIE — *Trois scénarios pour sortir de la crise de l'emploi*, Paul-André LAPOINTE — *Doit-on privilégier un scénario ? Un choix en faveur de la démocratie*, Mona-Josée GAGNON — *Démocratisation de l'économie et économie sociale*, Benoît LÉVESQUE — *Emploi et distribution du revenu : un modèle analytique, deux modèles politiques*, Jean-Luc MIGUÉ — *Travail en crise, inégalité et exclusion : repères pour l'État-stratège*, Gilles PAQUET — *Les choix stratégiques des acteurs sociaux. Une stratégie pour sortir de la crise de l'emploi*, Diane BELLEMARE — *Des pistes concrètes de réorganisation du travail*, Pierre COMTOIS — *La stratégie pour l'emploi proposée par la CSN*, Pierre PAQUETTE — *Les choix privilégiés par le mouvement des femmes*, Françoise DAVID — *Synthèse et prospective. À la recherche de nouveaux partages et de nouvelles solidarités*, Jane JENSON — *L'emploi en contexte d'économie migrante et de société concurrentielle*, Jocelyn LÉTOURNEAU — *La crise de l'emploi : crise sociale, crise morale*, Guy ROCHER — *Annexe : Extraits du recueil de données de référence.*

L'intégation économique en Amérique du Nord et les relations industrielles (LIIIᵉ congrès 1998)

Préface, René BOULARD — *Remise du prix Gérard-Tremblay — Première partie — CONTEXTE ET ENJEUX — L'intégration économique en Amérique du Nord et les relations industrielles : défis de gestion, de représentation et de régulation*, Anthony GILES et Dalil MASCHINO — *L'intégration économique et les relations industrielles en Amérique du Nord : implications pour le Mexique*, Graciela BENSUSÁN — *Perspective américaine sur l'ALENA et le mouvement syndical*, Lance COMPA — *Deuxième partie — LA GESTION DES RESSOURCES HUMAINES À L'ÉCHELLE CONTINENTALE — Pratiques comparées de gestion des ressources humaines dans le monde*, Gérard VERNA — *La pratique de la gestion des ressources humaines à l'échelle continentale : trois dossiers — Gérer les ressources humaines à l'échelle continentale : l'expérience de Quebecor*, Serge REYNAUD — *S'adapter aux attentes de la maison mère étrangère : l'expérience d'une filiale québécoise*, Ronald BERGERON — *L'expérience d'entreprises manufacturières et exportatrices face à l'intégration continentale*, Gérald A. PONTON — *Troisième partie — LA REPRÉSENTATION DES TRAVAILLEURS À L'ÉCHELLE*

CONTINENTALE — *Réactions des centrales syndicales nord-américaines à la restructuration néolibérale*, Ian ROBINSON — *Vers un syndicalisme continental ? — Une perspective américaine face à l'intégration continentale*, Ron BLACKWELL — *Le mouvement syndical mexicain face à la mondialisation*, Bertha E. LUJÁN — *Le syndicalisme québécois face à l'intégration continentale*, Claudette CARBONNEAU — *Conséquences de l'intégration continentale pour les syndicats canadiens*, Steve BENEDICT — *Quatrième partie — LA RÉGULATION DU TRAVAIL À L'ÉCHELLE CONTINENTALE — L'Accord nord-américain de coopération dans le domaine du travail*, Rodrigue BLOUIN et May MORPAW — *Les modes de régulation internationale du travail et de l'emploi : perspective internationale*, Gilles TRUDEAU — *La régulation du travail à l'échelle continentale : perspective syndicale*, Henri MASSÉ — *Les droits fondamentaux et les normes internationales du travail*, Patrick CARRIÈRE.

L'incessante évolution des formes d'emploi et la redoutable stagnation des lois du travail (LVIe congrès 2001)[1]
Préface, Gilles LAFLAMME — *Remise du prix Gérard-Tremblay — PREMIÈRE PARTIE — L'ADAPTATION DES LOIS DU TRAVAIL : UN LUXE OU UNE NÉCESSITÉ ? — Nouvelles dynamiques d'entreprise et transformation des formes d'emploi : du fordisme à l'impartition flexible*, Daniel MERCURE — *L'adaptation du droit du travail à la « nouvelle entreprise »*, Pierre VERGE — *Commentaires : L'urgence d'établir un nouvel équilibre*, François VAUDREUIL — *Face aux conséquences de la flexibilisation de l'emploi : les solutions juridiques et leurs limites*, Katherine LIPPEL — *De l'inadaptation des lois actuelles à ces nouveaux milieux de travail*, Gilles DOLBEC — *Ateliers : Les transformations de la représentation syndicale au Québec*, Gregor MURRAY, *Synthèse des interventions — La formation de la main-d'œuvre au Québec*, Jean CHAREST, *Synthèse des interventions — Les risques sociaux et économiques inhérents au travail*, Sylvie MOREL, *Synthèse des interventions — Le rôle de l'État dans l'adaptation des lois du travail*, Louise DOYON, *Synthèse des interventions — DEUXIÈME PARTIE — COMMENT ADAPTER LES LOIS DU TRAVAIL AUX BESOINS DU XXIe SIÈCLE ? — L'adaptation des lois du travail aux besoins du XXIe siècle : carence du processus législatif ou simple absence d'une réelle volonté ?*, Fernand MORIN — *L'intégration citoyenne, la société postsalariale et le déficit politique*, Joseph Yvon THÉRIAULT — *Table ronde : Quelles sont les conditions de réussite d'une réforme des lois du travail ?*, Compte-rendu des interventions de Gilles TAILLON, Henri MASSÉ, Marc LAVIOLETTE et Frédéric LAPOINTE.

La gestion des âges : face à face avec un nouveau profil de main-d'œuvre (LVIIe congrès 2002)
Préface, Gilles LAFLAMME – *Remise du prix Gérard-Tremblay – Première partie – UN DÉFI DE GESTION BIEN RÉEL ET DES SOLUTIONS EN ÉMERGENCE – Sortie anticipée ou maintien en emploi des 55 à 64 ans : vers le développement d'une perspective sectorielle*, Martine D'AMOURS – *Enjeux démographiques à l'échelle de l'entreprise : l'expérience d'Hydro-Québec*, Maurice CHARLEBOIS – *La nouvelle génération de main-d'œuvre : une gestion adaptée chez EXFO*, Jean-François BOULET – *Défis de la gestion des âges et mutations du travail*, Hélène DAVID – *ATELIERS – Ateliers 1 : De la gestion des âges à la gestion du travail : les apports de la démographie*, Serge VOLKOFF – *L'expérience de TELUS Québec*, Émilien DEMERS, *Synthèse des interventions – Atelier 2 : Transfert de connaissances entre générations : le cas de l'usinage*, Esther CLOUTIER, Solange LEFEBVRE et Élise LEDOUX, *Synthèse des interventions – Atelier 3 : Se donner un avantage concurrentiel par la gestion de son capital humain*, Mary LAMBERT et Luc ST-PIERRE, *Synthèse des interventions – Atelier 4 : La gestion des cadres au lendemain des départs massifs à la retraite : le cas du secteur de la santé et des services sociaux*, Tania SABA et Gilles GUÉRIN, *Synthèse des interventions – Atelier 5 : L'action syndicale et la gestion des âges à la FTQ*, Louis BOLDUC – *Les enjeux du vieillissement et l'état de la réflexion à la CSN*, Ghislain HALLÉ – *L'action syndicale et la gestion des âges chez les infirmières*, Jennie SKENE, *Synthèse des interventions – Deuxième partie – QUELLES SONT LES ACTIONS EN COURS*

[1] Les actes des congrès de 1999 et 2000 n'ont pas été publiés.

ET SERONT-ELLES SUFFISANTES ? – Un défi pour les régimes publics de pension : s'adapter au change-ment, Pierre PLAMONDON, Denis LATULIPPE et Réjane MONETTE – *La transition du travail à la re-traite : le rôle des régimes de pension publics du Canada*, Carole VALLERAND – *La fonction publique québécoise face au renouvellement de son effectif*, Alain LÉVESQUE – *Âge et syndicalisme : réflexions pour l'action*, Christian PAYEUR – *Face à face avec un nouveau profil de main-d'œuvre : compte-rendu du forum*, Anabelle VIAU-GUAY.

Santé mentale et travail : l'urgence de penser autrement l'organisation (LVIIIᵉ congrès 2003)
Préface, Fernande LAMONDE – *Remise du prix Gérard-Tremblay – Travail et santé mentale : une relation qui se détériore*, Alain VINET, Renée BOURBONNAIS et Chantal BRISSON – *Table ronde : Qu'en est-il de la responsabilité des acteurs ? – Un point de vue syndical sur la problématique de la santé mentale au travail*, Micheline BOUCHER – *Santé mentale en organisation : notre partie de l'équation*, Danielle LAURIER – *Santé mentale au travail : la responsabilité des acteurs*, Anne PARENT – *L'importance de la recherche-action*, Louise ST-ARNAUD – *ATELIERS : Stimuler la santé par le travail ? Le cas des cadres supérieurs du réseau de la santé et des services sociaux au Québec*, Estelle M. MORIN – *Synthèse des interventions – Le plan d'action contre l'épuisement professionnel au CLSC Charlevoix – Synthèse des interventions – Les sources de l'épuisement professionnel dans le travail syndical*, Marie-France MARANDA, Jacques RHÉAUME, Micheline SAINT-JEAN et Louis TRUDEL – *Synthèse des interventions – Communauté d'apprentissage: le stress au travail et sa prévention – Synthèse des interventions – La santé psychologique au travail : du diagnostic à l'intervention*, Caroline BIRON, Micheline BEAUDOIN et Jean-Pierre BRUN – *Synthèse des interventions – Miser sur les pratiques de gestion comme outil de prévention en santé mentale au travail*, Jean-Pierre BRUN – *Devons-nous être optimistes ou pessimistes face à l'avenir ? Compte-rendu du forum*, Anabelle VIAU-GUAY.

Le travail tentaculaire : existe-t-il une vie hors du travail ? (LIXᵉ congrès, 2004)
Préface, Fernande LAMONDE – *Remise du prix Gérard-Tremblay – Paradoxes et évolution récente du travail dans la société postindustrielle*, Paul-André LAPOINTE – *Les exigences du temps pour la fa-mille, la collectivité et pour soi*, Gilles PRONOVOST – *La conciliation des temps au travail et hors du travail*, Nicole DE SÈVE – *ATELIERS – L'organisation du travail et la conciliation travail-famille – Manquons-nous de temps ou avons-nous besoin d'une réduction du temps de travail ?*, Diane-Gabrielle TREMBLAY – *L'expérience de Bouchons MAC*, Karole FORAND – *Synthèse des interventions – LE PROFESSIONNEL-SALARIÉ DANS L'ORGANISATION A-T-IL DU TEMPS HORS DU TRAVAIL ? – Savoir rester maître de son temps*, Claude TESSIER – *La maîtrise de son temps : une course à obstacles*, Carol ROBERTSON – *Synthèse des interventions – LE TRAVAIL AUTONOME ET LA MAÎTRISE DU TEMPS DE TRAVAIL – Le travail autonome : voie de dépassement ou figure exemplaire du travail tentaculaire ?*, Martine D'AMOURS - *Le travail autonome comme mode de vie ou la métaphysique de l'« intello précaire »*, Jean-Sébastien MARSAN – *Synthèse des interventions – LE TÉLÉTRAVAIL : MODE D'EMPLOI POUR CONCILIER TRAVAIL ET VIE PERSONNELLE ? – Préparation et intégration : deux conditions préalables à l'instauration du télétravail*, Marie-France REVELIN – *Synthèse des inter-ventions – LA CONCILIATION : UN ENJEU DE NÉGOCIATION COMME LES AUTRES ? – La régu-lation du temps de travail et des activités hors du travail : entre les discours, la négociation et la réalité empirique*, Renaud PAQUET et Elmustapha NAJEM – *Synthèse des interventions – LA RÉGULATION DES TEMPS SOCIAUX – Quelle est la place de l'entreprise privée et celle de l'État dans le développe-ment des politiques de conciliation ?*, Hélène LEE-GOSSELIN – *Temps de travail et temps hors du tra-vail : les nouvelles règles à établir et leur impact sur les relations de travail et la société*, Marguerite BLAIS – *La conciliation famille-travail dans les milieux de travail : faut-il plus d'interventions publi-ques ?*, Claudette CARBONNEAU – *L'évolution du marché du travail et l'obligation de concilier travail et famille*, Gilles TAILLON – *Articulation des temps sociaux : un enjeu politique majeur –* Sylvie MOREL.

AGMV Marquis

MEMBRE DE SCABRINI MEDIA

Québec, Canada
2005